鳶山觀點系列

國政治理

關鍵議題、挑戰與機會

胡龍騰、劉嘉薇 主編

五南圖書出版公司 印行

　　這是一本由臺灣公共行政領域創系歷史最悠久的國立臺北大學公共行政暨政策學系出版的優質專著。本書由才華橫溢的胡龍騰主任，以國政治理為理論架構，涵蓋「制度、價值與倫理」、「治理資源與分配」、「體制運作與效能」、「公民參與和網絡治理」四大面向，整合系上19位教師的多元專業，從跨領域角度闡述國政治理實務的現狀、問題與挑戰，讓讀者從這本書就能掌握臺灣邁向一流民主國家應該深思的議題，乃是一本值得政府官員、學界師生精讀的好書！

國立臺北大學特聘教授

丘昌泰

　　《國政治理：關鍵議題、挑戰與機會》是國立臺北大學公共行政暨政策學系教授同仁的集體貢獻。系統闡述了臺灣國內政治的發展及重要政策領域的脈絡，呈現出臺灣政治的現況與趨勢。作者群不但都是傑出的公共政策及管理的學者，其中多人都有豐富的公私領域實務經驗，他們運用大量歷史背景和統計資料，將臺灣政治的關鍵議題詳細分析，讓讀者更了解臺灣的政治機制、選舉制度、政黨體系之間的相互影響，以及臺灣在國際社會上的地位。為臺灣經濟發展、歷史文化、社會議題和人權等風貌做出了系統性的敘述與解釋，並提出預測與期待。此書是臺灣政治與政策當代風貌的註腳。充分展現了該系學術研究的成果及關注國政的崇高理念，可供政治及公共行政學系學生、政治人物、媒體工作者和公民參與者極為有價值的參考用書，值得大力推薦。

國立臺北大學公共行政暨政策學系兼任教授
昇恒昌基金會董事長
中華跨域管理教育基金會董事長

吳秀光

---

* 推薦序之排列係按推薦人之姓氏筆畫排序。

在這國際與社會動盪詭譎的不確定年代，政府失能和公民社會崛起，形成明顯的對比，如何讓割裂化和模糊化的國家得以運作，甚至達成善治的理想，乃為治理取代「行政」的緣起與挑戰。尤其是COVID-19疫情過後，大家目睹了疫苗採購事件後，更對治理的信念油然而生。

面對行政運作的新典範來臨，年輕的同事們抱著學術報國的熱忱，各抒國政治理的己見，內容包羅萬象，舉其舉舉大者，有：治理的倫理價值和挑戰、治理資源與分配、善治的運作和效能，以及公民參與和網路治理等議題，提出具深度思考和畫龍點睛的重點，來為新時代的理論和實務找到更佳的未來。希望《國政治理》一書能夠撼動公務的傳統思維，看見不一樣的形貌，且讓深深影響我們日常生活的行政作為更能活化和深植。

國立臺北大學公共行政暨政策學系兼任教授

林鍾沂

這本《國政治理：關鍵議題、挑戰與機會》的出版，充分展現了國立臺北大學公共行政暨政策學系同仁優異的學術研究水平。我相信，未來不論對行政／政策領域的研究、教學、甚至對決策者而言，本書都具有非凡的意義。

首先，本專書中每篇論文探索的深度與廣度，在在突顯了本系同仁跨域合作的研究精神與創新思維。其次，本書針對當前重要的政策議題，提供了跨域分析與政策性建議，除了有助決策者更加深入地理解政策問題外，同時，也提供了許多政策分析的典範，從而對行政／政策相關學科，注入了無窮的教學啟發與研究動力。

最後，衷心向本系同仁致敬，讓本書的付梓成為可能。相信本專書必能為未來更多的研究者、決策者帶來極富參考價值的啟示，是一本值得極力推薦的好書。

國立臺北大學公共行政暨政策學系兼任教授

翁興利

　　《國政治理》由全系19位教師以其學術素養，各撰一章，對國政治理問題，提出解決之道，極具可讀性；符合神木群理論。當您在深山，發現一棵五千年神木；您立即在附近，也發現一群神木，枝繁葉茂，擋住風雨雷電；樹根盤結，穩護土石；欣欣向榮數千年；也同時維護了國土安全。這群教師就是神木群，以學術報國，鞏固民主體制、謀劃政策制定、增進公共組織效能，引領國家永續發展及提升全民福祉。特為推介，受益匪淺。

國立臺北大學公共行政暨政策學系退休教授

張世賢

　　道爾（R. A. Dahl）認為人類體系已逐漸制度化。是以無論是公共行政、市場運作、資源配置，都需要政府採取制度保障之，並對制度加以評比檢視。此時此刻，美國兩大黨利用國會委員會的聽證，與中國在對臺關係上互相較勁，就受到關注。國立臺北大學公共行政暨政策學系教授群掌握時代典範，以善治、倫理為核心價值，從各種制度探索的課程設計分析國政，斐然成章。《國政治理》是制度在理性與感性、傳統與變革上相遇對話，激起的浪花。

國立臺北大學名譽教授

陳志華

　　自1980年以來，公共行政領域受到學術和實務的相互牽引，出現重大的變化，傳統行政權獨大的政府作為，經由企業型政府、公私協力、公民參與、民營化、委託外包等行政措施，將部分權力分割給民間，形成政府與人民共治的協力網絡狀況，學術界稱此現象為「公共治理」，由於它包含多元的內容，使得一般研究者或實務工作者常無法有效地延伸運用其概念，再加上缺少治理相關書籍的情況下，招致公共治理成為流行名詞，有鑑於此概念擴大推動的受限，於是國立臺北大學公共行政暨政策學系的教授們合力撰寫《國政治理》一書，各教授們採用相同的文體架構，融合個人專業，以理論結合實務的方式，

將其多年研究心得，透過精簡且精闢的立論，呈現各章節論文主題的精彩內容。這書不只是有關公共治理的集體學術著作，更是臺灣當代學者們對目前公共議題的看法，除了適合學術界的研究、參考及教學使用外，也提供實務界探索及解決公共問題的思考途徑，因此對關心公共治理的各界人士，本書絕對是一本值得深讀的著作。

國立臺北大學公共行政暨政策學系兼任教授

陳金貴

　　我雖然退休了，卻一直關注著母系的發展。這一次在龍騰主任和嘉薇教授的努力下，集結系上19位老師不同領域的專業，推出了《國政治理》一書，讓我大感振奮、拍手叫好。

　　這本書不僅涵蓋面很多元，每一篇的內容也都相當扎實；值得推薦閱讀。而我個人認為這本書另有一層重要的意義，它代表了母系一次大轉型，為系上同仁們更多在學術上交流與整合，跨出了一大步。我深深期待，這本書的出現不是一次偶然、曇花一現，而是展開一頁豐收之旅的里程碑。加油囉！

國立臺北大學公共行政暨政策學系兼任教授

葉仁昌

編者序

　　一所創立迄今將近七十五年的系所，能否為其對整體社會與國家之影響，留下一份紀錄？能否為其成長與發展之歷程，記下一個註腳，並以此為基礎，持續茁壯？這，就是本書《國政治理》最主要的開展緣由，以及努力的起點。

　　國立臺北大學公共行政暨政策學系，其前身可追溯自創立於1949年的臺灣省立地方行政專科學校民政科，而後歷經數次的改制、整併與更名等五大蛻變時期，至今立足於新北三峽之鳶山腳下，乃為我國歷史最悠久、學制最完整與規模最龐大的公共行政與政策相關學系。自吳英荃教授暨系主任創系以來，雖經歷篳路藍縷、胼手胝足的草創時期，以及其後之成長茁壯與成熟穩健等不同發展階段，系上教師自始皆為碩彥名儒，不僅在不同的社會科學領域上獨占鰲頭且著作等身，同時在我國各個政經發展階段上，對於政府體制和公民社會之發展，都能見到國立臺北大學公共行政暨政策學系前輩與現任教師付出貢獻的身影。惟過往鮮有機會匯聚系上教師之集體智慧，為國家發展之政策方針提出洞見與針砭。

　　《國政治理》作為「鳶山觀點系列」之第一本專書，一方面希冀以此展現國立臺北大學公共行政暨政策學系教師專業組成之多元性，及其研究領域所觸及國家治理不同層次之廣度；另方面，期望透過各章議題的系統性架構，呈現系上教師們在各自專精領域上的研究深度，並為龐雜之國政，提出具參考性之可行建言。

　　在上述的初衷與構想下，萬分感謝各章之作者（除二位編者外），包括（依姓氏筆畫排列）：呂育誠、李仲彬、周育仁、林俞君、林淑馨、張四明、張育哲、郭昱瑩、陳思先、陳耀祥、黃婉玲、詹靜芬、劉如慧、劉佳昊、蔡奇霖、羅清俊、顧慕晴等諸位教授，在各自教學、研究、服務、輔導，甚至政務等各項繁雜事務及百忙之中，仍願意協助撰寫工作，提供獨到的國政見解，構建出本書最精彩的篇章。同時更要感謝丘昌泰、吳秀光、林鍾沂、翁興利、張世賢、陳志華、陳金貴、葉仁昌（依姓氏筆畫排列）等八位始終關心系上發展之師長和前輩教授，特別為文推薦，使本書更具傳承意義和代表價值。

　　此外，也要感謝二位匿名審查人對本書所提出的肯定和修正建議，尤其是要審查一本含括21篇主題各異的專章，其辛勞程度難以計數，特此致謝。最後，定要感謝五南圖書出版股份有限公司法政編輯室的劉靜芬副總編輯，以及本書的責任編輯黃郁婷小姐，在本書編排、校稿、出版等各方面所提供的專業協助，讓本專書得以如期如質地順利出版。

　　最後，正值本書進行二校之際，蘇軍瑋、楊臻欣二位老師加入系上，成為國立臺北大學公共行政暨政策學系大家庭的新成員；即藉此書作為歡迎之禮，亦期盼新生力軍的加入，讓國立臺北大學公共行政暨政策學系更形茁壯。

胡龍騰、劉嘉薇

2023年初夏

於國立臺北大學公共事務學院

作者群簡介

周育仁 教授

美國俄亥俄州立大學（Ohio State University）政治學博士，國立臺北大學公共行政暨政策學系名譽教授，曾任國立臺北大學公共行政暨政策學系系主任、公共事務學院院長、中央研究院政治學研究所學術咨詢委員與中國政治學會理事長。主要研究領域包括憲政體制、政治經濟學、政府與企業、情緒管理與領導。著有《政治與經濟之關係：台灣經驗及其理論意涵》、《認識政治》、《政治經濟學》、《政治學新論》，另主編《九七修憲與憲政發展》、《國會改革與憲政發展》、《憲政危機與憲政轉機》與《台灣民主化的經驗與意涵》等書。

劉佳昊 助理教授

英國卡地夫大學（Cardiff University）政治與國際關係學博士，國立臺北大學公共行政暨政策學系助理教授。主要研究領域為西洋政治思想、政治理論、比較政治思想、觀念論哲學，目前關注的具體研究課題包含19世紀英國與東亞政治思想史、主權與治理概念研究、當代技術哲學問題等。著有《普遍意志》、*Ethical Politics and Modern Society: T. H. Green's Practical Philosophy and Modern China*等書，並為《帝國與文明：政治思想的全球轉向》專書論文集共同主編，其他主要研究成果發表於《台灣政治學刊》、《臺灣民主季刊》、《人文及社會科學集刊》、《政治與社會哲學評論》、《政治學報》等學術性期刊。

顧慕晴 教授

國立臺灣大學政治學博士，美國南加州（University of Southern California USC）大學博士後研究，現為國立臺北大學公共行政暨政策學系兼任教授。曾任國立臺北大學公共行政暨政策學系系主任、國立臺北大學公共事務學院代理院長、中華民國公共行政學會理事長及台灣公共行政與公共事務系所聯合會

（TASPAA）理事；亦曾多次擔任高考、普考、特考典試委員。其主要研究領域為歷史中的公共行政或行政倫理，專力明、清兩代公共行政或行政倫理的探討，為國內學者中所少見，有其獨特性。著有《領導者與官僚操守——清聖祖的個案研究》、《神話與行政倫理》，合著有《人事行政》、《中國政治制度史》等書。其他著作多發表於《公共行政學報》、《行政與政策學報》、《中國行政評論》、《空大行政學報》、《文官制度季刊》、《國家菁英季刊》等學術性期刊。

詹靜芬 助理教授

國立政治大學公共行政學博士，國立臺北大學公共行政暨政策學系助理教授兼生活輔導組組長。主要研究領域包括公務倫理、行政學、組織理論、組織行為等。長期擔任國家文官學院、行政院人事行政總處公務人力發展學院等訓練機構講座；考試院命題委員、閱卷委員；政府機關員額評鑑委員、廉政會報委員等。

羅清俊 教授

美國伊利諾大學芝加哥校區（University of Illinois at Chicago）政策分析博士，國立臺北大學公共行政暨政策學系專任教授。主要研究領域包括分配政策與政治、議會政治、官僚政治、政策分析理論與方法、量化研究設計與方法。著有《社會科學研究方法：打開天窗說量化》、《公共政策：現象觀察與實務操作》、《重新檢視台灣分配政策與政治》、《台灣分配政治》等書。

張育哲 副教授

美國印第安那大學（Indiana University）公共事務學博士，國立臺北大學公共行政暨政策學系副教授兼民意與選舉研究中心主任。主要研究領域包括地方財政、地方經濟發展、公共政策、財務行政、量化研究方法等。著有專書《地方經濟發展政策：歷史、理論與台灣現況調查》。其他主要研究成果發表於《行政暨政策學報》、《公共行政學報》、《中國行政評論》、《公共事務評論》、《中國地方自治》、《國土及公共治理季刊》等學術性期刊。

郭昱瑩 教授

美國紐約州立大學奧本尼校區（State University of New York at Albany）公共行政與政策學博士，現任國立臺北大學公共行政暨政策學系教授。研究領域包含公共政策、政策分析、政府預算與成本效益分析。著有《成本效益分析》，編著*Policy Analysis in Taiwan*（Policy Press, 2015），並合著《行政學》與《政策分析》等專書，近年研究聚焦於民眾幸福感與經濟成長關聯性與各國年金制度比較。

林俞君 助理教授

美國喬治亞大學（University of Georgia）公共行政暨政策學博士，國立臺北大學公共行政暨政策學系助理教授，同時也是數位治理研究中心研究員。主要研究領域包括公共人力資源管理、組織理論與行為、組織經濟學、績效管理、行政裁量等。

黃婉玲 副教授

美國伊利諾大學芝加哥校區（University of Illinois at Chicago）公共行政學博士，國立臺北大學公共行政暨政策學系副教授。專業領域與興趣為公共行政教育研究、科技政策與管理、組織理論與行為以及環境政策。最新研究議題包括創業型大學、公共服務動機、以及教育與職業不相稱等等。研究成果主要發表於*Review of Public Personnel Administration*、*International Review of Administrative Sciences*、*Science and Public Policy*、*Teaching Public Administration*、*Technological Forecasting and Social Change*、*Technovation*、《公共行政學報》及《行政暨政策學報》等學術期刊。曾擔任行政院人事行政總處公務人力發展學院、臺北市政府公務人員訓練處，以及國家文官學院全球化英語班、高普考基礎訓練課程講座。

李仲彬 教授

政治大學公共行政學博士、佛羅里達州立大學Fulbright訪問學者，現為國立臺北大學公共行政暨政策學系教授。專長領域包含數位治理、政策創新與擴散、

政策學習、公民參與、民意調查等；曾任淡江大學公共行政學系副教授兼系主任、國立臺北大學民意與選舉研究中心主任、新北市政府社會局顧問、國家通訊傳播委員會政府資料開放諮詢小組委員、國防部政府資料開放諮詢小組民間代表、財團法人商業發展研究院顧問等；亦曾協助國家文官學院撰寫教材與擔任授課講座。

張四明 教授

美國馬里蘭大學（University of Maryland）公共政策博士，現任國立臺北大學公共行政暨政策學系教授、國立臺灣大學政治科學論叢編輯委員、審計部關鍵審計議題發展委員會委員、臺北市政府市政顧問等，曾任國立臺北大學國際長、研發長、主任秘書、公共行政暨政策學系系主任等。主要研究領域包括公共政策、政府預算、績效管理、災難管理等。著有《績效衡量與政府預算之研究》、主編《極端氣候下台灣災害治理》等專書，並發表臺灣公共告警細胞廣播系統、非營利組織參與災變服務與跨部門協力等研究成果於 *Public Administration Quarterly*、*Journal of Public Administration & Policy*、Sustainability、*Journal of Contemporary Eastern Asia* 等國際學術性期刊。聯絡email信箱：chang107@mail.ntpu.edu.tw。

胡龍騰 教授

美國羅格斯大學（Rutgers University）公共行政學博士，國立臺北大學公共行政暨政策學系教授兼系主任暨公共事務學院副院長，同時也是數位治理研究中心研究員。主要研究領域包括政府績效管理與評估、公務人力資源管理、官僚行為、數位化治理與電子化政府、跨域治理、政府部門知識管理等。長期擔任國家文官學院、行政院人事行政總處公務人力發展學院、臺北市政府公務人員訓練處等訓練機構講座。著有《公共組織成員知識分享之實證研究》、《公僕管家心：制度環境、任事態度與績效行為》等書，其他主要研究成果發表於 *Government Information Quarterly*、*Crime, Law and Social Change*、《臺灣民主季刊》、《公共行政學報》、《行政暨政策學報》、《東吳政治學報》等學術性期刊。

呂育誠 教授

政治大學公共行政博士，國立臺北大學公共行政暨政策學系教授。主要研究領域包括地方政府、公共管理、考銓制度、政府人力與績效管理等。著有《地方政府管理：結構與功能的分析》、《地方治理》、《公共人力資源管理》，以及相關期刊論文。

劉如慧 副教授

德國馬堡大學（Marburg University）法學博士。曾任公務人員保障暨培訓委員會專任委員、律師。主要研究領域包括憲法、行政法、環境法、公務員法、歐盟法等。目前兼任考試院及所屬部會人權保障工作小組委員、司法院訴願審議委員會委員、公務人員保障暨培訓委員會兼任委員、國家通訊傳播委員會訴願審議委員會、國家賠償事件處理小組委員、科技部訴願審議委員會委員、行政院環境保護署法規委員會、國家賠償事件處理委員會委員、海洋委員會海巡署偵防分署員工職場霸凌申訴處理調查小組委員。主要研究成果發表於《歐美研究季刊》、《興大法學》、《東吳法律學報》、《國家菁英季刊》、《台灣環境與土地法學雜誌》、《全國律師月刊》等學術性期刊。

林淑馨 特聘教授

日本國立名古屋大學法學研究科法學博士（行政學專攻），國立臺北大學公共行政暨政策學系特聘教授，專長領域為行政學、公共管理、民營化政策、非營利組織管理、公私協力、人力資源管理，長期擔任國家文官學院、行政院人事行政總處公務人力發展學院等訓練機構講座與政府機關員額評鑑委員。著有《行政學》、《公共管理》、《非營利組織管理》、《NPO、公私協力與地方創生》等書，其他主要研究成果發表於《政治科學論叢》、《公共行政學報》、《行政暨政策學報》、《東吳政治學報》、《問題與研究》等學術性期刊。

劉嘉薇 教授

畢業於國立政治大學新聞學系，後取得國立政治大學政治學博士，擔任《行政暨政策學報》（TSSCI）主編及《新聞學研究》（TSSCI）編輯委員。研究領域包括政治傳播、選舉與投票行為、政治行為、政治社會化和民意調查。著有《臺灣民眾的媒體選擇與統獨立場》和《客家選舉政治：影響客家族群投票抉擇因素的分析》。著作發表於《人文及社會科學集刊》、《東吳政治學報》、《政治科學論叢》、《政治學報》、《問題與研究》、《新聞學研究》、《臺灣民主季刊》、《台灣政治學刊》、《選舉研究》等TSSCI期刊。曾任國立臺北大學公共事務學院民意與選舉研究中心主任、中央選舉委員會委員、考試院閱卷、命題、典試委員，以及行政院人事行政總處公務人力發展學院講座、臺北市政府公務人員訓練處講座。

蔡奇霖 助理教授

英國艾塞克斯大學（University of Essex）政治學博士，國立臺北大學公共行政暨政策學系助理教授。主要研究領域包括社會科學研究方法、民意與民意調查方法、比較政治、選舉與投票行為等。主要研究成果發表於*International Journal of Public Opinion Research*、*Stata Journal*、《調查研究－方法與應用》、《選舉研究》、《臺灣政治學刊》等學術性期刊。

陳思先 副教授

美國佛羅里達州立大學（Florida State University）公共行政暨政策學博士，國立臺北大學公共行政暨政策學系副教授、國立臺北大學全球變遷與永續科學研究中心研究員。主要領域是地方治理、公共政策、跨域合作、永續環境治理等；曾任臺北市政府參與式預算培力課程講師及公務人員訓練課程講座等。並在*Journal of Urban Affairs*、*Journal of Asian Public Policy*、*International Journal of Urban Sustainable Development*、《公共行政學報》、《東吳政治學報》等發表論文，最新研究包括跨域治理與永續發展、地方政府永續環境行動與政策執行、城市行銷等議題。

陳耀祥助理教授

德國海德堡大學（Ruprecht-Karls-Universität Heidelberg）法學博士，國立臺北大學公共行政暨政策學系助理教授，目前為國家通訊傳播委員會委員並為主任委員。主要研究領域為法律，包括憲法、行政法、經濟行政法、國家學等。曾任國防部、文化部、銓敘部等部會之法規委員及訴願委員。著有《論廣播電視事業換照程序中之公民參與》、《憲法對表現自由的保障──台灣民主發展脈絡下的觀察》等專書論文，其他研究成果則發表於《台灣國際法季刊》、《世新法學》、《月旦法學雜誌》、《法學講座》等學術期刊。

目錄

推薦序   i

編者序   v

作者群簡介   vii

第1章　緒論：國政治理之開端（胡龍騰、劉嘉薇）   1

PART 1　制度、價值與倫理   7

第2章　憲政主義：憲政規範與實踐（周育仁）   9

第3章　價值多元社會中的公共性爭議（劉佳昊）   27

第4章　倫理困境與倫理決策（顧慕晴）   41

第5章　公共服務民營化下之公務倫理困境（詹靜芬）   57

PART 2　治理資源與分配   75

第6章　分配與重分配政策管理的趨勢與原則（羅清俊）   77

第7章　我國地方財政現況與問題分析（張育哲）   93

第8章　直轄市財政指標分析（郭昱瑩）   107

第9章　公務人力資源發展在個體與總體層次的衝突與整合：
動態能力的觀點（林俞君）   123

第10章　教授化身創業家：大學科研成果商業化政策的推動
與未來走向（黃婉玲）   139

PART 3　體制運作與效能　157

第11章	民主的數位轉型：內容、影響與原則 （李仲彬）	159
第12章	彌合我國政府施政計畫管理的落差：從審計機關加強考核重要施政計畫績效 （張四明）	177
第13章	良善政府之績效管理制度再設計 （胡龍騰）	189
第14章	地方府際合作與合併：概念與實作的再詮釋 （呂育誠）	207
第15章	司法懲戒與行政懲處雙軌制度權限爭議：兼論憲法法庭111年憲判字第9、10號判決 （劉如慧）	221
第16章	台鐵改革的挑戰與機會 （林淑馨）	235

PART 4　公民參與和網絡治理　251

第17章	公民投票在臺灣：關鍵議題、挑戰與機會 （劉嘉薇）	253
第18章	體制偏好、個人價值觀與政治文化研究之回顧與反思 （蔡奇霖）	265
第19章	地方治理之永續環境行動 （陳思先）	285
第20章	網際網路治理之挑戰與規範 （陳耀祥）	299
第21章	結論：朝向善治之國政治理 （胡龍騰、劉嘉薇）	319

第1章

緒論：國政治理之開端

胡龍騰、劉嘉薇

在全球疫情持續延燒、國際政治民主與威權陣營對立、國內政治極化的挑戰下，政府資源有限、公務人力吃緊，國政之治理千頭萬緒，我們身處在哪裡？應該往何處走？是否可能有指引方向？適逢國內外各種新興議題的挑戰，本系出版《國政治理》一書，由全系19位教師以各自堅強的學術研究為根基，提出對國政治理問題的解決之道。

何謂「國政」？依據教育部《重編國語辭典修訂本》之定義，所謂「國政」即指國家的政事；是以，本書將「國政治理」（governance of national affairs）定義為：「一個國家藉由對其民主體系與制度、公共政策制定、公共組織運作和效能、法治建設、公共服務輸送等面向之妥善治理，以積極回應可能對其人民、社會等外部利害關係人，以及公務體系人員等內部群體產生重大影響或衝擊之議題與挑戰，俾以達成引領國家永續發展及提升全民福祉之目標。」故究其意涵而言，乃更甚於政府或公共事務治理。

爰此，本書——《國政治理》——係一學術性專書，共有五篇19章，針對國政面對的問題，以理論導引出進一步的政策建議。本書各章具備一致性結構，提升可讀性，除前言外，其餘內容採用promise、problems和prospects的3P架構來進行撰寫，promise為理論基礎或原則，problems為當前所面臨的問題，prospects為前瞻性建議，各章內的標題命名略有差異，但仍依循3P原則。為符合前述之定義，本書各章參考聯合國ESCAP（2009）針對「善治」（good governance）提出的八個面向，如表A，各章討論到「課責」的有12篇，討論到「參與」的有11篇，討論到「效能與效率」的有10篇，討論到「回應性」的有9篇，討論到「法治」和「透明度」的各有7篇，討論到「共識取向」的有6篇，討論到「公平與包容」的亦有5篇。

第一篇「制度、價值與倫理」共有4章，包括在價值多元社會中的公共性爭議該如何被看待？其中政治價值、制度與參與也各自引發了爭議和問題，包

括憲政體制的選擇、倫理決策的問題，以及對新公共管理的反思。周育仁教授（第二章）提出九七修憲後我國政府體制都應定位為「總理總統制」，令人遺憾的是，我國政府體制運作一直被定位為「總統國會制」，少數政府並不符合憲法規範之行政院對立法院負責精神，存在嚴重責任不明問題，對於憲政運作提出針砭。劉佳昊教授（第三章）以多元與共識的理論思考探討各種公共議題或政策的價值衝突，探討「太多政治，或太少政治？」、「價值重要，還是權力重要？」以及「理性和感性，孰能平衡？」的問題。顧慕晴教授（第四章）提出公務倫理困境，包括：權威衝突、角色間的衝突以及利益衝突，最後提出倫理決策及其步驟。詹靜芬教授（第五章）進一步從績效導向、組織精簡、菁英領導與民主參與，以及公共服務民營化所引發之公務倫理問題，反思新公共管理對公務部門所帶來的衝擊以及反思。

　　第二篇「治理資源與分配」共有5章，包括分配與重分配政策管理或政府財政的問題、公務人力資源的問題，以及大學科研成果商業化政策。羅清俊教授（第六章）關切公共政策的公平正義，由於承擔成本與享受利益的是不同的兩群人，衍生了分配的問題，該文以巴瑞多準則為理想，探討分配政策和重分配政策的方向。張育哲教授（第七章）指出地方政府持續財政困窘，二十多年來卻連最基本的《財政收支劃分法》修正都依舊無法通過，依然是中央請客，地方買單。該文耙梳地方政府財政面臨的種種問題，並對於未來如何改善地方財政提出建言。郭昱瑩教授（第八章）以六都負債狀況為始，討論有關財政分權與集權的觀點，探討六都財政指標表現，包括資本支出比率、一年以上公共債務、補助收入依存度、融資性收入依存度、自籌財源比率，進而提出政策建議。林俞君教授（第九章）介紹公務人力個人與組織發展路線衝突，包括：公務人員職涯發展並非限定在同一機關、個人自主程度高，機關策略程度低、內部人力市場的競爭關係，最後以動態能力找到一條能夠兼容兩者的路。黃婉玲教授（第十章）提出科技創新的理論模式、三螺旋創新模式下大學校院的角色，梳理臺灣科研成果商業化政策推動的歷程，並針對政策推行的結果進行問題分析，最後提出未來可能的發展方向與政策建議。

　　第三篇「體制運作與效能」共有6章，包括政府數位轉型、績效管理、地方治理、司法懲戒與行政懲處雙軌制度權限爭議，以及台鐵民營化等問題。李

仲彬教授（第十一章）點出數位科技進入民主運作之後惡化了民主品質，該文指出轉型過程應依循的原則，主政者需仔細分析科技的特徵，找出最合適與民主制度結合的方式，並策略性地應用，而非被科技牽著鼻子走。張四明教授（第十二章）聚焦於中央政府施政計畫的落差，提出如何從強化審計機關考核重要施政計畫績效來彌合缺口；在未涉及組織變革與預算大幅增加的前提下，以成果導向方法，提出解決建議。胡龍騰教授（第十三章）從公部門績效管理制度的核心病象——10項績效悖理現象切入，提出體制結構、制度運作、目標設定、組織管理上的成因，以及績效管理制度再設計時的變革建議。呂育誠教授（第十四章）指出當地方發展遭遇瓶頸，地方府際合作與合併便成為關切焦點，該文分別從概念與實作兩層面提出應考量的因素，包括：單一制與聯邦制的府際關係、合作與合併的多重選擇以及民間力量的影響。劉如慧教授（第十五章）指出司法懲戒與行政懲處雙軌制度權限爭議，從司法院釋字和憲法法庭111年憲判字，展開論述及評析，進而討論司法懲戒與行政懲處權限的解釋與劃分標準。林淑馨教授（第十六章）認為執政當局在考量選票的壓力下，對推動台鐵民營化始終抱持消極態度；自從2018年普悠瑪列車脫軌翻覆造成嚴重傷亡，出現改革契機，該文指出台鐵制度性、財務、人力結構的問題，並提出改革建言。

　　第四篇「公民參與和網絡治理」共有4章，包括公民投票制度的設計、公民參與如何進階到參與型公民文化，以及網絡治理的問題。劉嘉薇教授（第十七章）指出，公民投票可補充代議民主的不足，但又衍生了公投議題的產生、公投選項多寡、公投過程與民主素養，以及公投結果與執行的問題，該文以學理為本，提出相關解決之道。蔡奇霖教授（第十八章）發現臺灣民眾既要民主也要強力領導人的現象，在對政府「服務」需求提高的狀況下，自治精神該如何落實？以上三章同時回應第三章「太多政治，或太少政治？」、「價值重要，還是權力重要？」以及「理性和感性，孰能平衡？」三項問題。陳思先教授（第十九章）在地方政府永續環境治理行為中，是否有常態性、專責性運作機制？區域合作平台中的成員，是否存在搭便車者？是否淪為形式上的合作？該文分析問題並提出解決之道。陳耀祥教授（第二十章）提出網路治理相關議題的挑戰和解決之道，包括網路安全、數位經濟、隱私權保護及技術創新

等四大面進行論述。

　　國立臺北大學公共行政暨政策學系1949年即成立，是國內歷史悠久、規模最大的公共行政暨政策學系。本系特色以跨領域、多元專業的師資見長，涵蓋學術界與實務界，共有專任教師25位，含2位借調政府政務官或特任官的教師。授予本系教師博士學位的國家涵蓋臺灣、日本、美國、英國、法國與德國等六國。教師學術專長同時涵蓋行政管理、公共政策與政治經濟，且人數眾多，此一組成在臺灣學術界中深具特色。同時也期待藉由本書的出版為我國當前所面對千絲萬縷的難題，提供可參考的前行路徑。

表A　《國政治理》各章提及「善治」八面向次數

	1.參與	2.法治	3.透明度	4.回應性	5.共識取向	6.公平與包容	7.效能與效率	8.課責
各章提及總次數	11	7	7	9	6	5	10	12
第1章　緒論：國政治理之開端								
第一篇　制度、價值與倫理								
第2章　憲政主義：憲政規範與實踐								✓
第3章　價值多元社會中的公共性爭議	✓			✓	✓	✓		
第4章　倫理困境與倫理決策	✓	✓	✓	✓	✓	✓	✓	✓
第5章　公共服務民營化下之公務倫理困境	✓		✓				✓	✓
第二篇　治理資源與分配								
第6章　分配與重分配政策管理的趨勢與原則		✓	✓	✓		✓	✓	✓
第7章　我國地方財政現況與問題分析				✓	✓		✓	✓

表A　《國政治理》各章提及「善治」八面向次數（續）

		1.參與	2.法治	3.透明度	4.回應性	5.共識取向	6.公平與包容	7.效能與效率	8.課責
第8章	直轄市財政指標分析			✓	✓			✓	✓
第9章	公務人力資源發展在個體與總體層次的衝突與整合：動態能力的觀點	✓		✓	✓				
第10章	教授化身創業家：大學科研成果商業化政策的推動與未來走向							✓	
第三篇	體制運作與效能								
第11章	民主的數位轉型：內容、影響與原則	✓				✓			✓
第12章	彌合我國政府施政計畫管理的落差：從審計機關加強考核重要施政計畫績效	✓						✓	✓
第13章	良善政府之績效管理制度再設計							✓	✓
第14章	地方府際合作與合併：概念與實作的再詮釋	✓	✓				✓	✓	

表A　《國政治理》各章提及「善治」八面向次數（續）

	1.參與	2.法治	3.透明度	4.回應性	5.共識取向	6.公平與包容	7.效能與效率	8.課責
第15章　司法懲戒與行政懲處雙軌制度權限爭議：兼論憲法法庭111年憲判字第9、10號判決		✓						✓
第16章　台鐵改革的挑戰與機會		✓		✓			✓	
第四篇　公民參與和網絡治理								
第17章　公民投票在臺灣：關鍵議題、挑戰與機會	✓	✓		✓	✓			✓
第18章　體制偏好、個人價值觀與政治文化研究之回顧與反思	✓							
第19章　地方治理之永續環境行動	✓		✓	✓				
第20章　網際網路治理之挑戰與規範	✓	✓	✓		✓			✓
第21章　結論：朝向善治之國政治理								

資料來源：本書整理。

參考文獻

Economic and Social Commission for Asia and the Pacific, United Nations (ESCAP). (2009). *What Is Good Governance?* Retrieved December 11, 2022, from https://www.unescap.org/resources/what-good-governance

PART 1

制度、價值與倫理

● 第 2 章　憲政主義：憲政規範與實踐（周育仁）

● 第 3 章　價值多元社會中的公共性爭議（劉佳昊）

● 第 4 章　倫理困境與倫理決策（顧慕晴）

● 第 5 章　公共服務民營化下之公務倫理困境（詹靜芬）

憲政主義：憲政規範與實踐

周育仁

壹、憲政主義意涵

　　憲法（constitution）是一國基本大法，政府建構必須符合憲法規範。制定憲法主要目的有（Roskin et al., 2017, chap. 5）：彰顯建國理想；建構政府結構並賦予權力；建立政府正當性（legitimacy）基礎；與保障人民基本權利[1]。

　　Samuel Huntington（1991）認為，若一國最高領導人是透過公平、公正、公開定期選舉方式選出，就是民主國家。惟民主政府也被認為是「有限政府」（limited government），政府權力是有限的。Tom Ginsburg（2003）指出，憲政設計影響權力配置。制定憲法目的之一是建構政府並賦予權力，惟單有憲法不保證會被落實。

　　憲政主義強調政府權威源自基本法，並受其限制。政府權力應受限制，其權威取決於這些限制，憲法建構權力與限制的框架。政治機構行使制度化權力保護公民利益和自由，方屬合憲。憲法學者費爾曼（David Fellman）強調：憲政主義的試金石，就是在更高法律下的有限政府概念[2]。

　　憲政主義雖同意賦予政府權力，但權力必須受限制，政府若逾越權力限制，將失去權威和正當性。為維護個人基本自由、尊嚴與人格，必須堅持憲政主義，並內建對政府權力的限制。憲政主義重要特徵之一是，限制政府權力的規範，必須以立法或憲政慣例方式強化。若政府有權任意更改憲法限制，就會令人質疑政府權力是否真受限制[3]。

---

[1] 關於積極權利與消極權利，請參閱Heywood（1997, chap. 14）。

[2] 請參閱http://www.legalservicesindia.com/article/1699/Constitutionalism.html

[3] 同註2。

海耶克（Friedrich Hayek, 1960）在 *The Constitution of Liberty* 書中指出，憲政主義有兩個面向，一是透過分權限制政府與立法機構權力；二是保障人民基本權利，尤其是生命、自由與財產權。Scott Gordon（1999）指出：憲政主義強調「國家強制力受到限制」，藉由「分權制衡」控制國家權力。惟有透過多元制衡，方能確保政治責任與良好政府運作（Gordon, 1999；引自廖元豪，2006）。

惟憲法對政府權力的限制，未必能自動發揮作用，暴君不會因為憲法要求，成為仁君。為防止政府違反憲法規範，就需建立制度性安排。美國知名國際法學者亨金（Louis Henkin, 1994）認為，憲政主義意指政府要受憲法制約，只能根據憲法統治並受其限制，其中包括：依照憲法成立的政府、分權、人民主權和民主政府、違憲審查、獨立司法機關、遵守人權法案的有限政府、控制警察、受文官控制的軍隊、國家機關無權中止實施部分或整部憲法，或權力非常有限且受到界限。亨金關於憲政主義的要素分為兩部分，一部分針對政府權力建構和權力下放，另一部分則針對人民權利之保障。兩者共同運作，就能確保憲法至上、政府權力有限但強而有力，並保障人民基本自由[4]。

憲政主義奠基於人民主權，由代議政府行使有限權力。職是之故，民主與憲政主義間有重要連結。單靠憲法不能確保國家合憲，只有政黨和選舉也未必能促進民主。民主必須建立在人民主權、而非統治者主權之上。民意代表應根據人民意志，代表人民行使權力。沒有真正民主，就沒有憲政主義。法治是指法律至高無上，法律之前人人平等。要落實法治，就需遵循憲政主義基本原則與制度性規定[5]。

許多國家經驗顯示，有憲法不保證憲法規範會被落實。許多極權或威權國家的憲法，對政府權力有所限制，對人民權利亦有所保障，惟實際運作卻非如此。職是之故，有憲法的國家，不必然有實施憲政主義的政府。只有政府權力確實依據憲法受限制，人民權利依據憲法受保障，才是真正實施憲政主義的政府。

---

[4] 同註2。

[5] 同註2。

綜合上述學者看法，一國即便有符合民主精神的憲法，也不必然會落實憲政主義。所謂憲政主義，是指政府權力確實依據憲法受到限制，人民權利依據憲法受到保障（Roskin et al., 2017, chap. 4），立憲政府（constitutional government）必須真正落實憲政主義。換言之，憲政實踐必須依循憲法規範，不得任意擴張。

職是之故，民主國家領導人固需依Huntington主張方式產生，民選領導人及其政府更需恪遵憲政主義，依憲法規範行使應有職權，方能謂之民主。民選領導人與政府不能因具有直接民意，就有權逾越憲法規範，任意擴大權力，或侵犯其他政府機構依憲法應享有之權力。憲政實踐一旦逾越憲法規範，就表示該國尚未落實憲政主義。

貳、我國憲政體制之演變

憲政體制分類，繫於行政權之歸屬與行政權、立法權之關係。在西方民主社會，議會內閣制、總統制與雙首長制（或稱半總統制）被許多國家採用。

在概述三種體制前，需先釐清元首（head of state）與最高行政首長（head of government）之差異。每個國家都有元首，或是世襲君主，或是民選總統。英國女王作為國家元首並無實權，實權掌握在最高行政首長首相或總理（prime minister、premier或chancellor）手中。最高行政首長通常是國會多數黨領導人。

至於透過選舉產生的總統，有些屬於議會內閣制不具實權的虛位元首；有些同時擔任國家元首與最高行政首長，因而擁有實權，如美國總統。

採雙首長制的法國，總理由總統任命，不需國會同意。當總統所屬政黨（或政黨聯盟）未掌握國會過半多數席次時，總統會任命國會多數黨（或聯盟）人士擔任總理。總統一方面為國家元首，另方面則依憲法擁有國防、外交專屬最高行政權，其他行政權則由總理主導，出現兩位權力不對等的最高行政首長，是為雙首長制；反之，當總統與國會由同一政黨（聯盟）控制時，總統會任命與其理念相近者出任總理，作為其與國會之橋梁。總理成為總統的執行

長，代表總統對國會負責。總統既是國家元首，也擁有最高行政首長實權，體制偏向總統制。

　　法國經驗顯示，政黨必須同時掌握總統與國會多數席次，取得「二元正當性」（dual legitimacy）基礎，總統才具有實權；不同黨時，則由於總統根據憲法僅擁有國防、外交專屬權，制度會換軌為雙首長制。換言之，當行政權呈現一元化現象時，政府體制偏向總統制；當行政權呈現二元化現象時，則偏向雙首長制。

我國《憲法》建構的政府體制

　　要瞭解我國憲政運作是否符合憲政主義，就需先釐清我國《憲法》如何規範與限制相關政府機構的權力。

(一) 總統

　　我國《憲法》明示：「總統為國家元首」（§35），並賦予下述權力：

統率全國陸海空軍。（§36）

依法公布法律，發布命令。（§37）

依本《憲法》之規定，行使締結條約及宣戰、媾和之權。（§38）

依法宣布戒嚴。但須經立法院之通過或追認，立法院認為必要時，得決議移請總統解嚴。（§39）

依法行使大赦、特赦、減刑及復權之權。（§40）

依法任免文武官員。（§41）

依法授與榮典。（§42）

國家遇有天然災害、癘疫，或國家財政、經濟上有重大變故，須為急速處分時，總統於立法院休會期間，得經行政院會議之決議，依緊急命令法，發布緊急命令，為必要之處置。但須於發布命令後一個月內提交立法院追認，如立法院不同意時，該緊急命令立即失效。（§43）

提名行政院院長。（§55）

任命行政院副院長，各部會首長及不管部會之政務委員。（§56）

上述各項權力，除「統率全國陸海空軍」未預設前提外，其他各項權力不是需「依本《憲法》規定」、或是需「依法」，就是需「經行政院會議之決議」、或「經立法院之通過或追認」，顯示總統之權力必須「依憲」或「依法」行使。立法院「同意權」，限制了總統提名行政院院長的空間。總統「宣布戒嚴」與「發布緊急命令」，也需立法院同意。即便要「宣戰媾和」，也需「行政院院會議決」與「立法院同意」。總統能獨立行使的《憲法》權力相當有限。

(二) 行政院

「行政院為國家最高行政機關」。（§53）

總統依法公布法律，發布命令，須經行政院院長之副署，或行政院院長及有關部、會首長之副署。（§37）

經行政院會議之決議，總統得於立法院休會期間發布緊急命令。（§43）

總統任命行政院副院長，各部會首長及不管部會之政務委員，需由行政院院長提請之。（§56）

行政院院長、各部會首長，須將應行提出於立法院之法律案、預算案、戒嚴案、大赦案、宣戰案、媾和案、條約案及其他重要事項，或涉及各部會共同關係之事項，提出於行政院會議議決之。（§58）

上述規定顯示：總統無權主動、獨立行使締結條約、宣戰、媾和、大赦、發布緊急命令與戒嚴，皆需行政院院會先做成決議。行政院院長作為最高行政機關首長，無疑就是中央政府「最高行政首長」，掌握最高行政權，沒有其他行政首長地位高過行政院院長。總統雖是「國家元首」，但並非行政院院長上級首長。至於內閣人事，則應由行政院院長依其政治理念提名（釋387），再由總統依法任命，而非由總統主導。此顯示《憲法》賦予總統之權力，或受限於行政院院長副署權、內閣人事提名權，或受制於行政院院會，總統能獨立行使的權力不多。

(三) 立法院

總統依法宣布戒嚴，「須經立法院通過或追認。立法院認為必要時，得決議移請總統解嚴」。（§39）

總統發布緊急命令後，應於「一個月內提交立法院追認。如立法院不同意時，該緊急命令立即失效」。（§43）

總統提名行政院院長，需「經立法院同意任命之」。（§55）

立法院有議決法律案、預算案、戒嚴案、大赦案、宣戰案、媾和案、條約案及國家其他重要事項之權。（§63）

立法院法律案通過後，移送總統及行政院，總統應於收到後十日內公布之。但總統得依照本《憲法》第57條之規定辦理（即覆議權）。（§72）

上述規定顯示，關於行政院院長人事，總統必須參酌立法院政治生態，提名多數立委能接受之人選。總統發布之戒嚴案、大赦案、宣戰案、媾和案、條約案，也需立法院議決。至於覆議案，對立法院負責的既是行政院，行政院院長未提覆議時，總統應無權逕行向立法院提覆議，或是不核可行政院院長所提覆議案。

(四) 行政院與立法院關係

總統提名行政院院長，需「經立法院同意任命之」。（§55）

行政院依左列規定，對立法院負責：

行政院有向立法院提出施政方針及施政報告之責。立法委員在開會時，有向行政院院長及行政院各部會首長質詢之權。

立法院對於行政院之重要政策不贊同時，得以決議移請行政院變更之。行政院對於立法院之決議，得經總統之核可，移請立法院覆議。覆議時，如經出席立法委員三分之二維持原決議，行政院院長應即接受該決議或辭職。

行政院對於立法院決議之法律案、預算案、條約案，如認為有窒礙難行時，得經總統之核可，於該決議案送達行政院十日內，移請立法院覆議。覆議時，如經出席立法委員三分之二維持原案，行政院院長應即接受該決議或辭職。（§57）

　　上述規定顯示，行政院院長負責對象是立法院，不是總統。行政院院長人事案，決定權在立法院。至於覆議案送請立法院前「得經總統之核可」，基於行政院對立法院負責的憲政設計，此項核可權應屬儀式性權力。

　　整體而言，根據《憲法》本文規範，我國「國家元首」與「最高行政首長」由不同人出任，類似議會內閣制或半總統制。總統是「國家元首」，行政院院長是「最高行政首長」，亦即中央政府最高領導人；行政院院長雖由總統提名，但依《憲法》規定只對立法院負責，不對總統負責。

　　《憲法》本文建構的行政院對立法院負責的政府體制，具有議會內閣制特徵。《憲法》雖未賦予行政院院長解散立法院權力，也未賦予立法院對行政院行使不信任投票權力，但行政院對立法院負責的相關設計，確實有議會內閣制考量。負責起草《憲法》的張君勱先生（1997，頁80），就表示我國政府體制是修正式內閣制[6]。

(五) 動員戡亂與九七修憲對政府體制的影響

　　1947年1月行憲後，國民政府國務會議旋即在7月通過《動員戡亂完成憲政實施綱要》，進入「動員戡亂時期」。臨時條款雖試圖擴張總統權力，惟行政院院長作為最高行政首長的憲政設計並未改變，總統之緊急處分權仍受制於行政院。至於取消總統連任一次之限制、賦予設置動員戡亂機構、調整中央政府行政機構及人事機構、補選中央公職人員與充實中央民意代表機構等職掌，則確實有助於總統擴權，使政府體制偏向總統制。

　　1991年5月動員戡亂時期中止、臨時條款廢止，國民大會4月通過《憲法增修條文》。就此階段之憲政體制設計而論，增修條文雖賦予總統屬於動員戡亂時期的緊急命令權與設置戡亂機構之權，將總統產生方式改為人民直選，惟《憲法》所設計行政院作為最高行政機關的體制並未改變，行政院負責對象仍是立法院，總統能獨立行使的《憲法》權力仍屬有限。

　　在1996年國家發展會議，中國國民黨與民主進步黨達成三項修憲共識：總統任命行政院院長不需經立法院同意；總統於必要時得解散立法院，而行政院

6　我國《憲法》在1946年制定時，法國政府體制還是採議會內閣制。

院長亦得咨請總統解散立法院，但需有必要之規範與限制；立法院得對行政院院長提出不信任案（此次修憲於1997年完成，故通稱九七修憲）。九七修憲係以法國半總統制為藍本，總統任命行政院院長不需立法院同意，但也賦予立法院倒閣權制衡行政院院長。惟總統主動解散立法院之權力，則因民進黨反對未能入憲。此外，由於九七修憲後我國總統任命行政院院長不再需立法院同意，致有人誤認總統可「任免」行政院院長，因而認為政府體制應偏向總統制。惟司法院釋字第627號解釋則明確指出，行政權係依《憲法》概括授予行政院，總統只是國安方面的最高行政首長。就此而論，總統關於行政院院長之任命權其實有其限制，總統之憲政權力主要還是以國防、外交與兩岸為主。九七修憲後的憲政體制，應該較類似「總理總統制」（詳見後續分析）。

（六）我國政府體制之實際運作

　　行憲後我國旋即進入動員戡亂時期。臨時條款也以非常方式改變了《憲法》建構的政府體制，往總統制偏移。惟即便沒有臨時條款，立法院多數黨黨魁若選擇擔任總統，還是可以透過政黨政治運作將政府體制轉換為總統制。

　　臨時條款廢止後，《憲法增修條文》雖企圖擴增總統權力，惟行政院作為最高行政機關的憲政設計維持不變。李登輝總統得以主導內閣人事與政策，關鍵在其是立法院多數黨黨魁。

　　1994年修憲，規定總統自第九任開始由人民直選產生；也規定總統發布依法經國民大會或立法院同意人員之任免命令，無需行政院院長副署。此調整雖削弱行政院院長部分權力，惟並未將政府體制改為總統制，行政院院長仍是最高行政首長，其對總統公布法律與發布命令之副署權仍在，行政院院長對立法院負責的機制也未改變。

　　有人認為總統直選意味政府體制轉換為總統制，總統所屬政黨就是執政黨[7]，惟總統直選與政府體制是否調整為總統制[8]，並無必然關係。奧地利、

---

[7]　行政院研考會主委林嘉誠曾發表類似主張（參見**中國時報**，2000年10月1日）。陳水扁總統經常舉美國總統為例，為其主導行政院人事背書，顯示其以總統制的總統自居。惟美國內閣人事係由總統提名，送參議院聽證同意後方能任命，總統無權直接任命閣員。

[8]　根據郝柏村的說法，1992年3月在臺北賓館達成的協議：總統直選並不代表是總統制（參

愛爾蘭、冰島、新加坡與葡萄牙等國經驗顯示，總統即便直選產生，但皆非總統制。就憲政主義而言，政府體制是依《憲法》規範建構，官員權力來自《憲法》授與[9]。總統直選強化的是行使《憲法》所賦與權力的正當性基礎，與政府體制定位無關。

　　根據1995年10月司法院釋字第387號解釋，行政院長既須經立法院同意而任命，且對立法院負政治責任，基於民意政治與責任政治之原理，立法委員任期屆滿改選時，行政院長自應向總統提出辭職。俾總統得審視立法院改選後之政治情勢，重行提名人選，咨請立法院同意以反映民意趨向。若立法院未改選，新總統代表的民意，無權取代立法院的民意。總統只能在立法院改選後，根據立法院新的政治情勢，提名行政院院長人選。司法院釋字第387號解釋確立了內閣僅需配合立法院改選總辭，立法院政治生態未改變時，內閣不必配合總統改選總辭[10]。司法院釋字第419號解釋指出，配合總統改選請辭為「禮貌性辭職，並非其《憲法》上義務」。

　　其次，就行政院人事而言，依《憲法》規定，是由行政院院長提請總統任命之。另根據司法院釋字第387號解釋，行政院副院長、各部會首長及不管部會之政務委員，則係由行政院院長依其政治理念，提請總統任命。此顯示內閣

見中國時報，1994年4月22日，第2版）。國民黨修憲策劃小組執行秘書施啟揚亦指出：總統選舉方式與中央政府體制並無關係，總統直選後不當然成為總統制（參見中國時報，1994年4月24日，第4版）。前立法院院長劉松藩指出，總統直選並未增加總統職權，即便行政院院長改由總統直接任命，也未改變行政院向立法院負責的《憲法》規定（參見中國時報，2000年11月14日，第2版）。

[9] 荊知仁教授（1996，頁4）認為無論總統如何產生，其權力必須有《憲法》依據。謝復生教授（1995，頁7）指出：根據《憲法》，政治權力重心是在立法院與行政院，總統直選未改變此一事實，不能因總統直選就不依法辦事。陳水扁總統強調其權力來自人民，行政院院長權力來自總統，並不符合憲政主義精神。請參閱周育仁（2000c）。

[10] 蓋若新總統非屬立法院多數黨，而內閣又須配合總統就職總辭，將使新總統有機會爭取立法院多數黨立委轉投該黨，將原有多數黨與少屬黨地位易位。一旦某些多數黨籍立委因利益交換投入總統所屬政黨，將影響原有多數黨主導立院議事基礎，以及行政院院長之同意權行使。換言之，內閣若需在新總統就職前總辭，可能引發政治衝突，甚至憲政危機。此皆顯示行政院院長不必配合總統就職總辭。行政院院長既是向立法院負責，就應與立法委員共進退，其任期與總統之卸任或就職無關。根據上述分析，總統大選結果應無關政權移轉，現有內閣不必配合總統就職總辭。

人事應由行政院院長主導，並對其負責，總統不應干預[11]。換言之，若總統與行政院院長分屬不同政黨，總統應尊重行政院院長人事權，以落實《憲法》行政院對立法院負責的機制。總統直選後，此一原則並未改變[12]。

　　就憲政規範而言，總統直選後我國政府體制運作的重心仍是立法院和行政院。決定執政黨誰屬的選舉，應是立法委員選舉，而非總統選舉。

　　依《憲法》設計，九七修憲之前，立法院多數黨黨魁應出任行政院院長，以落實議會內閣制體制。蔣經國先生以黨主席身分擔任行政院院長時，嚴家淦總統扮演的是虛位元首角色；主導內閣人事與政策的是蔣經國院長。此一體制本應是我國憲政體制之常態，卻成了例外，九七修憲之前我國政府體制實際運作多因政黨政治運作偏向總統制。總統直選後由於總統具有直接民意基礎，上述現象也更加惡化。

　　上述分析顯示，九七修憲前我國政府體制運作，長期受政黨政治影響，以致多數時間皆未落實《憲法》設計的體制。多數黨黨魁普遍選擇擔任總統，並透過黨政運作，將體制偏向總統制，行政院院長最高行政首長角色則被架空。就憲政主義而論，九七修憲前政府體制之運作應已逾越《憲法》規範，不符合憲政主義精神。

　　九七修憲關係現行政府體制，在該次修憲中，行政院院長作為最高行政首長的地位，以及行政院向立法院負責的機制都未改變[13]，我國政府體制自

---

[11] 在立法院多數黨黨魁擔任總統的情況下，行政院院長人事權，可能因政黨政治運作，受制於總統。

[12] 有人認為總統直選後，必然大權在握。在第九任總統選舉過程中，四組人馬無不視總統為實權總統，皆提出許多治國理念與政策主張（荊知仁，1996，頁2-5；楊日青，1996，頁12-13）。林洋港雖主張內閣制，惟其對民選總統角色的認知仍然認為具有實權。林洋港表示：當選後將提名陳履安擔任行政院院長、馬英九擔任司法院院長；此外，要改革中央政府體制，將勞委會升格為勞工部、農委會升格為農業部、衛生署改為婦女衛生福利部、文建會升格為文化部、環保署升格為環境部（參見聯合晚報，1996年3月20日，第4版）。上述看法顯示林洋港認為總統有權主導政府人事與制度。在新黨僅有11席立委、且在國民大會居於少數的情況下，林洋港上述構想完全不切實際。此一問題也同樣出現在陳履安身上，試圖建立服務性政府，將臺灣建設為東方瑞士。這充分顯示各總統候選人對民選總統的角色，皆有過高期望。

[13] 陳水扁總統堅持籌組少數政府，主導政府人事權，惟其重大政策因無法獲得立法院多數

此被認為係屬半總統制。Matthew Soberg Shugart與John M. Carey（1992）依據總統是否具有閣揆免職權，將半總統制分類為「總統國會制」（president-parliamentary）與「總理總統制」（premier-presidentialism）。對此，有學者認為我國總統有權獨立任免閣揆，將之歸類為「總統國會制」[14]。吳玉山（2011）指出，實務上我國總統將行政院院長視為首席僚屬，可任意任免，是以被視為「總統國會制」。九七修憲後我國總統是否有權獨立將行政院院長免職？當年修憲過程其實能提供答案。

　　增修條文關於總統任免行政院院長之規定，當初國民黨方面係由筆者負責草擬，共有兩案：甲案是「行政院院長由總統任免之」，乙案是「行政院院長由總統任命之」。惟在討論本議題時，國民黨政策會僅提甲案，筆者雖補提乙案，並指乙案較符合國發會精神，惟修憲諮詢小組通過的還是甲案。有鑑於甲案不符國發會共識，不但導致總統權力過大，也會使行政院院長陷入同時向總統與立法院負責的困境，經透過徐立德副院長向連戰院長力陳其影響後，獲連院長同意修改為「任命之」；隨後修憲諮詢小組也配合修改。此一設計，在爾後國民黨臨時中全會，亦有人質疑為何非「任免之」。當時主持會議的是連戰院長，李登輝總統也在現場，最後臨時中全會通過的是「任命之」。此過程證明國民黨最終修憲版本並未賦予總統對行政院院長的主動免職權。此外，民進黨也反對賦予總統主動將行政院院長免職權[15]。

　黨支持而寸步難行。由於民進黨在立院居絕對少數，陳總統跳過立法院直接由行政院逕行宣布停建核四，以致引發朝野嚴重衝突，甚至面臨被罷免。少數政府面臨的困境，顯示九七修憲後，若總統拒絕任命立法院多數黨組閣，將使少數政府施政受制於立法院多數黨。

[14] 沈有忠（2012）認為我國總統制度權力屬於強；另請參閱陳宏銘、梁元棟（2007）、蘇子喬（2013，頁34-35）。

[15] 根據民進黨國大黨團憲改小組所提修憲條文說明（1997年3月25日），「若賦予總統將行政院院長主動免職的權力，非但行政院院長隨時可能下臺，施政計畫無從編定，形成行政院院長既向國會負責，又向總統負責的不合理現象；且一者將造成總統以免職為威脅要求行政院院長在政策上讓步，而形成長期政爭；再者總統可於國會改選滿一年後，將行政院院長免職，改任命己黨出任行政院院長，若國會通過不信任案則解散之，週而復始直到總統所屬政黨穩定執政為止，如此政爭最長可能持續四年直到總統卸任。」此文獻充分證明民進黨反對賦予總統主動將行政院院長免職的權力。

　　至於總統擁有的制度性權力，司法院釋字第627號解釋有明確解釋：自1995年10月27日以來，歷經多次修憲，我國中央政府體制雖有所更動，如總統直選、行政院院長改由總統任命、廢除國民大會、立法院得對行政院院長提出不信任案、總統於立法院對行政院院長提出不信任案後得解散立法院、立法院對總統得提出彈劾案並聲請司法院大法官審理等。然就現行《憲法》觀之，總統仍僅享有《憲法》及《憲法增修條文》所列舉之權限，而行政權仍依《憲法》第53條規定概括授予行政院，《憲法》第37條關於副署之規定，僅做小幅修改。總統於《憲法》及《憲法增修條文》所賦予之行政權範圍內，為最高行政首長，負有維護國家安全與國家利益之責任。

　　司法院釋字第627號解釋明示總統權力僅限於《憲法》及《憲法增修條文》列舉權限，行政權依《憲法》係概括授予行政院，總統只是國家安全、國防與外交領域最高行政首長。既然《憲法增修條文》未賦予總統行政院院長的主動免職權，是以根據憲政主義總統並無權主動將行政院院長免職。依Shugart與Carey（1992）「總統國會制」與「總理總統制」分類，我國《憲法》既已將最高行政權賦予行政院院長，總統亦無權主動將行政院院長免職，政府體制自較偏向後者。職是之故，我國《憲法》建構之政府體制，無論總統與立法院多數黨是否由同黨掌握，都應偏向「總理總統制」，才符合《憲法》規範。

　　整體而言，1996年總統直選，與1997年賦予總統任命行政院院長不需立法院同意後，行政院院長仍是最高行政首長，其負責對象仍是立法院。根據司法院釋字第387號解釋，組閣仍應由行政院院長依其政治理念籌組。總統行使任命權時，仍需同時考量其任命之行政院院長能否落實《憲法》賦予之角色與權力。易言之，《憲法》關於行政院院長職權與角色的相關規範，限制了總統人事權之範圍，總統必須在此框架中行使其任命權。行政院院長之憲政角色既已在《憲法》中明定為最高行政首長，並需對立法院負責，總統任命之行政院院長就必須服膺此一規定。就此而論，根據憲政主義精神，無論總統所屬政黨在立法院是否係多數，都必須任命一位能扮演最高行政首長角色，而非總統執行長的行政院院長；且行政院院長只依《憲法》規定對立法院負責，不對總統負責。總統若試圖將體制操作為「總統國會制」、「總統優越制」，或是半總統

制「權力總統化」[16]，皆違反《憲法》相關規範[17]。

令人遺憾的是，1997年以來上述各項憲政規範並未被落實，出現總統有權無責、行政院院長有責無權，或是不符憲政規範的少數政府[18]。

根據上述分析，九七修憲後政府體制仍受政黨政治影響。總統與立法院多數黨同黨時，形式上即便呈現「總理總統制」，實際運作仍較類似「總統國會制」，總統有很大空間選擇行政院院長，並透過政黨主導行政院人事與政策，行政院院長相當程度仍受制於總統。不同黨時，由於總統所屬政黨無法掌握立法院多數黨，政府體制只有偏向「總理總統制」，才具有運作條件。依《憲法》規範，總統理應任命立院多數黨黨魁或多數黨聯盟領導人組閣，惟總統依司法院釋字第627號解釋仍擁有國防、外交、兩岸事務專屬權。2000年至2008年出現的少數政府，顯然違反《憲法》上述規範。

九七修憲後，總統任命行政院院長雖不再需立法院同意，惟並不表示總統可隨意任用任何人擔任行政院院長。《憲法》中關於行政院對立法院負責的規定既未修改，控制立法院的多數黨理應是執政黨[19]。總統不應隨意任用少數黨人士出任行政院院長，甚或干預內閣人事[20]。

法國經驗顯示，出現雙首長制時，總統與總理分屬不同政黨（聯盟）；只有在偏向總統制時，才屬於同一政黨（聯盟）。在選前，陳水扁數度指出我國是雙首長制，強調會尊重憲政體制，由總統主導兩岸、外交與國防，行政院是國家最高行政機關；惟其選後成立少數政府，政府體制實際運作仍偏向「總統國會制」。唐飛只是被邀「入閣」擔任行政院院長，而非「組閣」。其他民進

---

[16] 關於半總統制權力總統化之分析，請參閱Shen（2012）、沈有忠（2012）。

[17] 關於1997年後我國憲政運作是否符合憲政主義，請參閱周育仁（2011）、Chou（2012）。

[18] 九七修憲後，若行政院認為立法院決議窒礙難行，雖可請立院覆議，但只要全體立委二分之一以上維持原決議，行政院就必須接受。覆議門檻降低，使少數政府更受制於立法院多數黨。

[19] 在九七修憲後，民進黨認為贏得總統的政黨就是執政黨，對此筆者有不同看法。請參閱周育仁（2000a，b）。

[20] 馬英九在競選2008年總統時明確承諾，若其所屬政黨未掌握立法院多數席次，渠當選後將任命立法院多數黨人士組閣，以確保多數政府。若未來總統候選人皆能有類似承諾，將有助於避免再度出現少數政府。

黨籍行政院院長，也都未能扮演最高行政首長角色。換言之，陳水扁執政的八年，政府體制皆被定位為總統制或總統國會制。

參、我國當前憲政規範面對之挑戰

根據上述分析，九七修憲後我國總統所屬政黨無論能否掌握立法院過半席次，政府體制都應定位為「總理總統制」。遺憾的是，1996年以來，我國政府體制運作一直被定位為「總統國會制」。

陳水扁總統在2008年1月立委選舉民進黨重挫後，拒絕任命立法院多數黨組閣，錯失回歸《憲法》規範機會。2016年總統與立委選後，馬英九總統邀請勝選的民進黨配合新國會2月1日開議組閣，將體制回歸為「總理總統制」，惟卻未被總統當選人蔡英文主席接受。

九七修憲後，依憲政法理，我國政府體制應無換軌空間。惟實際運作則可能在類似「總統國會制」與「總理總統制」間換軌[21]。總統與立法院多數黨同黨時，體制會因政黨政治的影響，即便在形式上被定位為「總理總統制」，實質上還是類似「總統國會制」[22]；不同黨時，則應偏向「總理總統制」。前者有實際政治運作先例，較有共識；後者則因陳水扁總統堅持少數政府，以及蔡英文總統當選人無意由多數的民進黨配合立法院開議在2月1日組閣，致使政府

---

[21] 九七修憲前後，關於總統有權決定國家安全大政方針，司法院釋字第627號解釋已明示總統為國防、外交與兩岸關係之最高行政首長。當總統與行政院院長不同黨時，就應偏向「總理總統制」，行政院應尊重總統關於國防、外交與兩岸關係之職權。

[22] 依《憲法增修條文》與司法院釋字第627號解釋，即便總統所屬政黨能掌握立法院多數席次，總統仍應尊重行政院院長作為最高行政首長之《憲法》角色，將政府體制定位為「總理總統制」，方符合《憲法》規範。問題是：實際運作皆呈現「總統國會制」，且相當程度被視為理所當然，不以為其為違憲。2016年5月20日蔡英文總統上任後任命林全組閣，形式上似有意將體制定位為「總理總統制」，但實際運作還是類似「總統國會制」。蔡英文總統表面上未以總統身分干預行政院院長之人事與政策，但還是藉由擔任民進黨黨魁身分，透過黨政平臺發揮其實質影響力，使政府在實質上呈現「總統國會制」特徵。

體制尚無機會換軌為「總理總統制」[23]。

根據憲政主義精神，政府權力應受《憲法》限制，政府領導人應遵循基本大法的《憲法》[24]。就此而論，少數政府已逾越憲政主義分際。1997年修憲後的覆議制度不利於少數政府。行政院一旦覆議失敗，本應依《憲法》規定「接受該決議」，惟實際狀況卻是行政院消極不執行立法院決議（如《三一九槍擊事件真相調查特別委員會條例》），以致立法院決議成效不彰，行政院反將責任歸咎於立法院決議窒礙難行，破壞《憲法》行政院對立法院負責之規範。

民進黨政府經歷數次覆議失敗後，改以釋憲或行使抵抗權等方式杯葛立法院決議。此外，行政院欲推動的事項，如廢核四、中正紀念堂及中華郵政改名等，由於得不到在野黨支持，乃逕以行政命令迴避立法院對行政院之監督機制。九七修憲似提供了總統籌組少數政府機會，惟就憲政主義而言，少數政府並不符合《憲法》規範之行政院對立法院負責精神，存在嚴重責任不明問題，無法對立法院負責[25]。

根據司法院釋字第387號解釋，總統必須任命多數黨能接受的行政院院長。馬英九總統在2016年1月總統與立法院選舉國民黨皆敗選後，邀請民進黨於2月1日籌組多數政府，應符合《憲法》相關規範，有助於落實責任政治，可

---

[23] 有研究指出，我國原有「單記不可讓渡複選區制」立委選舉制度使倒閣權形同虛設。請參閱蘇子喬（2013）。陳總統組少數政府，立法院多數黨國民黨之所以未倒閣，係因為總統選舉敗選對該黨衝擊至鉅，一旦倒閣改選，勢必無法維持原有多數席次，因而投鼠忌器，提供了陳總統籌組少數政府的機會。惟2001年立委改選後的立法院席次，已具體反映各政黨之實力，也出現無政黨席次過半的狀況，由於國民黨、親民黨與新黨總席次僅勉強過半，致影響三黨主張共組聯合政府之氣勢，陳總統也因而得以繼續籌組民進黨少數政府，國、親、新三黨也無意倒閣。惟在立委選制改採「單一選區兩票制」後，一旦非總統政黨在立法院席次遠超過總統所屬政黨，若總統堅持由其所屬政黨組閣，立法院應較可能行使倒閣權。惟2008年2月新國會開議後雖國民黨掌握七成以上席次，陳水扁總統未邀請國民黨組閣，國民黨也未因此發動倒閣，致使在新立委選制下是否可能出現倒閣，也出現變數。

[24] 請參閱張君勱（1997）的第一、二講。

[25] 高朗教授也同意基於責任政治，應由立法院多數黨組閣。如其所言，少數政府的困難不在於成立，而在於實際運作。法國總統掌握極大的人事權，惟密特朗總統只有在其所屬政黨社會黨是第一大黨（席次接近一半）時，才會任命該黨人士組閣；當其所屬政黨淪為第二大黨時，絕不會逆勢操作，堅持籌組少數政府。請參閱高朗（2001）。

惜民進黨並未接受。

基於行政院對立法院負責，當總統無法掌握立法院多數席次，行政院院長又非由該黨人士擔任時，總統應尊重行政院院長人事權。此時總統對內閣的人事任命權應屬形式權力[26]。行政院院長依其政治理念組閣，才可能對立法院負責。2016年總統與立委選後，蔡英文總統邀請林全組閣。林全雖表示：人事「最後還是我點頭算數」、「行政院權責，當然是要我最後說了才算」[27]，惟蔡總統上任後還是走上擴權之路[28]，將體制運作為「總統國會制」。在蘇貞昌擔任行政院院長後，蔡總統之角色似較侷限在國防、外交與兩岸關係[29]，政府體制在形式上較偏向「總理總統制」，符合司法院釋字第627號解釋建構的政府體制；且這是在總統與行政院院長屬於同黨狀況下。惟憲政體制如何定位，蔡總統應還是扮演主導角色。

我國行憲以來，雖有行憲之名，惟實際上在各個階段多未能確實落實整體憲政規範。或以政黨政治影響憲政體制，或以臨時條款凍結憲政體制，或以總統直選為由，任意擴大總統權力，曲解憲政體制相關規範，皆使憲政實際運作呈現總統有權無責、無法落實應有憲政體制的亂象。

根據前述分析，依《憲法》規範，無論總統所屬政黨是否係立法院席次過半政黨，政府體制皆應定位為「總理總統制」。惟當總統所屬政黨係立法院多數黨時，政府體制即便在形式與程序上呈現「總理總統制」，在實質上還是具有類似「總統國會制」的特徵。當政府體制因總統所屬政黨掌握過半立法院席次類似「總統國會制」時，尚可理解，但若總統願意遵守司法院釋字第627號

---

[26] 請參閱董翔飛（1997，頁322）。陳總統任命立法院多數黨的唐飛組閣，目的之一應是爭取國民黨的支持。惟在組閣過程中，唐飛是以個人身分入閣，對於內閣人事亦無任何主導權，完全受制於陳總統。由於閣員多係陳總統直接選定，導致閣員唯總統旨意馬首是瞻，唐飛根本無法有效領導內閣。經濟部部長林信義在停建核四上之做法，完全違反行政倫理，未經行政院院長核可，即公開宣布停建核四。此顯示，總統不尊重行政院院長人事權的結果，導致行政院院長被架空，更遑論對立法院負責。

[27] 楊舒媚，中時電子報，2016年3月24日。

[28] 聯合報社論，2016年8月17日。

[29] 蔡總統與蘇院長之間雖有分工，蘇貞昌作為最高行政首長之角色較明確，惟蔡總統仍可能介入行政院國安以外的人事或政策。

解釋建構的「總理總統制」，在權力運作上自我設限，服膺《憲法》規範，落實憲政主義，將有助於深化我國憲政發展。

更重要的是，若總統所屬政黨無法掌握立法院多數席次時，蔡英文總統與蘇貞昌院長之間的分工模式，就更應該落實「總理總統制」，尊重《憲法》所賦予行政院院長的最高行政權，將總統的權力侷限在國防、外交與兩岸關係上，方符合《憲法》規範。

針對現行憲政體制之爭議，由於修憲門檻過高，很難透過修憲解決。要確立憲政體制定位，其根據應是《憲法》整體規範，而非實際憲政運作。任何違反憲政整體規範的憲政運作，皆不具正當性與合憲性，否則就會開啟濫權的大門。民主政治將趨於崩潰，人民權利也將無從保障。許多民主政治的衰敗，主係源自對《憲法》規範的不尊重，當權者無意接受《憲法》相關規範對其權力之限制，因而導致濫權，進而《憲法》被毀棄。

參考文獻

一、中文部分

吳玉山（2011）。半總統制：全球發展與研究議程。**政治科學論叢**，（47），1-32。

沈有忠（2012）。半總統制下行政體系二元化之內涵。載於沈有忠、吳玉山（主編），**權力在哪裡？從多個角度看半總統制**（103-132頁）。五南圖書。

周育仁（2000a）。全民政府的迷思——誰是執政黨？誰是在野黨？**中華日報**，6月21日，第2版。

周育仁（2000b）。到底誰是執政黨？**中華日報**，3月29日，第3版。

周育仁（2000c）。總統權力來自憲法不是來自人民。**中華日報**，4月5日，第4版。

周育仁（2011）。憲政主義與台灣民主化。載於周育仁、謝文煌（主編），**台灣民主化的經驗與意涵**（1-17頁）。五南圖書。

荊知仁（1996）。憲法修改與憲政改革獻言。**政策月刊**，（12），2-5。

高朗（2001）。評析少數政府與聯合政府出現的時機與條件。載於陳建民、周育仁（編），**九七修憲與憲改發展**。國家政策研究基金會。

張君勱（1997）。**中華民國民主憲法十講**。洛克出版社。

陳宏銘、梁元棟（2007）。半總統制的形成與演化：台灣、法國、波蘭與芬蘭的比較研

究。**臺灣民主季刊**，**4**（4），27-69。

楊日青（1996）。總統直選與行政立法之關係。**政策月刊**，（12），12-13。

董翔飛（1997）。**中國憲法與政府**。作者自印。

廖元豪（2006）。憲法何用？——讚頌權力，還是控制權力？。**臺灣民主季刊**，**3**（1），131-136。

謝復生（1995）。內閣型態與憲政運作。**問題與研究**，**34**（12），1-10。

蘇子喬（2013）。兼容並蓄或拼裝上路？——從內閣制與總統制優劣辯論檢視半總統制的利弊。**臺灣民主季刊**，**10**（4），1-48。

二、外文部分

Chou, Y. (2012). Constitutional Reforms and Constitutionalism in Taiwan. In *Democracy and Development—Taiwan and the Baltic Countries in Comparative Perspective*. Latvia Academy of Sciences and Taiwan Foundation for Democracy.

Ginsburg, T. (2003). *Judicial Review in New Democracies: Constitutional Courts in Asian Case*. Cambridge University Press.

Gordon, S. (1999). *Controlling the State: Constitutionalism from Ancient Athens to Today*. Harvard University Press.

Hayek, F. A. (1960). *The Constitution of Liberty*. Routledge and Kegan Paul.

Henkin, L. (1994). *Elements of constitutionalism*. Center for the Study of Human Rights, Columbia University.

Heywood, A. (1997). *Key Concepts in Politics*. St. Martin's Press.

Huntington, S. (1991). *The Third Wave: Democratization in the Late Twentieth Century*. University of Oklahoma Press.

Roskin, M. G., Cord, R. L., Medeiros, J. A., & Jones, W. S. (2017). *Political Science: An Introduction* (14th ed.). Pearson.

Shen, Y. (2012). Presidentialized Semi-presidentialism in Taiwan: View of Party Politics and Institutional Norms. In Talavs Jundzis (Ed.), *Democracy and Development* (pp. 74-87). Latvian Academy of Sciences.

Shugart, M. S. & Carey, J. M. (1992). *Presidents and Assemblies Constitutional Design and Electoral Dynamics*. Cambridge University Press.

第3章

價值多元社會中的公共性爭議

劉佳昊

壹、前言

在過去三十多年來，臺灣社會歷經了民主開放的過程，而至今日，人們的表達自由、結社自由、人身自由多已回歸到《憲法》的基本規範上。不過，隨著社會風氣的日漸開放，持有各種意見的團體、個人之間，也往往容易出現價值觀念相互碰撞的情形。無論是2017年同性婚姻民法修法爭議、2021年桃園觀塘液化天然氣接受站的興建爭議，或是2012年臺北市文林苑都市更新案、苗栗縣大埔張藥房抗爭事件，乃至2016年高雄市民族路果菜市場拆遷事件、2020年臺南市南鐵東移黃家拆遷事件等，都在在顯示出自由民主社會中的價值衝突問題。

誠然，如果我們以土地徵收爭議為例來看，現行《土地徵收條例》第3條明文規定：「國家因**公益需要**，興辦下列各款事業，得徵收私有土地；徵收之範圍，**應以其事業所必須者為限**：一、國防事業。二、交通事業。三、公用事業。四、水利事業。五、公共衛生及環境保護事業。六、政府機關、地方自治機關及其他公共建築。七、教育、學術及文化事業。八、社會福利事業。九、國營事業。十、其他依法得徵收土地之事業。」

然而，該條例所謂「公益需要」與「以其事業所必須者為限」中的需要和必須，是由誰決定、如何決定，往往便是相關政策執行過程中產生爭議之所在。如果這裡所謂的「公益需要」和「事業必須」是由政府官員決定，如此決策的妥適性與正當性便可能引人質疑；但若是將所有利害關係人、專家學者的意見都納入考量，眾人則未必能夠在各種不同的價值考量與衝突中，找到一個令所有人都滿意的結果。那麼，我們該怎麼面對價值多元社會中的公共性爭議問題呢？

貳、多元與共識的理論思考

　　談到價值多元的問題，對於熟稔當代政治理論的人來說，或許都聽過以撒・柏林（Isaiah Berlin）的大名。根據柏林的見解，人類世界存在著種種價值，且這些價值是不可化約的（irreducible）、不可相容的（incompatible）、不可共量的（incommensurable）（葉浩，2018，頁151-168）。

　　以自由與平等為例，我們無法說自由可以等於平等，或是反過來說平等等於自由，並將兩者等同視之，而這所謂價值之間不可隨意等同視之的特性，便是不可化約。另方面，我們也不能說自由和平等兩種價值總是能夠並存。像是狼和兔如果自由生活在一起，狼出於天性便會去捕食兔，那麼在此情形下，我們就難稱狼和兔享有對等的生存權利。

　　至於不可共量，這則是指我們無法透過某種第三方尺度，將兩種或多種以上的價值等量齊觀。比方說，如果我們以諾貝爾經濟學獎得主沈恩（Amartya Sen）早年提出的社會選擇理論（social choice theory）來看，社會中每個人在意的價值雖然不同，但每個人或都可以基於自己的偏好，對各種自己在意的政策做排序（Sen, 2018）。那麼當綜合每個人的排序結果，而其中被最多人所優先重視的政策，便可因此成為政府機關優先考量執行的對象。

　　例如，若有甲乙丙三人的政策偏好排序如下：

甲　能源 ＞ 環保 ＞ 經濟
乙　能源 ＞ 經濟 ＞ 環保
丙　經濟 ＞ 能源 ＞ 環保

　　在這裡，甲乙兩人都選擇以能源為優先在意的政策，那麼，政府機關便可基於此排序結果決定政策推行的先後。只不過，如果人們在意的價值是不可以共量的，那這些政策排序便沒有客觀、可比較的根據，而可能只是個人主觀隨意、任意排列出來的結果。

　　更進一步來說，如果人們在意的價值多元分歧，且這些價值是不可化約、

不可相容、不可共量的，即便人們可以基於自身偏好產生政策排序，政府機關在推行這些政策的時候，仍將難以顧及所有的價值需求。像是這裡的甲乙丙三人中的丙，雖然優先在意的是經濟政策，但因為多數人優先在意的是能源政策，當政府機關是基於多數人的排序決定政策執行的順序時，丙在意的政策價值便將被擱置。

此外，若以前述提到的土地徵收案來說，政府或許出於街區的公共安全，而必須更新老舊住宅、重劃市街，但對於長期居住於該地的民眾，他們優先在意的價值或許不是不知道何時會發生的居安危險，或是政府和開發商提供的補償金額多寡，而可能是長久累積下來的生活習慣和對房舍、鄰居的情感。

由此說來，設若自由民主社會給予了每個人堅守自身價值觀念的權利，人們基於各自的偏好、情感和理由所在意的各種價值，便使得公共性和共識難以在眾人之間形成。

一、「重估一切價值」

若說為何人們可在自由民主社會底下堅守自身的價值觀念，我們可從19世紀知名的德國哲學家尼采（Friedrich Nietzsche）提出的「重估一切價值」談起。對尼采來說，無論是西方的基督宗教或是真理哲學，時常都高舉了一種比起人的生命來說更為崇高的道德價值，但他認為，這些道德價值其實扼殺了人的生命。當人們被要求應該為了神、為了真理而活時，這樣的一種道德思考容易讓人們忽略了自己事實上的生活處境。像是貧困的人們，在基督宗教的守貧教誨下，或被鼓勵坦然接受自己的貧困，而未被期待為了自身的生存奮鬥。

正因如此，尼采強調，人的世界不應該被某些忽視真實生命的崇高道德觀念或真理主張支配，而必須讓每個人回到自己的生命意志，從自己的生命意志出發評價所有的價值，但如此造就的便是一個價值多元的世界（王紹中譯，2018，頁28-41）。

由此說來，我們之所以在自由民主社會底下尊重每個人堅守自身價值的權利，便是因為我們應該尊重每個人的生命意志，尊重每一個真實存在的人及其生命意義。只不過，這樣的一種價值多元世界的存在，便如前述提到的，對政府機關的政策推行帶來了挑戰。

同樣留意到現代社會價值多元問題的德國思想家韋伯（Max Weber），則是從國家權力與技術官僚的角度回應。對韋伯來說，現代社會確實如尼采所指出，陷入了「諸神鬥爭」的時代。因為對每個人而言，其所認定的最高生命價值是分歧的，沒有單一的理性標準可以斷定哪種價值最為重要（李中文譯，2018，頁29）。然而，正因為價值的多元衝突，國家在面對這些衝突時，便必須仰賴統治者的理性權威，以正當、合法地運用權力來進行程序規範。而當法律程序規定確立了，國家的技術官僚便有了明確的規章，可以藉之因應現代社會的價值衝突。此即，技術官僚在協助處理各種價值問題時，將可無須考慮各項價值的實質內涵，而只需要根據規章的形式程序來決定如何處置。

以前述提到的都市更新爭議來說，對於技術官僚而言，當政府有明確的法定程序提供市民參與表達意見的公聽會、審議會、審查會，並在歷經各項程序形成了決議之後，技術官僚便可依法、依程序結果執行決議，而無須執著於決議是否涉及價值衝突的問題。換句話說，正當、合法的程序規定將可使價值問題成為一種技術問題。

然而，對韋伯來說，這樣的一種回應價值多元問題的方式，不僅無法化解問題，更將使得人們仿若生活在一個冷冰冰的「鐵籠」（iron cage）裡。這是因為如果人們追尋的生命意義與價值是應當受到尊重的，單純依照規章程序辦事的做法，顯然是在逃避爭議而非面對爭議。正因如此，在程序規範和技術官僚之外，韋伯更進一步強調現代社會中議會政治的重要性，而認為必須透過「政治途徑」來處理價值多元帶來的政策公共性爭議。畢竟，在一個自由民主的法治國家裡，技術官僚遵循的程序規範，也有賴於議會的立法。

二、多元競爭與民主共識

延續著韋伯提出的重回「政治」觀點，本文接下來將介紹三種從民主政治的角度，來思考如何因應價值多元問題的理論見解。

（一）菁英競爭式民主

受到韋伯思想的影響，著名的20世紀奧地利政治經濟學家熊彼得（Joseph Schumpeter）認為，在自由民主的社會裡，社會菁英和專家的判斷將會主導國

家政策的規劃和執行。對熊彼得來說，民眾雖然各有各的意見和價值觀，但民眾缺少解決問題和做出判斷的能力，因此在民主體制的運作下，人們將必須透過選舉政治人物來協助他們解決問題、做出判斷。

更進一步地，熊彼得強調，這些掌握資源、富有能力的菁英和專家，可以透過廣告文宣與經濟資源影響人們的偏好。如他說到：

> 政黨和制定政策的政客是因爲選民群眾除了一窩蜂之外一無是處的現實而出現，而他們想要像貿易商會規劃商業競爭的方式一樣，來規劃政治上的競爭。政黨經營和政黨廣告的心理技巧、口號和遊行的旋律，遂不是什麼附帶產物；它們和政治領導一樣都是政治的精髓所在。（Schumpeter, 2006, p. 283）

在熊彼得的觀點下，民主政治因此是擁有能力、掌握資源的專家和菁英，透過各種途徑取得民眾支持，進而掌握國家立法決策權力的一個競爭過程。

從這個角度來說，雖然在自由民主社會底下，每個人、每個團體都能有自己的價值觀，但因為這些個人與團體難以在缺少專家和菁英領導的情況下，有效地彙整意見，形成足以影響立法決策過程的力量；在這些個人與團體之間出現的價值衝突問題，便可以在專家和菁英的領導之下，經由他們的判斷來解決。

換句話說，對熊彼得而言，因為個人與團體難以形成政治力量，即便他們之間在價值上有所衝突，只要專家和菁英經由合法的民主程序取得了權力，這些衝突便都將服膺於專家和菁英的判斷。甚至於，當專家和菁英的判斷和民眾的價值觀念不盡相同時，這些專家和菁英更可以透過廣告文宣等途徑影響人們的偏好，進而化解各種價值觀念的衝突。

(二) 合理共識型民主

與熊彼得的觀點不同，另外一派學者則認為，任何價值要能夠進入公共政策的討論議程，勢必要具有一定程度的公共性。對於這派的學者如羅爾斯（John Rawls）或哈伯瑪斯（Jürgen Habermas）來說，每個人或團體固然會有

各種不同的價值觀和意見，但這些價值觀和意見未必都值得政府機關透過公共資源來回應。因此，在政府機關回應之前，這些人和團體就必須透過公開討論的方式和程序，決定哪些政策、法案涉及的價值問題，是值得政府透過公共資源與公共權力來處理的對象（Shapiro, 2003, pp. 10-34）。

舉例來說，不同個人或團體對於道教經典的解讀可以五花八門。但是，即便這些個人或團體對於宗教經典的理解有所衝突，這些私人的理解和解讀的差異，也往往不是政府機關需要透過公共資源與公共權力介入處理的對象。

因此，根據這樣的一種公共性想像，認為民主政治可以透過一套公開討論的程序來處理價值衝突問題的學者們，便特別強調討論過程中的公共理性（public reasons）。比方說，雖然不同個人或團體對於道教經典的解讀差異，通常不會是政府機關介入處理的對象，但如果這些差異和衝突會對公共秩序的安危造成影響，政府機關就有了介入處理的合理性。就像是每年臺中大甲鎮瀾宮的媽祖繞境活動，這雖然是民間組織的信仰活動，但因為繞境範圍廣大、不同宮廟團體之間又容易發生衝突，每年地方政府和警局機關都會特別關注，以維持地方上的交通與治安。正因如此，對於重視合理共識的學者們來說，人與人之間各自秉持的價值觀念固然不同，甚至可能相互衝突，但人們還是可以基於公共生活的必要，透過理性的討論與思辨，針對那些值得政府透過公共權力與公共資源介入的議題做回應。

（三）爭勝式民主

相對於前述這些認為人們可以基於理性共識來化解價值多元衝突的理論見解，知名的比利時學者穆芙（Chantal Mouffe）則認為，民主政治的首要目的應是承認人與人之間的衝突和對抗乃是不可消除的一種人類生活處境。對穆芙來說，那些主張衝突可以透過建立共識、消除歧見的方式化解的觀點，不僅在理論上預先假定了人們擁有一種同質的理性思考能力，期待人們可以透過理性審議的方式建立共識的想法，更預設了政治的目的在於達成一致的決定，而非對於價值多元事實的尊重。正是因此，穆芙便曾主張：「否定對抗性的不可消除特性，並朝向一個普遍的理性共識——這才是對民主的真正威脅。」（Mouffe, 2009, p. 22）

　　取而代之，穆芙認為民主政治事實上是一種「爭勝式」（agonistic）的政治活動。這是指所有生活在一個社會裡的個人和團體，固然會因為各種不同的價值觀念彼此衝突，但民主政治存在的首要意義，便是讓這些持有不同意見的人們，都有機會可以依循一個共同接受的遊戲規則來發聲，進而爭取公共資源和公共權力。

　　更為重要的是，穆芙認為當人們在民主政治的運作過程中發出自己的聲音時，人們不需要都用單一種理性的話語來表達，而可以訴諸自己的情感、訴諸各種性質迥異的感受語言，來傳遞自己的想法和價值觀。就這點來說，如果我們容許民眾透過民主對話的方式表達意見，但卻主張只有在民眾遵循一種一致的、理性的形式程序所做出的意見表達才是有效的表達，這樣的要求本身便是一種「理性優先」的價值判斷，而在事實上未能尊重價值多元的差異。

　　也正因為如此，爭勝式民主不預期人們必然能夠透過發聲來達成共識。對穆芙來說，既然衝突與對抗是人類生活不可抹滅的一環，那麼，想要找到一個可以一勞永逸解決所有衝突與對抗的方法的想法，反到容易成為人們打壓異己的藉口。相反地，我們應該接受衝突與對抗的事實，進而在共享的遊戲規則下，公平競爭公共權力與公共資源。

參、理論與現實的問題

　　經過前面的介紹，我們現在應該更能夠理解價值多元問題的意義。從尼采提出的哲學觀點來看，我們之所以應該尊重每個人堅守自身價值觀念的權利，是因為這樣的一種尊重，才能夠讓我們真正地去面對真實生活在世界上的每個人、每種生活方式。不過，如果我們應該尊重每個人的價值觀念，但這些價值觀念卻如柏林所描述的「不可化約」、「不可相容」、「不可共量」，那無論政府機關如何安排、配置公共資源，都將難以顧及所有人的價值需求。

　　從這一點接續來說，即便是如上述種種理論途徑，也都各自蘊含了理論與現實上的侷限性。

一、太多政治，或太少政治？

從韋伯提出的議會政治觀點出發來看，既然社會中充斥著各種相異、衝突的價值觀念，當我們說這些爭議和衝突可以透過議會政治化解時，我們的說法很可能只是種拖延之詞。畢竟，我們選舉出來的議會代表既然必須在立法過程中回應我們的各種價值期待，這些價值期待的衝突便依然會在這些代表之間存在。就此來說，將價值多元問題造成的公共性爭議交付給議會政治處理，似乎未必是最佳的做法。

尤其，在現實生活中，議會代表自身要能夠獲得民眾支持、取得席位，也都必須經過一番利益與價值的折衝。比方說，假若今天要參選澎湖縣地方議會選舉的候選人中，有的支持賭博觀光，有的反對，在他們之間固然會因此產生截然二分的立場，然而，這些議員是否能夠勝選，往往不會僅取決於他們是否支持賭博觀光這個議題而已，而更可能涉及居民人口老化、生態維護、軍民關係、資源補給等各種其他議題的考量。

換句話說，將價值多元問題交給議會政治解決的想法，固然合乎自由民主的精神，並且可能可以防範技術官僚的理性僵化所帶來的問題，但議會政治本身是否能夠真正有效地化解價值多元問題，則是另一回事。

二、價值重要，還是權力重要？

當然，我們也可以如熊彼得所想像的，認為議會政治或民主選舉只是少數菁英相互競爭權力的過程。只不過，如果熊彼得認為多數群眾雖然抱有各種不同的價值觀念，但卻缺少影響決策或形成判斷的能力，甚至容易受到少數菁英的廣告文宣影響，那他所提出的這樣一種群眾想像是否符合「尊重每個人堅守自身價值觀念權利」的主張，便有了討論的空間。

從現實的層面來看，熊彼得的觀點多少反映了當前民主政治的運作實情。隨著現代社會資訊傳播媒介的蓬勃出現，能夠掌握或懂得如何運用這些媒介的人們，便有了影響甚至形塑群眾意見的力量。像是Facebook、YouTube、TikTok、Instagram、Twitter或LINE、WeChat等無數種的影音傳播媒介，都可以成為所謂網紅、公共知識分子或政治人物、政黨散布特定資訊、影響人們意

見和判斷的途徑。

　　然而，就這樣的一種傳播現象來說，人們雖然容易受到他人的意見影響，進而被煽動支持或反對特定的政治人物或政黨，但價值多元的衝突卻並未因此消失。相反地，在政治傳播的推波助瀾下，人們在公開場合中反映的意見，更容易因為渲染、放大，而產生所謂的極化（polarization）現象。

　　在極化現象的影響下，持不同意見或相反意見的人們，便容易因為立場的差異，加深彼此的歧見，進而讓那些刻意製造、影響人們意見的政黨或政治人物可以從中牟利、取得極化兩端民眾的各自支持。以晚近美國的墮胎權爭議為例，雖然少數的美國議員發言明顯帶有反智的色彩（如宣稱女性可自行控制是否懷孕）。但對於這些議員來說，反智言論帶來的話題性，反而讓他們能夠在媒體的廣泛報導下，成為反墮胎權民眾認識他們，甚至支持他們的契機。

　　但顯然地，如果民主政治淪為這樣的一種讓少數菁英爭奪權力的工具和平臺，不再尊重每個人擁有堅守自身價值觀念的權利時，這樣的一種民主政治是否「太過政治」、「太重權力」，便容易成為人們懷疑民主正當性的開端。

三、理性和感性，孰能平衡？

　　除了韋伯和熊彼得等學者觀點面臨著種種侷限之外，無論是強調理性共識，或是重視感性衝突的學者們，他們的建議和主張也有許多侷限。以穆芙批評的理性共識觀點來說，如果政府機關確實只承認依循某一種單一程序表達的意見，才是有效的意見，這樣的一種程序規定勢將排除許多價值主張，而為赤裸裸的權力展現。

　　比方說，當政治人物宣稱街頭抗議、遊行，不是「理性的」表達訴求方式，而對經由抗議遊行表達的意見一概無視時，這樣的一種態度便是假程序規範之名，行權力壓迫之實。然而，相對地，如果人們都不依循程序表達意見，而只想要透過抗議、遊行等政治動員的方式對政府施壓，這樣的一種意見表達方式，也確實可能讓政府和社會無法清楚理解訴求爭議的癥結所在。

　　就此說來，如果人們各自以不同的方式、途徑表達訴求，但卻缺乏一致、相同的理解途徑的話，這樣的一種意見表達狀態是否會導向各說各話的結果，而無助於政府和社會思考、決定該如何行動；此便是抨擊理性共識途徑、強調

價值衝突與對抗事實的主張，所可能帶來的實踐問題。

換個角度來說，生活在自由民主社會之中的我們，固然應該尊重每個人堅守自身價值觀念的權利，但這些基於價值多元衝突帶來的公共性爭議問題之所以重要，則正是因為這無數個堅持各自價值觀念的人們，依然在現實上是生活在「同一個」社會、「同一個」世界裡，並且是在「同一個」政府的治理之下。

肆、回應價值多元衝突與公共性爭議的實踐思考

經由前述的討論，我們可以發現，價值多元衝突的意義，其實不只是因為我們應該面對每個人真實的生活而已，更重要的是，擁有各式各樣生活方式和價值觀念的人們還需要「共同生活在一起」。

假設今天整個地球只有5,000人，而這些人平均分散在各個地方，彼此無須交往，那麼就算這5,000人有5,000種以上的生活方式和價值觀念，他們之間的衝突與分歧都無關緊要，因為他們無須透過「同一個」政府社會提供的公共資源，來回應他們的價值需求。因此，價值多元衝突帶來的公共性爭議之所以重要，便是因為我們必須「共同生活在一起」，而這點，也就成為了我們思考如何回應價值衝突與公共性爭議的關鍵。

一、公共性內涵的構成差異

針對價值多元衝突帶來的公共性爭議問題，論者或認為，我們應該透過強化政府的政治回應能力，也就是透過廣辦公民會議、公共論壇、地方公民工作坊等途徑，強化民眾意見表達、匯集公共價值的可能性（馬群傑等，2007；傅凱若，2019）。然而，除了前述提到的種種理論與現實侷限外，在不同的群體層次上，「公共性」的內涵也會有相異甚至衝突的可能。

比方說，如果雲林縣縣民反對外縣市的垃圾送至縣內掩埋，這裡的反對意見便可能是基於雲林縣縣民的公共利益考量而發，然而，對於外縣市的民眾來說，他們自身縣市的公共利益就可能因為雲林縣縣民的公共利益而遭到影響。

　　換言之，當我們在討論政策議題的公共性爭議時，首先必須釐清，我們爭論的是何種層次意義上的「公共性」內涵。唯有如此，我們才能瞭解，我們當下所需考慮的「共同生活在一起」的對象，包含了哪些個人、團體、社群。

二、決策視野的層次差異

　　從公共性的構成層次出發，我們可以進一步檢視政策審議的考量層次差異。以前述提到的雲林縣縣民反對接收外縣市垃圾為例，雲林縣縣民、外縣市縣民的考量立場既不相同，雲林縣政府和其他地方政府的政策視角自然也就不同。如果我們的政策視野是從雲林縣出發，如何能夠回應並滿足縣民的需求，便是地方政府決策思考的關鍵。然而，如果雲林縣政府優先考量的是地方縣民的需求，對於外縣市政府來說，他們所會優先考量的對象，自然也是自身縣民的需求。在此情況下，當各縣市政府都只是從自身在地、地域性的決策視野出發思考時，那存在於他們之間的利益衝突和價值爭議，便將不易化解。

　　不過，若我們改從各縣市政府和各地方民眾需要「共同生活在一起」的角度來思考，這裡的決策視野便將進入跨縣市的國家層次，而不再只是從各縣市政府的地域性視角出發。就此而言，只有當我們釐清了政策爭議涉及的公共性層次之後，我們才能有轉換視角來重新理解爭議的可能性。就這裡的例子來說，問題便可能是，如果各地方縣市政府與民眾需要共同生活在一起，這就意味著他們有需要彼此的地方，在這個意義下，願意以感同身受的方式互相協助，便是眾人得以形成共同接受的決策之前提。

三、決策形成的多元途徑

　　進一步地，當我們釐清了公共性爭議的層次，確定了彼此有互相協助、妥善處置爭議的意願之後，接下來的課題便是：以何種方式做成決策，才最能夠回應各方的期待？

　　比方說，對於垃圾掩埋場就在自家隔壁的民眾來說，增加接受外縣市垃圾量的政策勢必會影響其居住品質。反過來說，對於那些住得離垃圾掩埋場較遠的民眾來說，他們雖然對這樣的政策可能有所不滿，但他們的生活卻未必會受到這個政策顯著影響。換句話說，即便這些民眾都有意願與其他縣市共同生

活，政策帶來不同的影響程度，依然有賴各政府與眾人妥善因應。

然而，為了讓各地政府與眾人能夠瞭解政策影響的程度與差異，以及受政策影響的民眾之需求，除了由地方政府舉辦各種類型的溝通協調會、里民大會、縣民大會外，政府更應該接受民眾透過網路、報章雜誌、新聞媒體等各種途徑發出的意見。畢竟，只有當各方考量的利益與價值差異被清楚呈現之後，政府與公眾才能討論回應需求的可能方案。

四、決策修正的容錯機制

最後，在爭議政策涉及的各方民眾與政府都能表達自身的意見之後，無論中央政府或地方政府最終做出何種安排，決策者都必須留下修正錯誤的容錯機制。就這點來說，晚近的民主決策似乎有一傾向，即決策者多過度抬舉自身的決策能力，而當決策有所疏漏時，反對者又過度要求決策者應該辭職以示負責。然而，如果決策者的疏漏未涉及法律責任，在未能釐清疏漏、修補疏漏之前，辭職事實上才是不負責任的做法。

進一步來說，正因為在自由民主社會中，每一個人的價值觀念都有應該被政府和他人認真對待的權利，當眾人透過前述過程釐清了爭議癥結，確認了彼此的善意，並給予了彼此充分表達意見的機會，但卻仍然在決策執行之後發生了疏漏，如何改正疏漏、再次認真面對疏漏影響所及的人們，便是我們回應價值多元問題帶來的公共性爭議所必須抱持的一種態度。

值得強調的是，認為決策必須有容錯機制的觀點，非是為決策者倉促判斷的疏失留下藉口。事實上，人們既然需要歷經上述過程來形成判斷，這最終形成的判斷和決策，便應該是眾人最有意願接受的可行方案。換句話說，如此產生的決策責任不該是由決策者或執行者單方面承擔，而是眾人所需要共同承擔的。然而，民眾之所以投票選擇政府首長、民意代表，是因為這些菁英或專家應該協助民眾做成最佳的決策判斷，若這些菁英或專家無法善盡其職，他們自然就需要承擔起政治責任。

因此，簡單來說，容錯機制是修正決策錯誤的機制，不是應該承擔責任者逃避責任的藉口。

伍、結語

　　本文扼要說明了價值多元問題的意義，以及此問題和公共性爭議的關聯。

　　在自由民主社會中，每個人的價值觀念之所以需要被尊重，乃是因為每個人的生命事實都值得被他人所尊重。然而，既然每個人的價值觀念和生命都值得人們相互尊重，如此產生的挑戰便是，我們該如何在這些相互衝突、無法相容的價值與生命之間，尋找出可讓每個人接受的公共決策（Wagenaar, 1999）。

　　當然，對於苦思該「如何」在多元價值之間找到公共性基礎的決策者和執行者來說，確立一套解決問題的程序和方法，或許比起理解問題的意義和價值更為優先。然而，正如論者主張：「公共政策的專業，之所以要進行倫理專業的轉向，主要是因為價值衝突的問題雖然難解，但它卻是公共政策專業天天必須面對的現實，與其怕麻煩而不面對它，不如建構相關思維能力與制度。」（陳敦源，2014，頁23）在我們探索解決問題的方法之前，釐清問題的本質、瞭解問題的癥結，進而梳理問題發生的成因，該是生活在價值多元社會之中的我們，所必須具備的分析思維能力。

參考文獻

一、中文部分

吉爾・德勒茲（Deleuze, Gilles）（2018）。**尼采**（王紹中譯）。時報文化。（原著出版於1965）

馬克斯・韋伯（Weber, Max）（2018）。**以學術為志業**（李中文譯）。暖暖書屋。（原著出版於1918）

馬群傑、陳建寧、汪明生（2007）。多元社會下公眾參與地方發展之決策研議：互動管理的實證分析。**政治科學論叢**，**31**，39-86。

陳敦源（2014）。公共政策規劃與評估：角色、思維、與制度環境下價值衝突管理的倫理問題。**公共治理季刊**，**2**（3），12-28。

傅凱若（2019）。民主創新與公共價值創造的實踐——以臺灣都會區參與式預算為例。**臺灣民主季刊，16**（4），93-141。

葉浩（2018）。**以撒‧柏林**。聯經出版社。

二、外文部分

Mouffe, C. (2009). *The Democratic Paradox*. Verso.

Schumpeter, J. (2006). *Capitalism, Socialism and Democracy*. Routledge.

Sen, A. (2018). *Collective Choice and Social Welfare: An Expanded Edition*. Harvard University Press.

Shapiro, I. (2003). *The State of Democratic Theory*. Princeton University Press.

Wagenaar, H. (1999). Value Pluralism in Public Administration. *Administrative Theory & Praxis*, *21*(4), 441-449.

第4章

倫理困境與倫理決策

顧慕晴

倫理困境（ethical dilemma）與倫理決策（ethical decision-making）是公務倫理中，最具實務性、挑戰性與動態性的思辨及實踐。實務性意指倫理困境與倫理決策的探討，必定植基於實際的公務運作之上，也必然要從現實中尋求解決方案；因而，不會使公務人員覺得有打高空、言抽象的不真實感。挑戰性指涉每一個倫理困境與倫理決策都有其特殊性，因為困境產生的原因不同，涉入人員的想法不同，因而無法找出一個標準化、以逸待勞的模板式解決方案；吾人必須針對每一個困境的特殊性，設計出一個僅適合此案例的解決方案。動態性則強調一旦針對特定倫理困境設計出紓解方案後，是否能夠永久適用；事實上，每一個紓解方案的適用性，又會隨著社會環境、主流價值的更動，而產生變化；在某一時空下適用的倫理決策，至另外一時空，可能就不適用了，必須隨時調適。

壹、倫理困境

倫理困境是一種令你左右為難，進退維谷的尷尬情境；你心中承受極大壓力，覺得這樣做是對也不對，那樣做是對也不對，真不知如何是好。公務倫理的理論，很大一部分是為了紓解公務人員對所面對的倫理困境而預做準備。公務人員在實際公務生涯上，總會遭遇或多或少、或大或小的倫理困境。一旦遭逢，內心往往十分焦慮，左思右想，瞻前顧後，甚至茶飯不思，大幅減損公務人員執行公務的能量，因之，必須妥善紓解之。本節將研究倫理困境，內容包括：倫理困境的意義、倫理困境產生的原因、倫理困境的類型等部分。

一、倫理困境之意義

倫理困境的狀況是兩個或兩個以上競爭的角色或價值，對你而言，都是重要的，但卻處於衝突之中；假使你要遵守其中之一，就不能服膺另外的角色或價值；或者你必須否認或犧牲其中之一或更多，以維持對某些角色或價值的執著（Gortner, 1991, p. 14）。基於以上之認知，吾人可對倫理困境做一界定：倫理困境乃公務人員承受兩種或兩種以上均應服膺之角色或價值，但卻產生不同行為要求的情境。F. Gortner（2001, p. 509）亦認為當今社會中，多元且矛盾之角色或價值並存著，使得倫理困境日漸普遍與頻繁。

二、倫理困境產生的原因

倫理困境的產生，最主要原因為多元化社會。多元化社會對公務倫理的意義，主要為角色的多元與價值觀的多元。公務人員必然身處於如此的公務環境中推動公務，無所逃遁。

(一) 角色的多元

以角色多元論之，在一天之中，公務人員是一多元角色的扮演者。其一身，除了執行公務的角色之外，亦扮演家庭角色（人父或人母、人夫或人妻、人子或人女）、專業人員角色、公民角色等，複雜多變，不一而足。公務倫理固然強調公務人員以公務角色出現時所要履行之責任與所要表現的行為。然而，公務人員之公務角色必然與其他角色產生互動，如此極易產生下列問題：1.不知如何恰當分配個人資源至各個角色之上；2.角色間不同行為期望的衝突。

1. 個人資源妥善分配至各角色的問題

此一問題，不僅是公務人員會遭遇到；事實上，所有的現代人都會面臨到。現代社會中，由於社交頻繁，人際互動活絡，在不同的場合，人們往往扮演不同的角色。然而，角色的扮演並非憑空而來，而是需要個人一定的時間與體力以為支持。不過，個人資源卻是有限的，一天就是二十四小時，一天就是這麼多體力。某一角色分配到足夠的個人資源，扮演起來，固然得心應手；但

是，資源未分配或分配不足的角色，將導致此角色周遭的關係角色的不滿或抗議，造成公務人員的心理負擔。

2. 角色間不同行為期望的衝突

角色，乃一組的行為期望（behavioral norm）及將此行為期望實踐的責任。一位公務人員從擔任公職伊始，就必須承受來自國家相關法令與社會輿論對其行為期望及將此行為期望履行的責任。然而，公務人員既是多元角色的扮演者，自然承受著多元的行為期望，若對同一件事，不同角色有不同的要求時，則會讓公務人員陷入倫理困境之中。因之，對多元角色間的衝突，如何排序、如何取捨，是公務倫理的一部分。

（二）價值觀的多元

以價值觀的多元論之，現代社會中，各種差異懸殊，甚至衝突之價值同時並存。若不同價值之間是相容的，則可達到雙贏局面；但若彼此之間是矛盾的，就會導致衝突局面。因之，如何在矛盾的價值間取捨、排序或整合，並做成適當之決策，凡此種種是需耗費相當的思辨與實踐。例如，某一公務機關欲採購辦公用之原子筆，現有三家廠商參與競標，各自出價12元、15元和20元。假設此三種原子筆價格雖有高低，但效用卻是相同的。在此一情境下，則「正確的」決策應選擇12元者。其理由乃基於成本最低、效用最大的考量，此為「效率」的價值。假若吾人把情境設定得複雜些，生產20元原子筆是由僱用喜憨兒之庇護工廠所為，且該機關是庇護工廠的最大客戶，若該機關不予採購，則庇護工廠極可能面臨關廠的命運，數十位弱勢的喜憨兒將失業且無收入。在此種情境下，或許有人會認為「正確的」決策，應採購庇護工廠最昂貴的原子筆，因為喜憨兒是社會中的弱勢者，基於「社會正義」的價值，應採購價格最高的原子筆。若你是該業務的承辦人或是該機關的長官，該如何面對此種困境？上述案例之所以讓公務人員陷入倫理困境，其癥結，一方是效率，另一方是社會正義，此二價值，均為公務機關、公務人員必須遵行的目標，但是卻形成不同的行為要求，究竟該如何做，著實令人為難。

三、倫理困境的類型

　　對於倫理困境的類型，此處依據公務倫理學者Terry L. Cooper（2012, pp. 93-123）的觀點，將之區分為三種：權威衝突（conflicts of authority）、角色衝突（role conflicts）與利益衝突（conflicts of interest）。

(一) 權威衝突

　　權威衝突源自公務人員所承受之責任（responsibility）。所謂責任乃某人擔任某一角色所應為者與所不應為者的總和。所應為者即積極責任，角色扮演者必須完成之；所不應為者即消極責任，角色扮演者必須禁止之。對於這些積極責任或消極責任，依據不同的來源，又可分為：客觀責任（objective responsibility）與主觀責任（subjective responsibility）（Mosher, 1968, p. 7）。在權威衝突上，可分為客觀責任間的衝突和主客觀責任間的衝突兩種型態。本文首先說明客觀責任、主觀責任的涵義；再論述客觀責任間的衝突和主客觀責任間的衝突。

1. 客觀責任

(1) 客觀責任的意義

　　客觀責任指角色扮演者對外界、非自我設定的標準予以完成。客觀責任非由公務人員擔任某一職位後，自我認定所應做的；而是由外界的客觀標準所決定的。客觀責任可分為兩種類型：課責（accountability）和義務（obligation）（Cooper, 2012, p. 72）。義務為對事的責任，即公務人員擔任某一職位後，必然承擔完成依隨此職位的一組職責（duties）；課責是對人的責任，即是公務人員對權威（authority）比自己高者，報告公共事務的執行情況與績效。課責與義務是客觀責任的一體兩面，必須兩者皆予完成，方屬盡責。就兩者的相對重要性而言，義務較之課則更為根本，因為任何職位的設置是為了完成事務；而課責只是確保義務完成的一種輔助機制而已（Cooper, 2012, p. 73）。

(2) 客觀責任的型態

　　公務人員所承受之客觀責任的型態之一為對法規的遵守；型態之二為在組織層級結構所擔負的責任；型態之三乃對公眾利益（public interest）的責任

（Cooper, 2012, pp. 75-82）。

A.對法規的遵守

　　公務人員所要遵守的法規是一龐大的法規系統，從憲法、法律、條例、大法官解釋，至施行細則、各種行政規章、工作說明書，甚至主管機關的解釋函令等皆是。公務人員遵守法規的理由，可歸納為：對民意服從與對行政效率的提升。首就對民意的服從言之，從憲法至工作說明書、主管機關的解釋函令的整個法規體系中，可說是從抽象性民意，到原則性法條又化約為具體實施的過程（Cooper, 2012, pp. 75-76）。所以公務人員遵守法規即是對民意的尊重。就提升行政效率言之，遵守法規，是可提升行政效率。因為法規是對公共事務的執行，預先設想各種情境並擬妥對策之架構；一旦發生問題，則可依據法規迅速因應。法規亦對各單位、各人員之權力與職責做一劃分，減少彼此間的紛爭、摩擦，因之，公務人員遵守法規以提升效率，是其無可推卸的責任之一。

B.組織層級結構中的責任

　　幾乎毫無例外，所有的公務機關都是韋伯式的官僚組織；官僚組織明顯的特質之一，即是層級節制（hierarchy）。換言之，公務人員必然是在層級節制結構的環境中執行與完成公務。因之，Paul H. Appleby（1952, p. 340）認為層級結構是履行責任的正式結構與工具。公務人員在層級節制結構的體系中，所承擔的責任包括：服從長官命令、為部屬負責、不可越權、不可卸責及對長官扮演諮詢分享資訊的角色（Cooper, 2012, pp. 76-80）。

C.公眾利益

　　公務人員客觀責任的第三個來源是公眾利益，即是民眾的要求。在概念的層次上，吾人均知公務機關、公務人員須以公眾利益為依歸，要永遠和公眾站在一起。但是在實際上，何謂公眾利益，卻是眾說紛紜，極為含混，如同聚寶盆一般，什麼都是公眾利益的一環。所以，公眾利益是一個充滿問題（problematic）的概念，不能明確地告訴公務人員應做什麼及如何做。從古至今，多少的野心政客，嘴上掛滿了公眾利益，實際上卻以此為幌子，遂行私欲。因之，有不少學者主張放棄這個目標，以免遭致他人利用。此種觀點，固有見地；然而，放棄對公眾利益的執著，將導致公務機關與公務人員價值的虛無，不知為誰而戰。公眾利益概念雖模糊、缺點多，但仍不能放棄。那麼公眾

利益概念在公務運作上，究竟能發揮何種功能？根據Terry L. Cooper的看法，公眾利益能在公務人員決策時，在其內心中提出一個問號（question mark）。這個問號提醒公務人員決策時，要捫心自問是否所有相關的利益都已考慮進去了（whether all relevant interests have been considered）？是否將超越自我、家庭、家族、部落的更廣泛的人群利益納入考量？總之，公眾利益的實際功能，在於使公務人員觀點的範圍（range of viewpoint）擴大之（Cooper, 2012, pp. 80-81）。依據Cooper觀點，是將公眾利益的作用主觀化，在公務人員心中形成一把尺，並以此作為衡情度勢的標準。當然，這把心中的尺並不是隨意產生的；而是如W. Lippmann所認定的，公眾利益必然是一極為嚴謹的思辨過程所獲致的。他認為公眾利益是「人們在看得透徹，思考得理性，行動得無偏私與仁慈的狀況下所做的抉擇」。（What men would choose if they saw clearly, thought rationally, acted disinterestedly and benevolently.）（Held, 1970, p. 205; Cooper, 2012, p. 81）

2. 主觀責任

　　主觀責任乃公務人員在心理上有要負起責任的感覺（feeling），而非依據外在法規、組織階層而來。主觀責任植基於內心的忠誠（loyalty）、良心（conscience）和認同（identification）；是由家庭、學校、宗教、朋友、專業訓練和組織投入（involvement）的社會化過程所形成（Cooper, 2012, pp. 82-83）。主觀責任隱於公務人員內心中，如何確認其實踐，Chester Barnard提供一觀察的角度。Barnard將主觀責任分為道德狀態（moral status）與負起責任（responsibility）兩部分。道德狀態為某人內心守則的特質（attributes of the inner code），亦即其內在的道德觀、價值觀等。負起責任乃「在和自我道德狀態相反之強力欲望或誘惑出現時，能夠控制自我行為的力量」（the power to control the conduct of the individual in the presence of strong contrary desires or impulses）（Barnard, 1964, p. 263）。依據Barnard的觀點，主觀責任的實踐，重點在於「負起責任」，而非「道德狀態」。一般而言，人們在沒有誘惑的狀態下，總能謹守自我內心的道德狀態，但這不是主觀責任實踐的關鍵點；最重要的是，當與自我道德狀態相反之巨大誘惑出現時，當事人還能秉持原則，堅決拒絕，不為所動，方為真英雄。

3. 客觀責任間的衝突

　　這種責任的衝突，是因公務人員承受兩種或數種外在且合法的行為期望，但是卻產生不同行為結果所造成的。其可能源於不同類型客觀責任間的齟齬，例如，民意的要求與法規的要求不一。身為一位公務人員既要服從民意，又要遵守法規。亦可能源自同一類型客觀責任間的矛盾，例如，來自數個法規間的不一致、或各級長官間命令的不一致，不論上述何種類型的衝突，都將使公務人員陷入倫理困境之中。

4. 主客觀責任間的衝突

　　公務人員因為外在的行為期望與個人內心主觀要求不一致所產生的衝突。主客觀間責任的衝突，並不意味著主觀責任一定是狹隘的個人利益，而客觀責任就一定範圍較寬廣。有時個人主觀責任反而是對民主、社會正義等最高層次價值的堅持，而客觀責任反而是偏狹的機關本位主義或派系利益（繆全吉，1988，頁54）。

（二）角色衝突

　　從前述倫理困境產生原因的分析中，可知每一位公務人員都是多元角色的扮演者。而每一角色就是一組行為期望。公務人員既是多元角色扮演者，自然承受多元的行為期望。若對於相同的一件事，不同角色有不同甚至相反的要求時，則公務人員將面臨倫理困境。角色間的衝突又可分為：

1. 在公務機關內、外扮演不同角色引發之衝突

　　現代社會中，公務人員在公務機關內、外，必然扮演著許多不同的角色；而這些角色間的行為期望可能並不一致，因而引發衝突。如一位男性主管人員盡忠職守，為了處理繁雜的公務，經常加班到深夜才回家，如此，就無法扮演好機關外的丈夫和父親的角色（繆全吉，1988，頁55）。

2. 在行政機關內扮演不同角色引發之衝突

　　公務人員在公務機關內，經常擔任不同的角色，但這些角色的行為規範並不一致，因而產生衝突。例如公務機關的一位單位主管，在面臨機關必須裁員的情況下，身為機關管理者中的一員，為了機關的生存，裁撤部分人員是必然的措施；但身為單位主管又必須愛護、體恤部屬，且部屬亦曾表達強烈工作需

求的意願。此時，這位主管必定為要不要裁員？要裁多少？要裁何人？而相當為難（繆全吉，1988，頁55）。

（三）利益衝突

1. 利益衝突的意義

利益衝突是公務人員個人利益（personal interest）和公務職責（official duty）之間的衝突。此種衝突所強調的是「以職務的機會來謀取個人或親朋的私利」（an opportunity to use public office for the sake of our private gain or the private gain of our friends or relatives）（Cooper, 2012, p. 112）。

2. 利益衝突產生的原因

J. Tussman（1960, pp. 17-18）認為是源自個人主義的精神（spirit of individualism）。此一觀點，即是常言之語：「人不為己，天誅地滅。」西方長久以來的政治傳統非常重視個人主義；民主政治的源頭，可說是建立在個人主義的追求之上。公務人員是直接參與政治系統的經營者，在理想上，他們心中只能有公眾利益，而無自我利益。但是，公務人員也是具有自我利益的個人，非常可能產生利益衝突之現象。加之，公職人員每日接觸公務預算、公權力，較之一般公民更有腐化的機會。因之，利益衝突現象須嚴格禁止之。

3. 利益衝突的類型

以往對利益衝突的認定，主要採取法規導向、金錢導向；未涉及金錢、未違反法規即不屬利益衝突範圍。惟現代社會中，公務運作極為複雜，利益衝突現象非法規、金錢所能含括。根據Terry L. Cooper之看法可分為八種：(1)賄賂（bribery）；(2)以影響力圖利（influence peddling）；(3)以資訊圖利（information peddling）；(4)圖利自我財產（financial transactions）；(5)收禮與接受招待（gifts and entertainments）；(6)在外兼職（outside employment）；(7)未來任職（future employment）；(8)蔭親帶戚（dealing with relative）（繆全吉，1988，頁56-58；Cooper, 2012, pp. 118-121）。

貳、倫理決策

對於倫理困境的肆應，公務倫理學界與實務界最被探討與最常使用的方式即是倫理決策；也就是針對困擾公務人員的倫理困境進行紓解性的決策。對於倫理決策的探討，本文主要依據公務倫理學者Terry L. Cooper（2012, pp. 13-39）所提供的決策架構，作為分析的藍本。倫理決策的過程，大致分為六步驟：一、倫理問題的認知；二、倫理困境事實的描述；三、倫理困境本質的認定；四、可擇方案的設計；五、可能後果的設想；六、最適方案的抉擇。現逐一加以闡釋。

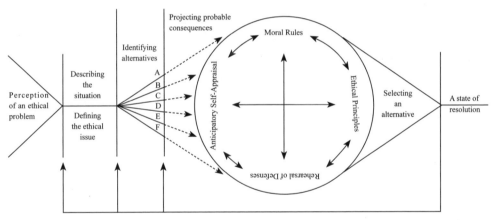

圖4-1　倫理決策步驟圖

資料來源：Terry L. Cooper (2012, p. 30).

一、倫理問題、倫理困境的認知

倫理決策過程的第一步，是起於公務人員對其所面臨之倫理問題或倫理困境有所感知。倫理問題是對違反法規或倫理規則之行為的覺察。倫理困境是指公務人員承受兩種或兩種以上均應服膺之角色或價值，但卻產生不同行為要求的情境。無論是倫理問題或倫理困境，對任何一位想要合於倫理的個人而言，都想要化解之。

二、事實的描述

此階段的工作在於完整、正確、詳細地描述整個案件事實；包括：認定相關人員，知曉相關人員之觀點，掌握事件衝突點與事件發展的來龍去脈等。在調查案件時，必須遍聽各方意見，如此方能整理出案情的全貌。另外，各方所陳述之意見，仍須審慎查核，方能確認；絕不可以因其是長官或權威高者，而逕認正確不予察證。另外，在描述的用語上，亦須避免情緒化、過甚其詞或涉及個人判斷，應完全客觀中立。

三、倫理困境本質的認定

此一步驟是認定案例中所涉及之倫理困境的癥結點。此處需區分本質（issue）與問題（problem）表象的不同；前者是倫理困境的本質或癥結點，後者為前者所表現出來的外貌。相同本質的倫理困境，可以用許多不同的面貌呈現；雖然困境發生於不同的事務領域，案情與關係人都不同；但歸根究柢，其倫理困境本質卻是相同的。吾人必須掌握這些問題面貌背後的倫理困境本質，而不能迷失於浮面的表象事實。若是有所迷失，則會如隔靴搔癢，無法針對核心有效解決問題。

四、可擇方案的設計

此階段在於列出解決問題的可擇方案。在作業過程中，最難避免的即是列出二分法的（dichotomous）解決方案：不是這樣，就是那樣（either you do this or you do that）。此種二擇一（either-or）的思考方式，是倫理思考上最常見的陷阱。蓋倫理困境的解決，罕有僅兩個方案的。所以我們必須儘量擴展思考範圍，採取腦力激盪（brainstorming）方式，敞開胸懷，凡是想到的方案均予以列出，先不必顧慮其後果。

五、可擇方案可能後果的設想

這一步驟在於列出所有可擇方案的可能的正面與負面後果。對於每一方案後果的預測，必須依靠我們的想像力。此種技巧Terry L. Cooper（2012, p. 34）

稱為倫理想像（moral imagination），它能在我們心中產生像電影般的情節（movie in our minds），我們愈發揮情節想像力，則愈能預估後果。因之，此種技巧的訓練是非常重要的。

六、最適方案的抉擇

當倫理困境本質和所有可擇方案的正面與負面後果均呈現在我們眼前之後，則要進行最適方案的抉擇。最適方案的抉擇，需考量四項因素：道德規則（moral rules）、防禦的彩排（rehearsal of defenses）、倫理原則（ethical principles）與預期性的自我評估（anticipatory self-appraisal）。對這四項因素的思考，其邏輯並非線性的，而是球形的，頗似審美的邏輯（logic of aesthetic），此四項因素要達到適當的比例與相互的均衡（Cooper, 2012, p. 35）。

(一) 道德規則

此步驟是從社會習俗、社會道德的層次，分析可擇方案及其後果。所謂道德規則指涉一個社會得到多數人支持，或是大眾較有共識的是非對錯標準。在此項的思考上，吾人試圖對每一個可擇方案及其後果，尋求社會習俗、社會共識或多年慣例的支持；能夠得到愈多道德規則支持的可擇方案，其合理性愈強。

(二) 防禦的彩排

此步驟是對每一可擇方案反思：「假若以此方案為最適方案後，在遭致他人質疑下，我如何防禦此方案？我是否能找到充分理由加以反駁？」此種檢視在於證明所選擇的方案是有理的。Harlan Cleveland（1972, p. 104）亦倡導類似的思考，他建議公務人員應在採取任何行動之前，自問下列問題：「此一行動在公眾的檢視下，是否能站得住腳？它仍然是我認為應該要做的嗎？以及我該如何做？」

(三) 倫理原則

　　此種思考是當每一可擇方案及其後果都有道德規則加以支持，且力量相近，因而形成僵局的情勢下，所必須做的。為了突破僵持局面，須對每一道德規則加以檢視，剖析支持其成立的判準（justification）——倫理原則——為何？其適用的範圍為何？並且吾人對心中各項倫理原則的優先性加以排序，一旦排序確定，即可決定名列最前的可擇方案。

(四) 預期性的自我評估

　　預期性自我評估的考量，是希望最適決策乃一高度理性和感性的結合體。所謂理性指涉最適決策是一連串冗長步驟下審慎思考所得到的結果。而感性是指最適決策合乎當事人的良心、良知或執著的自我形象，因而使之從心底深深地同意。更具體地講，在未來（五年之後、十年之後或更長的時間），當事人回頭檢視，會如何看待自己？會同意現在的決策嗎？簡言之，感性在於提醒當事人至少不要做後悔的事。在最適決策的抉擇過程中，強調感性，才能使當事人維持自我的倫理自主性（ethical autonomy）；不會人云亦云，不會圖一時方便息事寧人，因而鑄下了日後的錯誤。

參、倫理決策途徑的限制與補救

　　在1970年代末期之前，對於倫理困境的紓解，主要是以倫理決策獨領風騷。倫理決策認為倫理研究，應以問題個案為分析與思考的對象。基本上，抽象的倫理原則，唯有與實際的公務運作結合，方能產生導引行為的作用。因之，在許多公務倫理在職訓練和大學課程中，均相當著重個案分析與決策制定。

一、倫理決策途徑的限制

(一) 決策之結果不必然導引人員行為

　　1980年初期開始，公務倫理的觀念有所變化。此變化是建立在倫理決策結果不必然導引人員行為之上。因為公務人員瞭解各個倫理理論與原則，具備倫理決策技巧，然後經過縝密的思考，並不代表他就會照著最後決策做。所謂「知法犯法」，即具有法律專業知識的人，雖然熟知各項法條及其制定的理由，並知曉犯法之後的嚴苛懲罰，但並不保證其不會犯法。其若想犯法，因深知法律漏洞，較不具法律專業知識的人，更難掌握罪證；同樣之理，「知倫理犯倫理」，嫻熟倫理理論與原則者，若欲違反倫理，則較常人更知如何從外包裝、掩飾，因之更難掌握其內心真正動機。

(二) 易生詭辯的弊病

　　Mark Lilla（1981, p. 12）認為公務倫理教育只側重理性分析和決策技巧，固然可熟悉各種倫理理論，但也容易造成「詭辯」（casuistry）的結果。所謂詭辯，即是以誇張的用語、賣弄學問的態度從事分析，但對公務倫理之提升並未有益。析而言之，至少可分三方面說明：其一，形成表裡不一現象。即當事人在外表上，以深刻的論理、真誠的表情和懇切之用語，顯示其在倫理知識上的深度，並使世人誤以為其會依其言而行，但是事實上，其內心並未有實踐倫理的意向；其二，玩弄、操縱各種倫理理論於股掌之中，任意運用。其要何種理論占優勢，即強化該理論的論述，使他人誤以為該理論真的較為優越；其三，將自我私利詭辯為光明正大的立場（Cooper, 2004, p. 402; 顧慕晴，2009，頁28）。

(三) 倫理困境個案的解決，效果狹窄且片斷

　　Lilla（1981, pp. 14-15）認為透過倫理困境個案的決策，以提升倫理水平，效果過於狹隘與片斷，因只限於該個案。

二、補救之道：德性途徑的強調

德性研究，長久以來，曾是哲學研究中重要課題之一。例如，古希臘時，亞里斯多德即對德性賦予倫理意味，他認為人們必須考量他人的立場，並藉此與他人過好的日子（MacIntyre, 1984, p. 147）。德性是具有倫理含義之人格，亦是人類行為穩定與持續的傾向（disposition）來源之一（Frankena, 1973, p. 63）。

(一) 德性途徑對提升倫理水平的優勢

1. 成為提升公務倫理水平的更可靠基礎

由於以倫理決策紓解倫理困境或提升倫理水平，可能產生前述決策結果不必然導引人員行為之流弊。所以，確保倫理行為的另一更保險的安全瓣，即是公務人員心中具有完成倫理行為的傾向與承諾（commitment）。公務人員心中有了一定德性後，處理公務之時，不必依靠外在的利誘或懲罰，自然而然就會合乎倫理（顧慕晴，2009，頁28）。因之，德性是提升倫理水平更可靠的基礎。正因德性的可貴，David K. Hart（2001, p. 131）強調對公務人員的甄選、升遷，宜「在所有的因素中，首選為良好的品格，次為技術專知」。（In all things, choose first for good character and then for technical expertise.）

2. 對倫理水平提升產生更早期、更全面的效果

就產生更早期的效果言之，倫理決策可說是倫理出現問題後，再行出手，以化解紛爭，所以可說是事後的效果。而德性的建立，使公務人員心中樹立一定的是非對錯標準，當可消弭倫理問題於早期，甚至於無形，此乃提升倫理水平的釜底抽薪之計。就產生更全面的效果言之，由於德性使公務人員心中具有一定的善惡標準，而此標準會隨時隨處跟隨當事人，因而產生去弊向善全面的效果，而非個案式的或片斷化的。

(二) 公務人員所須培養之德性

在公務倫理學界，對於公務人員所須培養之德性的論述頗多，此處僅以Stephen Bailey的觀點為例，他是美國少數於1960年代探討德性的倫理學者。他

於1965年提出公務人員須具備三項內心的倫理質地（moral qualities），此概念的含義頗類似德性，一為樂觀（optimism），二為勇氣（courage），三為具仁慈之公正（fairness tempered by charity）（Bailey, 1965, pp. 292-298）。樂觀並非指盲目信心的陶醉感；而是對實際情勢仔細完整地分析，從中找尋出因應對策；並且相信縱有千險萬難，只要努力，不輕言放棄，機會就會存在，必能達成目標。

　　勇氣意指對依法行政、就事論事、不受威屈、不為徇私（without fear or favor）的承諾。亦即行政人員能果斷拒絕私利的誘惑，敢於對政客之不當壓力、強勢團體之威脅說「不」，一切秉持正當程序。此即一般所謂的「富貴不能淫，貧賤不能移，威武不能屈」之語。除了勇於抗拒外界不當誘惑、壓力外，公務人員亦須有堅持定見、秉於自信、任怨任謗的勇氣。

　　由仁慈而來之公正，可說是最根本之倫理質地，其為原則之原則（the principle above principle）。其意為平等對待所有人，但仍帶有對重大個別差異的高度敏感，也就是說基於重大個別差異，是允許政府對民眾差別對待。行政人員若不具備此德性，將使其如機器人般無情。

三、倫理決策途徑仍是紓解倫理困境的最常用方式

　　目前公務倫理學界或實務人員，儘管已瞭解倫理決策的限制，也知曉德性途徑的優勢，但是仍然還是以倫理決策作為紓解倫理困境與提升倫理水平的主要方法。因為德性的塑造須從小且長時間的潛移默化，方能克盡其功；而公務人員從務公伊始，均已成人，心性已定，德性的塑造或調整，作用有限，故仍以倫理決策為主。

參考文獻

一、中文部分

繆全吉（1988）。行政倫理。**公共行政學報**（臺灣省公共行政學會），**4**，19-108。

顧慕晴（2009）。行政人員的控制——德性途徑的探討。**哲學與文化，36**（1），25-44。

二、外文部分

Appleby, P. H. (1952). *Morality and Administration in Democratic Government*. Louisiana State University Press.

Bailey, S. K. (1965). The Relationship between Ethics and Public Service. In R. C. Martin (Ed.), *Public Administration and Democracy* (pp. 283-298). Syracuse University Press.

Barnard, C. (1964). *The Function of the Executive*. Harvard University Press.

Cleveland, H. (1972). *The Future Executive*. HarperCollins.

Cooper, T. L. (2004). Big Questions in Administrative Ethics: A Need for Focused Collaborative Efforts. *Public Administration Review*, *64*(4), 395-407.

Cooper, T. L. (2012). *The Responsible Administrator: An Approach to Ethics for Administrative Role* (6th ed.). Jossey-Bass Publishers.

Frankena, W. (1973). *Ethics*. Prentice Hall.

Gortner, H. F. (1991). *Ethics for Public Managers*. Greenwood Press.

Gortner, H. F. (2001). Values and Ethics. In Cooper, Terry L. (Ed.), *Handbook of Administrative Ethics* (pp. 509-528). Marcel Dekker, Inc.

Hart, D. K. (2001). Administration and the Ethics of Virtue. In Cooper, Terry L. (Ed.), *Handbook of Administrative Ethics* (pp. 131-150). Marcel Dekker, Inc.

Held, V. (1970). *The Public Interest and Individual Interest*. Basic Books.

Lilla, M. (1981). Ethos, Ethics, and Public Service. *The Public Interest*, *63*, 3-17.

MacIntyre, A. (1984). *After Virtue* (2nd ed.). Notre Dame University Press.

Mosher, F. (1968). *Democracy and the Public Service*. Oxford University Press.

Sennett, R. (1974). *The Fall of Public Man*. Vintage Books.

Tussman, J. (1960). *Obligation and Body Politic*. Oxford University Press.

第5章
公共服務民營化下之公務倫理困境

詹靜芬

壹、前言

　　1980年代以來，世界各國為因應政府不斷擴增的預算赤字，興盛一股成本效益觀念的行政改革、政府再造或勵革運動（reinventing government, REGO），這一波浪潮稱為「新公共管理」（new public management, NPM）（Hood, 1991; Pollitt, 1993; Kickert, 1997; 詹中原，1998），此後並在行政改革浪潮中蔚為一種主流。

　　這個以管理學角度出發的理論，主要批判僵化的層級節制式官僚體制，是造成政府組織無效率及無競爭力的主要原因。由於政府長期以來作為公共服務單一提供的壟斷者，逐漸喪失效率及競爭力，是以論者主張政府應師法企業，以自由化、市場化的二大管理原則，採行公共服務民營化（public service privatization）的策略，將公共服務的提供，完全地或部分地轉移民營機構辦理；同時引進市場經營的規則，強調顧客的購買力及使用者付費等，以改善政府管理不善、績效不彰、預算赤字升高，以及運作流程僵化等沉痾弊端。

　　然而由於公共服務的本質與營利的民間企業畢竟不同，新公共管理理論或其所應用之民營化策略，是否為行政改革的萬靈丹，值得探討。

貳、公共服務民營化之理論基礎及其應用

一、新公共管理理論之主要理念

　　實務上的民營化乃奠基於新公共管理理論，此理論認為政府公務組織因僵

化無彈性而弱化了競爭力，相對地，企業能夠及時因應外部環境多元而快速的變遷，保有優勢競爭力，所以政府應該注入企業家精神（entrepreneurship），學習企業成功經驗及經營管理理念，讓市場的自由競爭機制在公共服務領域也得以充分發揮。

由於新公共管理主要是呼應以機械觀點為中心的傳統公共組織管理策略，例如泰勒的科學管理，認為政府組織的管理其實與私人企業並無太大差異，皆是力求在最小成本下能有最大的產出，故又被稱為新泰勒主義（new Taylorism）或新管理主義（new managerialism）。其重要理念有：

（一）效率導向（efficiency drive）：加強財務控制，縮減支出，設計更經濟的組織管理模式。

（二）組織精簡與分權（downsizing and decentralization）：裁撤不必要的機關、冗員，以法令鬆綁、分工授權的方式管理組織。

（三）追求卓越（in search of excellence）：為政府注入企業家精神，強調企業的創新精神與彈性應變能力，重視前瞻領導與組織願景的形塑。

（四）顧客導向（customer drive）：公共行政為一種產品與服務的輸出，把民眾視為顧客，盡力滿足顧客的需求。

（五）績效（結果）導向（outcome drive）：政府在面臨鉅額的預算赤字下，組織管理者應確保員工的活動及產出皆能符合撙節成本的績效目標，強調結果導向的績效管理（performance management）[1]制度。

二、新公共管理之應用：民營化

（一）民營化內涵

公共服務民營化主要在縮小政府組織規模、降低政府營運成本，使公共服

---

[1] 績效管理最早奠基於功績制（merit system），強調對於受僱者的工作績效應該有客觀的評量標準。根據美國國家績效評估中的績效衡量研究小組（Performance Measurement Study Team）的定義，所謂績效管理是指「利用績效資訊協助設定合意的績效目標，進行資源配置與優先順序的排列，以告知管理者維持或改變既定計畫目標，並且報告成功符合目標的管理過程」。在實務上，績效管理係組織管理者為確保員工活動及產出，能夠符合組織目標的一個過程。

務的提供更符合「效率」的價值訴求。民營化的支持者認為，政府主要職能固然是向社會提供服務，但並不意味所有公共服務皆須由政府直接提供，而可依服務內容及性質的不同，採取不同的供給方式。

(二) 民營化策略及方式

1. 民營化之5C策略（5Cs）

(1) 核心（core）策略：釐清政府施政願景及組織發展目標。

(2) 結果（consequence）策略：設計公平客觀的獎優懲劣考評制度。

(3) 顧客（customer）策略：提高對外在環境的敏感度及回應性。

(4) 控制（control）策略：達成組織運作及成員行為的正確性。

(5) 文化（culture）策略：最為隱晦難明，卻也是政府再造成果能否持續的最重要關鍵。

2. 民營化的多元方式

(1) 公私協力夥伴關係（public-private partnership，簡稱PPP模式或3P模式）：公共服務或產品由公私共同提供，如公設（辦）民營。

(2) 委託外包（contract out）：即政府將部分貨品或服務的提供委請民間辦理。

(3) 撤資（divestment）或轉移負擔（load shed）：即政府藉由出售、無償贈與、清算（liquidation）等方式，將公共服務的提供轉而完全由民間接手。

(4) 特許（franchise）：轉移負擔的修正方式，透過認可特定的民營機構，使其具有特殊及排外的經營特權，例如我國高速公路電子收費站的經營權即是。

特許方式還有兩種變化的形態：其一是「興建—營運—移轉」（built-operation-transfer, BOT），其二是「興建—移轉—營運」（built-transfer-operation, BTO）。BOT是較具競爭性的民營化方式，也是世界各國公共建設民營化普遍採用的方式。其是由民間公司獲得政府之特許權，在特許時間內，自行籌措資本興建公共設施，完工後在政府管制下經營一段期間，期滿後將設備資產交還政府經營。我國高速鐵路建設及機場捷運系統建設，即採取此種模式。BTO則是由私人經營者設計、建設，其後再將所有權移轉給政府，由政府經營。

(5) 抵用券制度（vouchers）：由政府以點券方式，指定某類貨品或服務核給有資格之民眾，持抵用券交付民營機構的產品帳單。如果有多元的提供者，則使用者有選擇的自由。

(6) 使用者付費：由使用者負擔全部或一部分的費用。

(7) 相對補助（subsidy或grant）：由政府與民間機構依一定比例共同分擔經費。由民間機構提供服務，公共部門則透過免稅、低利貸款及直接補貼提供誘因，例如都市公車之營運。

(8) 替代（displacement）：政府因功能不足而退場或解除管制，並儘量減少民間參與公共服務提供的限制。

參、理論檢討及實務分析

一、新公共管理理論之檢討

　　雖然政府與企業同樣講求組織管理應具有經濟、效率、效能及卓越等4E原則，然而誠如薛瑞（Wallace S. Sayre）教授的著名格言：「企業管理與公共管理只有在不重要的地方才相同，在重要的地方則不同」，且差異性比相似性更為重要。所謂不重要的地方是指工具或方法，亦即講求工具理性乃公私皆然；重要地方則是指本質或目的，因為公益與私利畢竟有別。由於公共服務的本質具有公共性、異質性及多元化等特性，使新公共管理所運用的市場機制理念，與政府本應擔負的公共性職責背道而馳，而可能損害公平、正義、公共利益等憲政價值的實現，因而引發公務倫理的爭議。茲舉其舉舉大者如下：

（一）「績效導向」所引發之公務倫理問題

　　新公共管理所重視的績效導向，甚至已蔚為組織的一種「績效文化」（performance culture）。其中可能產生的問題：

1. 第三類型錯誤

　　強調績效或許可促進政府機關競爭力，然而績效評估的形式及內容，主

要受到評估目的、方法及標準的影響，因此若沒有正確考量公共服務的基本價值和目的，則即使是用科學方法衡量政策的執行結果，本質上仍然是一種錯誤的績效管理，此一如公務倫理向來所強調的「做『錯的事情』沒有『對的方法』」。

新公共管理既以顧客為導向，則民眾滿意度應即為政府績效的指標。一逕地以財政經費為考量，僅重視搏節成本或創造盈餘，反而使公共服務品質與顧客導向之訴求相違。

2. 髒手問題

過度強調績效量化指標，將使公務員從事服務時為了組織的競爭優勢而喪失個人倫理原則，例如為了搏節支出成本，而縮小服務範圍或降低服務品質來因應，而產生倫理中常見的「髒手」（dirty hands）[2]問題。

3. 目標錯置問題

在結果導向的管理風潮中，如何正確衡量政府績效，一直存在爭議。當政府在經費緊縮、預算赤字的情況下，選擇以「金錢」（money）作為衡量的單位，的確有執簡御繁之效；節省支出、創造盈餘便成為大多數國家用來作為衡量政府機關績效的指標[3]。

問題是，以金錢作為價值衡量的單位雖不失可行，但絕非唯一、甚至為最高標準（Lawton, 1998, pp. 118-120）。例如我國為符合人事精簡、節省人事支出而採行優惠離退措施，鼓勵公務人員提早退休，反而將提領退休金的財政

---

[2] 所謂髒手，是指一件事情的處理，往往透過某種不義之手才能成功，導致一個組織或人員發生不倫理的行為。而為有效地實現組織目標，遂將此種不倫理行為合理化，尤其當實現的利益不屬個人利得，而是攸關組織利益時，此一不倫理作為更被寬恕、支持，甚至被期待（林鍾沂，2018）。

[3] 例如美國自1992年之後，搏節成本正是Clinton-Gore政府提出國家績效評估之主要目標。隨後1993年7月所頒布的《政府績效與成果法》，規定每個機關應提交的年度績效策略和年度績效報告中，也是以財政預算作為衡量政府部門績效的主軸依據。此外經濟合作暨發展組織（Organization of Economic Cooperation and Development, OECD）於1997年出版《追求成果：績效管理實務》（*In Search of Results: Performance Management Practices*）一書，歸納各國設計績效管理體制的考量面向及實際做法（OECD, 1997, pp. 117-119），也發現幾乎皆以財政為考量，包括績效管理目的為節省經費支出，績效管理制度由財政單位籌劃，績效衡量指標採財務經濟因子，並根據財政績效決定預算配置等。

困境壓縮在短時間內湧現，結果不符合效率原則；或資深公務人力提早申辦優退，而非讓不適任者去職之劣幣驅逐良幣之反淘汰現象，不符合公平原則。凡此，既對組織內部之成長發展產生阻礙，與組織外部環境之因應也產生扞格，遑論臻達政策目標的實質效益。

4. 忽視公共性特質

由於政府的服務對象多元，不僅是目前的、直接的、特定的施政對象，更包括未來的、間接的、不特定的多元利害關係人，而這些複雜的影響對象之間的立場及利益可能互異，因此行政人員極為重要的一項倫理責任是，必須衡量政策方案所隱含的間接成本，及對不同的公眾群體可能造成的正、負面外部性影響（Ventriss, 2001, pp. 263-266）。一味地學習私人企業的效率管理方式，忽略了公共組織本身此種公共性、政治衝突性的特質，將使行政人員喪失倫理責任。例如政府對弱勢族群的優惠照顧，就要比節省支出、創造盈餘來得重要且具意義。

5. 績效考評的公平性爭議

長久以來公務機關績效考核存在公平性爭議，其評定過程及內容存在不公質疑，甚至有淪為長官控制部屬利器的可能，使組織成員個人績效良窳，端視完成長官指示（尤其政治性指示）之程度而定。公務人員為獲得良好考績及升遷機會，慢慢孕育成逢上拍迎、見下就踩的劣質組織文化，或因循苟且、敷衍塞責的組織風氣，反而喪失創造力及競爭力。

而政治力不當介入文官體系，將使專業的行政人士遭「政治正確」的倖進之徒更換打擊，反造成資深文官的消極抵制或積極掣肘，打擊其工作士氣，認為新政權的改革作為，真正用意在於安插政治親信，這種基於不信任基礎所做的「政治改革」，對於推動公務倫理其實有不利影響，對改革文官制度也不利反害。誠如Stillman（1991；引自林鍾沂、林文斌譯，1999，頁345）所強調，若以一種擴大的、政治上具有黨派意識的忠誠感來執行公共行政的任務，則會導致職務上大規模的貪污與倫理上的不當行為，遑論同時帶來貧乏而沒有效率的績效。

(二)「組織精簡」所引發之公務倫理問題

為減輕公共預算赤字及提升經濟收益，政府不再大有為，而係小而美，於是精簡政府組織成為勢在必行的共識。

組織精簡有縮小政府組織規模及減少政府支出成本二個面向。其具體措施，前者包括重整組織結構、合併機關運作、部分功能民營化，甚至裁撤整個機關等；後者則以較少的資源、較低的成本，來維持服務及運作的水準，因此人事層級數目減少，使組織結構趨向扁平化。

然而，組織精簡可能引發的倫理困境：

1. 資源排擠問題

因為預算有限，在安排人力資源教育課程時，倫理訓練方案會是較後的選項。換言之，由於組織資源減少，使得行政主管很難維持倫理計畫的持續及品質。

2. 利益衝突問題

組織人事縮編可能引起更複雜的倫理議題，包括利益衝突、員工離職轉任的問題，以及增加課責困難度（包括課責對象模糊、課責內涵模糊）等，而且政府部門內部的課責機制，未必適用於公私部門之間的課責關係，將使政府人員貪瀆或利益輸送問題層出不窮（施能傑，2003，頁3）。

3. 公共貪污問題

簽約外包所可能產生的負面倫理問題，包括進行過程中可能以優厚條款或洩漏承包底價給特定承包商，而非透過公開競標，或政治力干預競標過程等（林鍾沂、林文斌譯，1999，頁345）。

4. 正義流失問題

承接公共服務的民間業者不免追求效率、競逐利益，但可能因此忽略對弱勢族群的照顧，妨礙公平正義價值的實踐。

即便民間企業強調企業社會責任（corporative social responsibility, CSR），願意承擔社會照護責任，但在政府逐漸拋棄公共責任同時，卻逐漸由私人企業承擔，這種角色、職能的顛倒互換，平添倫理課責的複雜及困擾。而最矛盾的是，簽約外包過程中有關倫理的配套方案，因為會引起更多有關諮詢

（counselling）及指導（guidance）的需求，反而與組織精簡的趨勢背道而馳（OECD, 1996）。

5. 倫理士氣低落問題

重整組織結構勢必對文官心理產生直接衝擊，因為職務環境充滿不確定性，使公務員產生不安全感，甚至會積極尋覓他職或申報提早退休，使之無心工作而浪費資深公務人力資產。於是，試圖減少浪費資源卻產生更多工作需求；緊縮機關預算從而使人員升遷無望；凍結調薪，以致無法與私部門的薪資結構相匹敵。凡此，皆對組織成員的工作士氣有不利影響，進而影響服務品質及倫理表現，最終產生「不求有功，但求無過」的消極心態，形成政府組織官僚主義的惡性循環。

（三）公共行政的政治性本質所引發的倫理問題

行政與政治應否分立的議題，自1887年Woodrow Wilson發表〈行政的研究〉強調應分立以來，隨著時代思潮更迭而見仁見智，而今則面對行政勢必受政治力影響的現實。這可能是順應時勢的自然發展（例如民主政治發展歷程），也有可能是人為刻意的結果（例如政治力介入永業文官體系等）。

公共行政面臨新公共管理思潮的影響，必然存在政治性的問題：

1. 公益與私利的競合困境

新公共管理對公部門與私部門間本質上的差異略而未提，忽略了行政人員角色的多元化及異質性，正是使其具有政治性的關鍵原因。行政人員既是公民權益的付託者，有責任為公眾提供服務；同時本身又是公民的一分子，有權利追求個人利益，公益與私利間有時很難均衡，因而形成倫理抉擇困境。

而當公共事務逐漸藉由公辦民營、業務委外等方式開放民間參與的同時，行政人員卻又因為公民身分而逐漸放棄公共服務者的角色，這種角色的顛倒互換，也造成責任無法確切歸屬的倫理困境。

2. 專業與民意的兩難

民主代議政治下政權輪替已為常態，所引發之公務倫理問題更顯重要。由於常任文官體制具有永業的穩定特質，所代表的是專業的核心價值，往往被要求以客觀中立作為國家穩定運作的堅固磐石；然民選首長卻往往要求行政人員

配合回應特定選民的期待，突顯出專業與民意之間的兩難，使行政人員無所適從。

　　另外，Sherman（1998）也曾指出，一項潛在的倫理問題來自公共服務的政治化傾向。此可由二方面觀察得知：其一，公務人員必須在遵守功績制原則，與配合首長的領導控制之間求取均衡。其二，機關首長幕僚如秘書長、機要秘書等的影響力愈來愈大，然而渠等毋須至立法院備詢，亦不受司法、監察的檢驗，更因身分不具新聞價值而不受媒體監督（Sherman, 1998, pp. 20-21）。沒有明確的課責機制，毋須擔負實際的政策責任，使得追究行政倫理責任時增加複雜性及困難度。

(四) 菁英領導與民主參與的兩難困境

　　新公共管理強調組織內部成員民主參與的重要性，使組織決策有「由下而上」逐漸取代「由上而下」的趨勢。然而新公共管理同時強調「追求卓越」前瞻性領導的重要性，使得二者產生價值競合的倫理困境。Hammer與Stanton（1995）即指出，大部分的再造運動最終流於失敗的原因之一，即在於缺乏領導者的領導[4]。換言之，組織中的民主參與對於組織發展自然重要，但若缺乏領導菁英理論（elitism）的導航，則沒有一個組織改革、政府再造有可能完成。尤其期望藉由組織成員的民主參與來達成組織精簡，根本就是緣木求魚。是以，我們也許可以期望以「由下而上」途徑增加「再造」成功之可能性，但「再造」絕無法在缺乏「領導」要素下執行成功（詹中原，2002）。

(五) 顧客導向影響公共利益的定義及正義原則的實踐

1. 公共利益定義問題

　　政府應實踐公共利益此自不待言，然其定義長久以來迭有爭議，

---

[4] Hammer與Stanton（1995）指出10項再造失敗陷阱：1.名實不符；2.過分著重組織單位（結構創新）；3.「分析」替代「瞭解」及「創新」；4.缺乏「領導者」領導；5.畏懼變革；6.未經「再造預測」（pilot study）；7.未能及時顯現成效；8.系統性改造過程不足（缺乏總體配套計畫，如誘因機制、職務名稱之調整）；9.未知再造本質是一種願景創造，而在創新上自我設限；10.忽略個人誘因（詹中原，2002）。

其中至少二種派別，其一係邊沁（Jeremy Bentham）為代表的效益主義（utilitarianism）[5]，其二即羅斯（John Rawls）的《正義論》（*A Theory of Justice*）。前者在以多數決原則（majority rule）謀求最大多數人的最大幸福，但易淪為多數專制（the tyranny of majority）之譏；後者則需以弱勢者權益促進法則（maximin rule）特別重視弱勢族群的優惠照顧，但有時反招少數特權（the privilege of minority）之議。而以民營化方式提供公共服務，將使公共利益重回功利原則下的定義，犧牲少數弱勢族群的權益，擴大貧富之間的差距，反而惡化社會階級的不平等。

羅聖朋（Rosenbloom）認為美國公務員有三項行為會嚴重影響美國民眾對政府的信任，其一便是曲解公共利益的概念（misconception of the public interests）[6]，為此，培養公務員多元的視野，是避免對公共利益產生曲解的方法（呂育誠等譯，2000，頁397-400）。

2. 代間正義問題

私人企業所服務的顧客為單一、直接而明顯的，而政府的服務對象卻是多元甚至隱而未見的，其間的利益甚至相互衝突，例如勞資雙方；又例如當代顧客所享受的經濟成長，其環保代價卻由未來的子孫承擔，而必須注重所謂的「代間正義」問題。新公共管理強調效率經濟，將使與公平正義相違。

二、民營化之效益分析

民營化的結果其實是利弊兼具的：

（一）正面效益

整體說來，公共服務民營化可以減少法令束縛、縮短決策程序，再加上財務、人事與薪資結構合理調整，得以靈活應用並掌握商機，使經營績效可以普

---

[5] 效益主義過去稱作「功利主義」，然而「功利」二字在中文含義裡帶有貶意，為避免舊有的刻板印象與先入為主的觀念，倫理學家近年來逐漸改稱為效益主義。

[6] 公務員因個人的社會背景例如性別、種族、省籍或族群等之差異，或因專業分工的影響，使公務員囿於己見。另二者為貪污（corruption）及顛覆破壞（subversion）（引自呂育誠等譯，2000，頁397-400）。

遍提升。其對政府的正面效益有：

1. 縮小公共部門的擴張。
2. 增加行政及預算的彈性。
3. 降低生產成本。
4. 形成公共服務供給的競爭機制，提升效率，提高經濟效益及社會效益。
5. 解決資源不足或分配不均的問題。
6. 借重民營機構的經驗、資源與專業能力。
7. 增加服務使用者選擇的自由與機會。
8. 提高案主（即承包的民間業者）的自助動機。

(二) 負面效益

民營化的過程及結果也會為政府帶來5Cs的負面效益，分別為：

1. 競爭（competition）不足問題

由於公共服務的提供往往為不完全競爭市場，尤其因具規模經濟特性而有自然獨占的性質，使其他廠商不易加入競爭，形成私人壟斷。

2. 榨取（creaming）問題

民營化後會產生一些錦上添花的周邊服務內容，使公共服務或產品提供的輕重緩急顛倒錯亂，例如客運民營化後，為了爭取顧客，標榜座椅是豪華座艙或配備液晶螢幕等，但將此成本轉嫁至司機疲勞駕駛的降低人事成本上，或車體非用鋼板以減少耗油上。事實上，客運確保交通安全品質，要較這種奶油花邊的附加服務重要。

3. 貪污（corruption）問題

民營化過程可能造成官商勾結，也可能以慈善名義包裝逃漏稅之嫌，是民營化中最受關注的弊端。

4. 成本（cost）問題

民營化雖可因撙節政府人事開銷，降低營運成本，但有些委託機構會巧立名目爭取政府經費補助，故政府負擔的整體成本不一定降低。

5. 控制（control）能力不足問題

公共服務即便民營化，仍須透過內、外部控制以確保品質。但實務中常

見承包商的管理經驗不足，相關法令認識不清，人員素質參差不齊，使民營機構的組織內部控制顯有不足；而外部控制包含民意代表、政府及消費者三方的監督，但首先因民意代表無法質詢民營機構，使立法監督的功能及範圍逐漸降低；其次，消費者或因資訊不足、或因知識薄弱等，而無法監督民營機構；再者，政府欠缺監督的專業人力、技術與經驗，將帶來嚴重的控制和協調問題，弱化政府的政治控制手段及效果（王麗莉，2004，頁4），凡此皆使民營化的效果大打折扣。

實務中民營化時，常見有：願意承接的機構團體很少；受限於政府採購法的規定，使原先做得不錯的委託單位不願繼續經營；以及，包括公設民營機構硬體維修費用的分擔、公設民營機構的收費標準之訂定或調整，如何回應需求、協助機構轉型等問題，都可能降低民間業者的承接意願。

肆、公共服務民營化對公務倫理的影響

一、公務倫理內涵及發展

公務倫理就性質區分，有消極及積極二層內涵：

(一)消極防制性倫理（the defensive administrative ethics）

指公共服務的道德標準與行為操守（Chapman, 1993, p. 1），是一種有關禁制性規定的行為規範，主要在矯治負面的不倫理行為。焦點多在探討如何防杜公務員貪污（corruption）、賄賂（bribery）、濫權（abuse of power）、瀆職（abuse of position）、竊盜詐欺（theft）等行為。

(二)積極促進性倫理（the affirmative administrative ethics）

強調社會正義、多元利益、公民參與、政治回應及專業精神等理念，焦點多在對公平、正義（justice）[7]、道德、良善、慈悲等憲政價值（regime

---

[7] 正義包含二層次，其一，指公平地對待別人；其二，指以平等對待平等，以不平等對待

value）的深思、反省及實踐上，具體作為包括積極為民服務、公平公正的行政作為、促進公益的主動性思考及施政，以及揭發弊端（whistle-blowing）[8]等。

　　以往對公務人員的服務要求，係責成公務人員奉依法行政原則為圭臬，是一種基於「防弊」的考量，結果造成公務人員為避免觸犯法規而消極敷衍，甚至產生目標錯置。然現今公務倫理觀點強調公務人員應該有擔當並勇於任事，故倫理發展有自消極轉向積極的必然趨勢。尤其現代同時強調民主分權，行政人員不僅僅是被動的執行者，且擔負實質的決策功能，例如政策過程中具有草案擬定權、執行過程中具有行政裁量權，必須思考不同選擇對不同群眾所造成立即的或長遠的、直接的或間接的、正面的或負面的影響，為一種具有深度人文思考及人性考量的服務。

二、民營化對公務倫理的影響

（一）正面貢獻

1. 促使公共服務提供過程「透明化」：過去由政府單一壟斷公共服務的提供，往往為保守公務機密規定而流於黑箱作業，但民營化後使得公共服務的招標過程必須公開化、透明化，可減少貪腐的機會發生，並從而提高民眾對公民社會的基礎智識。
2. 促使對於公共服務的提供有多元選擇機會，提高競爭「效率」：例如高鐵通車後，民眾對於交通工具可選擇搭乘飛機、高鐵、台鐵或一般客運，並且在競爭的原則下促使各種交通工具價格降低，對消費者有利。

（二）負面影響

　　可分別自過程及結果二層面析述：

不平等。就政府的角色而言，須以干預的手段縮短社會強勢者與弱勢者之間的差距，例如所得重分配政策，以及美國針對弱勢族群所訂定的《權益促進法案》（*The Affirmative Action Act*）等，即係正義原則下的產物。

[8] 揭弊者往往必須付出相當大的代價，且需有極大的道德勇氣，故屬之。

1. 過程面

就我國重大公共建設民營化過程相繼發生的工程弊案及各類貪瀆案件觀之[9]，可發現：

(1) 公共服務的提供仍由某一大型民營機構壟斷，使民營化過程本身即不具競爭效率

民營化既以追求效率為目標，則在公務倫理價值多元化及相競合下，應該可以發揮執簡御繁或定紛止爭的效果。然而公共服務的提供具規模經濟、自然獨占特性，使民間業者不易加入競爭，反而由某一大型民營機構壟斷，使過程仍不具競爭效率。

(2) 民營化過程造成貪污情況加劇，使公務倫理發展或停滯、或退守於消極的防弊層次

如前述，民營化過程中所可能產生的負面倫理問題，包括簽約外包過程中的人謀不臧、貪贓枉法、公務員為私利而濫權瀆職、索賄、浪費公帑、收受回扣等情況屢見不鮮，使政府更加腐化，並使人民對政府喪失信心。

易言之，在民營化過程中，由於法令規範不明確或監督不易等原因，使貪污賄賂情況層出不窮，行政人員的操守及裁量權運用等問題造成官商勾結，受到社會各界的重視與抨擊相當嚴重。行政倫理發展因而停滯甚至退化，使一國公務倫理機制之建構，停留在肅貪、防貪之消極防弊層次。

2. 結果面

(1) 造成多元價值的併陳及衝突

民營化講求效率至上，然公共服務本身之公共性特質，以及政府不可規避之公平正義、公共利益等憲政價值之履踐，使得民營化後之公務倫理價值呈現多元衝突的失序現象，看似蓬勃卻相互矛盾，造成倫理共識無法成形，從事公共服務提供之人員（包含民營受託者）遵守不易。而民營化既在打破官僚體系的不知變通，卻仍重返行政人員思維僵化與人格物化的病象。

---

[9] 例如高速公路電子收費站案（簡稱「ETC案」）的招標過程；以及以BOT方式招標的高速鐵路興建過程中，由於財政困難，數度面臨停建及延後通車危機，最後由政府財政紓困等例，皆曾受立法委員質詢有圖利特定財團或廠商之嫌。

(2) 擴大社會階層差距，違反社會公平正義

民營化後，顧客所接受服務的水準包含質與量，係因所擁有的資源而定，然窮人的支付能力較弱、殘障者接近服務的程度較低、社經地位較低者的表達能力較差，使得弱勢族群成為民營化下的犧牲者，影響公共正義價值的實踐。王麗莉（2004）即曾指出，市場化及民營化的結果，只是將過去政府的公共壟斷變成了民營機構的私人壟斷，由於重視民營私利的極大化，於是將放棄那些不具價值或無利可圖的服務對象，使最需要公共服務的人反而得不到服務（王麗莉，2004，頁4）。亦即，政府不能對弱勢者降低公共服務水準，相反地甚至必須給予特別的優惠待遇。然承接社會服務的民間業者在追求效率、競逐利益下，會妨礙公平正義等憲政價值的實踐[10]。

顯然地，過去由政府提供公共服務，尚能顧及多元族群間之公平性，而民營化將會重回功利原則下的公共利益定義，犧牲少數弱勢族群的權益；擴大民眾之間的階級貧富差距，加速M型社會的形成，反而喪失公平正義。

(3) 以開放競爭模式使效率最佳化的效果有限

過去公共服務由政府提供尚可兼顧公平性，但民營化後因市場資訊不足，尤其供需雙方資訊失衡，消費者自由選擇能力反而降低而成為弱勢，使效率最佳化的效果有限[11]。

(4) 引起更複雜的倫理課責（accountability）問題

政府部門內部的課責機制未必適用於公私部門之間的課責關係，將使貪瀆或利益輸送問題層出不窮（施能傑，2003，頁3）。Sherman（1998, pp. 21-22）指出，在民營化的潮流趨勢中，機關組織面對經濟理性主義，首當其衝的第一個倫理難題是：「究竟該適用公部門的，抑或私部門的倫理標準及課責機制？」因為商業化行為所服務的顧客特定而少數，因此課責對象明確而有效率，較少有倫理問題發生，只有在顧客與公眾的利益相違背時，才會造成倫理的緊張。然而公共服務的本質在公共性，績效的衡量不應以效率為唯一訴求。

---

[10] 例如客運開放民營後，都會區擁有大量客源的熱門路線，運輸班次增多，降價幅度大，對多數一般民眾有利；但地處偏遠的人稀路線，班次減少，價格調降幅度不大，對弱勢民眾不利。

[11] 例如中油某民營加油站即曾發生混摻假油，但消費者不察而影響權益事件。

因此，在民營化的潮流趨勢中處處顯得格格不入。

論者指出，公共服務民營化實際上是使政府放棄其公共服務職能，逃避提供社會福利、促進社會公平的責任。這種以市場機制解決公共問題的做法，基本上與政府據以存在的公共性目的背道而馳（王麗莉，2004，頁4）。而政府逐漸拋棄公共責任的同時，卻奢望由私人企業承擔，這種角色、職能的顛倒互換，將平添倫理課責的複雜及困擾[12]。

伍、結語及未來政策建議

整體說來，新公共管理及公共服務民營化的原始目的在縮小政府組織規模、降低政府成本、改善公共服務的質量與水準。然而新公共管理的倫理爭議，以及民營化無論過程或結果，都可能使公務倫理發展有停滯、退守或價值失範的現象。在過程中，由於法令規範不明確或監督不易等原因，使貪污賄賂情況叢生，造成行政倫理發展的停滯甚至退化成消極的防弊層次；在結果面，講求效率至上，忽略了諸如公平正義、多元利益之憲政價值的實踐，使公務倫理發展呈現價值失範現象。

因此，當新公共管理強調政府要盡量撤除機關組織運作過程的各種管制時，特別是經費運用、人力資源管理和採購，就必須對公務機關要求有配套的廉政倫理。亦即，儘速通過我國之「揭弊者保障法」，應是確保民營化過程不致淪為貪污溫床的有效管道之一。如前述，由於公共服務民營化過程極易涉及行賄包庇情形，無論個人貪污或組織貪腐的行為，都因其為行賄者與受賄者之間祕密合意下的契約行為，且具專業、封閉特性，而具有不易被外部環境發現的隱匿特質。故由組織內部知情者的勇於揭弊，亦即具有專業背景及熟悉組織內部運作的公務人員，因掌握較充分和直接的資訊，若願意舉發機關的不法，可能是弊端得以及早被制止或者破案的重要關鍵。而影響公務人員是否舉發的

---

[12] 例如某縣市客運停駛一案為例，民營客運不堪虧損而停駛偏鄉路線，該地某醫院願意提供就醫專車供民眾搭乘，但卻遭其他醫院指控有招攬、廣告等涉及商業行為之嫌。

關鍵，就在於揭發時的保護配套措施是否完備，足以擔負揭弊時及揭弊後要承擔的個人風險，故建制我國適用的保護弊端揭發制度，是勢在必行且刻不容緩的。而在朝向法制建構的同時，主管機關應先進行政策行銷及宣導，加強行政機關及一般人民對揭弊的正確認知，形塑一個支持並鼓勵的揭弊環境，以打擊貪腐，建立廉能政府。

參考文獻

一、中文部分

大衛・羅聖朋（Rosenbloom, David H.）（2000）。**公共行政學：管理、政治、法律觀點**（呂育誠等譯）。學富文化。

王麗莉（2004）。新公共管理理論的內在矛盾分析。**社會科學研究**（四川省社會科學研究院），**6**，16-20。

林鍾沂（2018）。**行政學**。三民書局。

林鍾沂、林文斌譯（1999）。**公共管理新論**。韋伯文化。

施能傑（2003）。**建立公共服務倫理規範——以OECD的標竿經驗**〔論文發表〕。倡廉反貪與行政透明學術研討會，4月11日，臺北。

詹中原（1998）。國家競爭力與企業精神政府。**研考月刊，22**（4），6-18。

詹中原（2002）。全球化與公共行政改革：知識經濟觀點之檢視。**國家發展研究，1**（2），1-35。

二、外文部分

Chapman, R. A. (Ed.). (1993). *Ethics in Public Service*. Edinburgh University Press.

Hammer, M. & Stanton, S. (1995). *The Reengineering Revolution: A Handbook*. Harper Business.

Hood, C. (1991). A Public Management for All Reasons? *Public Administration, 69*(1), 3-19.

Kickert, W. J. M. (1997). *Public Management and Administrative Reform in Western Europe*. Edward Elgar Pub.

Lawton, A. (1998). *Ethical Management for the Public Services*. Open University Press.

Organization of Economic Cooperation and Development (OECD). (1996). *Ethics in the Public Service: Current Issues and Practice*. Public Management Occasional Papers, No. 14.

Organization of Economic Cooperation and Development (OECD). (1997). *In Search of Results: Performance Management Practices*. OECD.

Pollitt, C. (1993). *Managerialism and the Public Services: Cuts or Cultural Change in the 1990s?* Blackwell Business.

Sherman, T. (1998). Public Sector Ethics: Prospects and Challenges. In Charles Sampford & Noel Preston (Eds.), *Public Sector Ethics: Finding and Implementing Values*. Federation Press.

Ventriss, C. (2001). The Relevance of Public Ethics to Administration and Policy. In Terry L. Cooper (Ed.), *Handbook of Administrative Ethics*.

PART 2

治理資源與分配

- 第 6 章　分配與重分配政策管理的趨勢與原則（羅清俊）
- 第 7 章　我國地方財政現況與問題分析（張育哲）
- 第 8 章　直轄市財政指標分析（郭昱瑩）
- 第 9 章　公務人力資源發展在個體與總體層次的衝突與整合：動態能力的觀點（林俞君）
- 第 10 章　教授化身創業家：大學科研成果商業化政策的推動與未來走向（黃婉玲）

第6章

分配與重分配政策管理的趨勢與原則

羅清俊

　　巴瑞多準則（Pareto criterion）是追求經濟效率的公共政策所依循的原則，它意指政策的改變必須要符合：「至少可以讓一個人獲利，但是不會傷害到其他任何人」。然而，實務上來說，政策要符合這種原則的機會非常小。因為政府的資源有限，絕大部分的政策都是社會上某些群體享受利益，而成本則是轉由其他群體來承擔。正因為享受利益與承擔成本的群體並不是相同的人口，所以「公平正義」就成為這些政策在規劃或執行上必須關切的重點。這些政策主要分為兩種類型，第一，當享受利益的群體是社會上的少數人口，而承擔成本的群體是社會上的多數人口時，這種政策稱為分配政策（distributive policies），例如由大多數納稅義務人承擔成本而由人口居於少數的農民獲利的農業災害補貼政策。第二，當享受利益的群體是社會上的多數人口，而承擔成本的群體是社會上的少數人口時，這種政策稱為重分配政策（redistributive policies），例如提高累進稅率的所得稅課徵政策（讓少數富人承擔更多的稅收）藉以協助社會上需要協助的群體。

　　儘管承擔成本與享受利益分屬於不同的人口群體，但是如果負責管理這兩類政策的政府單位，可以將承擔成本的人所承擔的成本加以妥善運用，解決預期獲利者所面對的問題，某種程度來說，也將逼近我們所期待的公平正義。本文討論近年來這兩類政策所面臨的問題趨勢以及管理原則。

壹、學理上的理想期待

一、分配政策：以需求為基礎來分配政策利益，排除政治因素的干擾

分配政策是讓少數地理區域人口享受利益，而多數地理區域的人口來承當這些成本。這種型態的利益分配必須要有足夠的正當性。首先，需要有足夠的證據說明這些少數人口確實需要這些利益。它可能是為了達成某些積極性目的（例如短暫性扶植某些產業而予以補貼）或消極性目的（讓天災受創的地區恢復原狀）。其次，在這些少數獲利人口當中，誰能分配到較多的政策利益也必須基於嚴格客觀（合情合理）的需求標準，而不是基於無關需求的政治影響力。

二、重分配政策：讓高所得與低所得之間的所得差距合理化

均富社會是重分配政策追求的理想，透過政府的移轉性收入（例如稅收、規費及罰款等）以及移轉性支出（例如低收入戶生活補助、老人生活津貼等），讓高所得者與低所得者的差距能夠在一個合理的範圍。如果我們觀察家戶所得差距，吉尼係數（Gini index）是一個很普遍的指標，它可以衡量一個國家（或是國家之下某一個次級地理行政區）全體家庭之間所得不均的程度。吉尼係數介於0至1之間，愈趨近於1，代表所得分配愈不平均；愈趨近於0，代表所得分配愈平均。根據聯合國開發計劃署（United Nations Development Programme, UNDP）訂定的標準，吉尼係數0.4是所得分配不均的警戒紅線，0.4至0.59之間表示不均的指數等級「高」，大過於0.6表示指數等級「極高」。

另外一個我們經常看到衡量家庭所得差距的指標是利用五等分位差距倍數來表達所得不均的程度。它是將全體家庭（家戶）所得由小到大排列之後，區分為五等分位，每20%為一個分位，然後求出最高20%家戶分位（第五分位組）的平均所得與最低20%的家戶分位（第一分位組）的平均所得之比值，數字愈大表示所得分配愈不平均。然而，倍數在什麼範圍之內才是合理？這倒是

沒有一定的說法。通常我們會以相對的方式表達倍數的嚴重程度，例如自己跟自己比，如果倍數隨著時間增加就代表現在所得不均的情況比過去嚴重。除此之外，分析各個分位家戶所得占全體家戶所得份額的比例也有意義。理想的狀態可以是這樣：五等分位當中，絕大多數家戶所得的份額應該要集中在第二、三、四分位組，而且最高的份額最好是落在第三分位組。

貳、實務上的問題與挑戰

一、分配政策

　　理想上來說，透過分配政策所獲得利益的人口必須是真正的政策利益需求者，相較於承擔成本的人數，這些獲利者應該是少數人口。但是，分配政策在實務上經常會面臨兩種問題與挑戰，第一種：獲利者的確是少數人口，他們也的確需要這項政策利益，但是這些少數人口會因為選舉因素或政治因素，使其所獲得的利益遠遠超出他們所應得的。這裡所說的選舉或政治因素是指，掌握政策利益分配權力的民選政治人物（民意代表或行政首長）會透過他們所擁有的各種優勢政治權力，讓政策利益分配的結果增加他自己或跟他相同政黨參選人的選舉勝算（增加選票）（Rundquist & Ferejohn, 1975; 羅清俊，2001；羅清俊，2009；Kriner & Reeves, 2015; Sidman, 2019）。

　　第二種：因為制度或政治上的因素，除了真正需要這些政策利益的地理區域人口之外，也讓一些對於這些政策利益並非那麼迫切需要的人口獲得對他們來說可有可無的利益，以至於分配到政策利益的人口數量膨脹起來，增加了政府財政額外的負擔。首先，發生這種問題最常見的情況是，當分配政策法案在議會審議時，因為議會多數決制度與議員彼此之間互惠的緣故，以至於政策利益分配結果增加了政府財政負擔。例如農業選區議員希望通過農業利益法案協助選區農民，但是他們可能無法湊齊過半數的議員。在這種情況之下，他們會跟其他來自不同特質的選區議員交易（例如與來自商業選區特質或工業選區的議員交易）。農業選區的議員會說服其他特質選區的議員：這次你投我一

票，下次遇到跟你們選區相關的利益法案時，我也會回饋你一票！結果本來也許只要花100萬元就可以解決農業選區的農業問題，但是因為要找來其他選區議員才能超過半數，所以就必須付出代價，讓其他議員的選區也能獲得一些農業利益（雖然他們的選區利益並非以農業為主，但是他們選區內還是有農民，只是沒有那麼迫切需要這項利益而已），最後卻得花上1,000萬元才能通過這項法案（由行政機關編列預算支應）（Weingast et al., 1981）。其次，發生這種問題的另外一種情況是議員可以主動提出選區的利益需求，而經費則編列在與需求項目相關的行政機關預算裡面，通常行政機關都會配合，以維持府會之間的良好關係（潤滑作用）。如果關係要維持得更好，行政機關就會盡可能滿足每一位議員的要求，換言之，幾乎每一位議員都會獲取選區利益，這種情況同樣也會造成政府財政的過度支出。例如美國參議員與眾議員在第112屆國會（2011年1月3日至2013年1月3日期間）之前，每年都可以替自己的選區提出所謂「指名道姓補助款」（earmarks grant；以參眾議員個人的名義申請，選民可以清楚辨識這是選區議員的功勞）[1]，既然是指名道姓，議員通常都會很踴躍申請這一類補助款，儘管實際的需求沒那麼高也無所謂[2]。類似的情況也發生在臺灣縣市政府層級，臺灣各縣市的議員每年可以針對選區的利益需求提出所謂的「議員建議款」，這像極了美國「指名道姓補助款」的分配（蕭慧敏，2013；廖彥傑，2014；羅清俊，2014；黃冠瑜，2017）。

---

[1] 在美國第112屆國會之前，聯邦參議員和眾議員都可以自行提出指名道姓補助款。每年聯邦政府編列預算時，每一位議員會針對他自己選區的需求向國會撥款委員會下的次級委員會（subcommittee，例如農業次級委員會）提出指名道姓補助款，申請案上面就會指名道姓是哪一位議員申請，申請多少錢，要做什麼用途，補助款要分配到哪個地點。這些資料也都是公開的，好讓選區選民知道這是誰的功勞。撥款委員會審查通過之後，隨著指名道姓補助款的性質不同，就會編列在不同的行政機關預算當中。雖然第112屆美國國會開始限制聯邦參眾議員提出申請，但是近兩年倡議恢復的聲浪非常大，這項制度復活的機會相當高。

[2] 批評這項制度的人認為美國國會議員根本不管經濟效益，只是為了選票而提出很多指名道姓補助款。例如2005年美國阿拉斯加國會議員（眾議員Don Young與參議員Ted Stevens是最重要的倡議者）想要爭取Gravina Island Bridge，就是一個相當有趣的例子。這個橋梁是要連結阿拉斯加Ketchikan Town與Gravina Island。雖然Gravina Island有國際機場，但是卻只住了50戶人家。這座橋梁耗資約4億美金。有人戲稱這座橋梁為「bridge to nowhere」。

二、重分配政策

　　減緩經濟不平等（貧富差距）始終是世界各國政府的施政重點，儘管如此，貧富差距的問題依然存在，甚至有更趨嚴重的現象。我們先來看看國外情況，從1980年代以來，富有國家的貧富差距不斷地擴大。從1980年至2021年間跨國比較的觀點來看，如果我們以最高10%所得占全國所得總額的百分比變化情形來判斷貧富差距的惡化趨勢，資料顯示美國最為嚴重，增加幅度最高。這四十年來，美國最高10%所得占全國所得總額的百分比從1980年的33.9%增加至2021年的45.7%，增加了34.8%。其次是澳洲，從24.4%增加至32.5%，增加了33.2%。接下來是義大利，從24.6%增加至32.2%，增加了30.89%。德國從28.6%增加至37.1%，增加了29.7%。英國從29%增加至35.7%，增加了23.1%。日本則從36.5%增加至44.9%，增加了23.01%。

　　回頭來看看我們國內現況，就吉尼係數來說，根據我國行政院主計總處歷年的家庭收支調查結果，2010年與2011年均為0.342，2018年為0.338，2019年為0.339，2020年為0.34，這十年來都維持在0.34上下，目前還未超過UNDP所訂定貧富不均的警戒線0.4。就五等分位比值來看，在計算政府對家庭移轉收入與支出之後，1990年臺灣家庭可支配所得五等分位比值為5.18倍，2018年的比值則為6.09倍，2019年6.10倍，2020年6.13倍（行政院主計總處，2021），在這三十年來，這項比值增加了18.34%。從政府對家庭移轉收支對所得分配的影響來看，在1981年至1987年之間，家庭對政府移轉支出（例如繳納所得稅）對於降低五等分位比值的影響大過於家庭從政府移轉收入（例如獲得低收入生活補助或急難救助）。但是從1988年開始至2020年為止，呈現相反的局面。而且從2013年至2020年這八年當中，家庭對政府移轉支出所降低的五等分位比值一直維持在0.14，遠低於家庭從政府移轉收入所降低的五等分位比值（八年平均1.12）。這種現象可能跟租稅負擔比率偏低有關，當然也有可能與富者並未繳納他們應該繳納的稅捐有關[3]。

　　家庭可支配所得五等分位比值的擴大，可能來自最高所得組的所得增加，

---

[3] 所得重分配政策不該令人失望。工商時報，社論，2022年3月2日。https://www.chinatimes.com/newspapers/20220302000087-260202?chdtv/

或是最低所得組的所得減少。觀察臺灣最高所得組（前20%）家戶所得份額可以發現，最高所得組（前20%）家戶所得份額，從1990年至2001年一直有成長的趨勢，2001年為歷年最高，最高所得組的份額高達41.11%。2013年雖然降至39.96%，但是2018年仍占40.51%，2019年占40.35%，2020年占40.32%。而最低所得組的部分，在1990年至2001年間，家戶所得份額一直呈下降的趨勢，從7.45%降至6.43%，2002年上升一些占6.67%，2018年占6.66%，2019年占6.61%，2020年占6.58%（行政院主計總處，2021）。從以上數字看來，臺灣社會正面臨經濟上不均的情況，顯然需要努力改善以避免惡化。

參、治理上的政策建議

一、分配政策

　　針對上述分配政策所衍生的兩種問題，我們再重複說明一次，第一種問題：獲利者的確是少數人口，他們也的確需要這項政策利益，但是這些少數人口會因為選舉因素或政治因素，以至於他們所獲得利益遠遠超出他們所應得到的；第二種問題：因為制度或政治上的因素，除了真正需要這些政策利益的地理區域人口之外，也讓一些對於這些政策利益並非那麼迫切需要的人口，獲得對他們來說可有可無的利益，以至於分配到政策利益的人口數量膨脹起來，而增加了政府財政額外的負擔。以下提出可能解決或減緩問題的途徑：

（一）財政紀律

　　我國在2019年4月10日公布實施《財政紀律法》，「財政紀律」係指對於政府支出成長之節制、預算歲入歲出差短之降低、公共債務之控制及相關財源籌措，不受政治、選舉因素影響，俾促使政府與政黨重視財政責任與國家利益之相關規範。因此很明顯地，這一部法律是期待能夠減緩或甚至避免分配政策所引發的負面現象。

　　該法有兩個部分值得討論，首先，第5條規定：「中央政府各級機關、立

法委員所提法律案大幅增加政府歲出或減少歲入者，應先具體指明彌補資金之來源。（Ⅰ）各級地方政府或立法機關所提自治法規增加政府歲出或減少歲入者，準用前項規定。（Ⅱ）」第12條第1項規定：「中央對於財政紀律異常之地方政府，應訂定控管機制。」這些條文內容是規範中央政府各級機關與立法委員不能肆無忌憚地大幅增加政府支出或減少歲入，至於地方政府層級也是一樣。另外，中央有權對於財政紀律異常的地方政府加以控管。

　　其次，「稅式支出」（tax exemption）經常被分配政策研究學者歸類為另一種肉桶利益，它被定義為政府為達成經濟、社會或其他特定政策目標，利用稅額扣抵、稅基減免、成本費用加乘減除、免稅項目、稅負遞延、優惠稅率、關稅調降或其他具減稅效果之租稅優惠方式，使特定對象獲得租稅利益之補貼。它不是補助款，受益者不是直接拿現金，而是以上各種優惠節省了受益者的支出。政治人物也經常利用稅式支出來討好企業團體，大部分情況是為了選票或競選資金。《財政紀律法》第6條第1、2項規定：「中央政府各級機關所提稅式支出法規，應確認未構成有害租稅慣例，並盤點運用業務主管政策工具之情形及執行結果，審慎評估延續或新增租稅優惠之必要性。（Ⅰ）經評估確有採行稅式支出之必要者，應就稅式支出法規實施效益及成本、稅收損失金額、財源籌措方式、實施年限、績效評估機制詳予研析，確保其可行且具有效性。（Ⅱ）」

　　另外，跟財政紀律有關，但是很難形諸於法律的解決或減緩途徑，而是透過道德訴求以避免因為議會多數決制度與國會議員彼此互惠規範所導致獲益地區人口擴增，造成財政過度支出的問題。多數決是民主體制的基本規範，國會議員彼此之間的互惠原則並不違法，也沒有理由禁止。在這種情況之下，解決這項問題只能依賴具有道德成分的自我約束，約束議員之間或是約束政黨之間不宜以政策利益當作交易條件，以免拖垮國家財政。當然，這仍然需要面對集體行動的困境，例如就約束政黨來說，A政黨的確約束自己，可是如果B政黨不約束，則A政黨反而會受到選民的責難。集體行動的難題同樣也出現在議員個人，例如甲議員即使約束自己不與人交易肉桶利益，可是他也會擔心乙、丙、丁等議員是不是也是如此？否則只有他不追求肉桶利益，到頭來落選的是他自己。

(二)改變補助款分配的結構：減少專案補助，增加公式化補助結構

　　補助款分配常受到政治影響力的介入，當政治力介入時，通常會造成前述分配政策的第一種問題。所以，設計一種讓政治影響力不容易介入的補助款分配結構可以減緩這項問題。補助款分配的結構最常見的有兩種不同的型態，包括專案補助（project-by-project grant or categorical grant）與公式化補助（formula grants）。專案補助（專案補助就像是我國中央政府的計畫型補助款），它是指上級政府（例如美國聯邦政府或臺灣的中央政府）為了達到某種特定的政策目標，透過專案補助款的分配來要求地方政府配合執行。根據過去美國的實證研究顯示，專案補助的分配比較容易受到政治性因素的影響（Arnold, 1981）。因為行政機關在專案補助的分配權限上，擁有相當程度的自由裁量權可以決定到底政策利益應該要如何分配（分配給誰以及分配多少）。行政機關為了與國會議員相處愉快以保障預算安全，願意分配較多的專案補助款給那些與行政機關具有直接關係（例如常設委員會委員）並擁有影響力議員（例如常設委員會召集人、資深的議員或是國會多數黨議員）所屬的選區或州以換取人情。

　　另外一種補助款分配的結構是公式化補助（公式化補助很像我國中央政府的一般性補助款），它是藉助於公式的計算，讓每一個選區或行政轄區都獲得應該得到的利益。公式中通常包含各個選區或行政轄區的人口數以及其他相關的客觀指標（視不同的政策而定，例如農業補助款則會納入農產品產值作為客觀指標）等。因為選區或行政轄區獲得的金額多寡都限定在公式之內，行政機關自由裁量的空間相當有限，所以相對來說，政治力的介入空間有限。既然專案補助比公式化補助有更多的機會讓政治力介入，因此很多人建議盡可能減少專案補助款的金額數量，而以公式化的補助結構加以取代。

(三)補助款分配的透明化制度

　　政策利益分配透明化的制度則是將所有政策利益分配的相關訊息攤在陽光下，包括政府所提供的補助方案項目有哪些？究竟是誰獲得補助利益？為什麼他們有資格獲得補助利益？獲得補助利益的額度有多少？獲得這些額度的理由

是什麼？資訊一旦透明化，民意代表與行政部門想要透過這些政策利益買通選民也好，或是潤滑行政與立法部門（議員）之間的關係也好，都會受到相當程度的限制。所以，補助款分配的透明化制度可以同時減緩前述第一種與第二種分配政策所衍生的問題。

我們先來看看美國的經驗。肉桶政治相當嚴重的美國為了將補助利益相關資訊透明化，並且改善聯邦補助利益的執行成效，在1999年通過《聯邦財政補助管理改善法》（*Federal Financial Assistance Management Improvement Act of 1999*）（PL106-107）。並依據該法，於2002年透過www.grants.gov的網站架設，將聯邦補助資訊全部整合在一個共同的平臺上。舉凡聯邦補助訊息、申請程序、追蹤補助審核進度、受補助者的執行進度與成效等，通通可以在線上處理與監測。

美國國會更在2006年通過《聯邦補助責任與透明法》（*Federal Funding Accountability and Transparency Act of 2006*）（2008年也通過修正案）（前美國總統Barack Obama是2006年參議院幾位提案的參議員之一），該法要求從2007年會計年度起，所有接受聯邦政府補助的各級政府或團體（entities or organizations）必須將相關資訊公開在網頁上，例如接受補助的機構名稱（the name of the entity receiving the award）、接受補助的額度（the amount of the award）、補助來源以及補助目的（funding agency and an award title descriptive of the purpose of each funding action）、接受補助的機構所在位置（the location of the entity receiving the award）等。

美國前總統Barack Obama在任內時，非常積極推動透明化與開放政府（transparency and open government）（Lathrop & Ruma, 2010），例如2009年通過*American Recovery & Reinvestment Act*，並授權以USAspending.gov的網站公開政府的經費運作與計畫，或是以Recovery.gov公開聯邦政府振興經濟的作為所造成的影響（Welch, 2010; Ginsberg, 2011; Harrison et al., 2011）。2014年通過*Digital Accountability & Transparency Act*（簡稱「DATA法案」）擴充2008年修正的《聯邦補助責任與透明法》。當然，以上這些措施對於舒緩美國肉桶政治會有多大的成效仍然有待觀察，但是資訊公開透明化之後，無疑地將會是解決或減緩這項問題的重要起步。

　　我們臺灣對於補助款分配的透明化制度也曾經努力過，早在2004年，當時的行政院研考會管考處就擬針對計畫型補助款的制度及執行成效做深入研究，當時也獲得行政院院長的支持。研考會的研究發現，中央政府有一些部會雖然建立了內部作業規範，但是能夠依照地方政府實際需求提供合適的計畫型補助款，並且建立地方政府之間對於計畫型補助款的競爭機制，以及針對使用計畫型補助款進行管制考核機制的部會仍屬少數，所以實務運作的效率與效益都無法提升，補助款分配的公平性經常受到批評與質疑。因此研議要從計畫規劃、公平競爭機制、執行與控管、績效評估與退場機制等四大部分加以改進，並學習像美國一樣的e-grant制度，建置計畫型補助資訊公開與整合型的管理機制，來掌控計畫型補助款的透明度與執行成效。但是嚴格說起來，截至目前為止，我們仍然還有努力的空間。另外，對於縣市議員建議款分配的規範，行政院主計總處透過《中央對直轄市及縣（市）政府補助辦法》，要求縣市政府對於縣市議員所提之地方建設建議事項，應規定其範圍與透明公開之審議程序及客觀之審議標準，不得以定額分配方式處理。主計總處會依照考核結果，增加或減少縣市政府當年度或以後年度一般性補助款。儘管如此，同樣地，這個部分我們仍然還有努力的空間。

二、重分配政策

　　綜合歸納Page與Simmons（2002）、Kohler（2015）、Blanchard與Rodrik（2021）等，政府可以透過以下各種原則所形成的重分配政策來減少貧富差距，這些重分配政策可能牽涉到租稅、勞工、教育，社會福利等政策：

(一)保障最低所得（guaranteed incomes）

　　直接對所得較高的人課稅，並將此稅額收入用來幫助低所得者，確保每一個人都有最起碼的收入，而受益者可以自由地使用他們所獲得的政府補助金額。

(二)勞動所得稅扣抵制度（earned income tax credit, EITC）

　　這項政策措施在美國被證明可以減少貧窮人口，減緩所得不平等的現象。

它是美國在1975年開始實施的一種租稅扣抵制度，是為了協助低所得的工作家庭，以勞動所得抵減所得稅，特別是針對需要扶養小孩的低所得家庭，使其能夠脫離貧困。當勞動所得低於一定金額的時候，部分稅賦可以抵免，以減少負擔並保持工作的誘因。雖然目前在臺灣並未實施此項政策（一直有人提出政策建議，也有相當多的實證研究與討論），但是這會是一個可以思考的政策方向。

（三）採取累進稅率與所得重分配（progressive taxes and income redistribution）

對高所得者課以較高的稅金，也就是透過累進稅制，並配合使用各種政府支出計畫，將貧富所得之間不平等的情形重新加以調整與分配。透過累進稅制而從高所得者所獲得的稅金，不見得非得侷限於以現金補助低所得者（例如保障最低所得），所得重分配可以利用多樣的方式來完成，例如可藉由工資補貼、教育與訓練計畫、公共就業計畫，以及提供公共財等方式來進行。

至於要針對高所得者課什麼稅？以及應該如何課他們的稅呢？首先，真正的有錢人其實是社會上少數高所得的10%、1%，或甚至是0.1%的人口。這些有錢人的遺產贈與稅當然可以課。除此之外，還可以課什麼稅呢？高所得者的所得其實大多來自於資本利得（房屋、土地、股票等），而這些資本利得會加劇所得分配不均的問題。根據羅清俊（2018）和高文鶯（2018）分析1982年至2016年之間，影響臺灣各縣市轄區家戶所得差距的因素，他們發現家戶平均資本所得淨收入愈高的縣市，該縣市的吉尼係數明顯會愈高。所以針對這些人的資本利得加以課稅，政府實施重分配政策的資源才會足夠，也才能減緩貧富差距的問題。根據Thomas Piketty的估計，近兩百年來資本主義的發展，資本報酬率至少都有4%或5%，而已開發國家的經濟成長率充其量也不過是2%。所以從這些人的資本利得課以1%或2%，他們絕對負擔得起。甚至Thomas Piketty認為每年要課這些有錢人的「總資本擁有稅」，這些資本擁有稅就跟房屋稅與地價稅一樣，個人持有期間每年都要繳。而且不只是房屋與土地，其他所有資產（例如股票與現金）也要課徵（Piketty, 2014）。

其次，真正的問題是，政府課得到這些人的遺產贈與稅以及資本利得或總

資本擁有稅嗎？有錢人如果生前安排得周到，就算政府課得到遺產贈與稅，但能課到的金額也不會太多，對於抑制資本累積的效果有限。至於資本利得稅，房屋或土地容易課得到稅，但是股票與現金就很難〔所謂的移動資本（mobile capital）〕。原因是當有錢人所擁有的股票屬於某一個控股公司，而這個控股公司設籍在避稅天堂；金融資產存放在瑞士，而這些銀行會幫客戶隱匿資料（隱藏的財富）。總資本擁有稅的課徵可能會面臨更大的政治阻力，因為這些有錢人通常擁有相當程度的政治影響力，透過他們的影響力遊說立法部門阻止總資本擁有稅的課徵，對他們來說是一件輕而易舉的事。以上這些問題都必須克服，才能達成公平正義的所得分配。

(四) 提供企業更多在研究發展的稅賦抵扣（provide tax credits for more research and development）

提供企業更多在研究發展上的稅賦抵扣，這些企業就會因為研究發展而讓生產力提升，進而提升工資與創造更多就業機會。例如鼓勵企業將研究發展的重點之一放在適應氣候變遷或低碳（或淨零排放）方面，勢必可以創造出相當多工作機會。

(五) 保障公平競爭的機會（equal opportunity）

雖然讓私有市場運作來決定個人所得，但是政府必須預先排除市場當中不公平的障礙，確認每一個人在起跑點上都有相同的機會。主要可從兩方面來做：第一，消除妨礙個人發展的人為或不理性因素，例如族群或性別歧視；第二，提供貧窮家庭的兒童各種生活上的協助，例如提供營養補助、健康照護，必要時給予教育或工作上的資助。促進兒童福利的政策措施可以有效改善個人發展所可能遭受到的物質與非物質上之限制，以進一步改善貧窮與不平等的情形。

(六) 教育與人力資本（education and human capital）

透過各種方式（提供良好的教育機會為重點所在）來使個人更具生產力，或者有更好的機會去從事高所得的職業，以根本解決所得不平等的問題。另

外，政府對於人力資本的培養不應該完全侷限於正規的學校教育與職業訓練計畫，而應該從多方面來做，例如保障個人身心健康、激勵個人向上的意願、培養良好的社交技能（social skill）與工作習慣等。

（七）保障就業機會與合理工資（available jobs at good wages）

上述「保障公平競爭的機會」和「教育與人力資本」的計畫可能無法獨自（各自獨立）達成經濟平等的目標，因為：第一，個人工作技能或生產力和其所得不一定成正比，也就是說提升個人的工作能力不一定能保證其薪資所得會增加；第二，每個人的人力資本不可能達到完全平等；第三，低生產力（low-productivity）的工作（例如基礎建設或環境清潔的工作）也提供許多工作機會，但是對於貧富差距的減緩並沒有太多幫助。所以以上都需要政府介入，不僅保障每個人皆有工作機會，而且還要有合理的工資，同時滿足以上兩個條件才能改善貧窮與不平等的問題。

（八）保護零工經濟體（gig economy）之下的勞工權益

目前因為科技與勞動特性的影響，出現了許多暫時性、兼職、隨傳隨到（on-call）或自僱（self-employment job）的工作者。很多企業喜歡聘用這些工作者，因為企業可以免除很多傳統上必須負擔與保護的勞工權益，也因此這些工作者經常居於弱勢。政府必須發展一套可攜帶式（portable）的受僱者權益系統，讓這些受僱者儘管沒有長期固定的雇主，但是仍然可以累積他們過去各種工作所積存下來的應得利益。

（九）社會保險（social insurance）

政府需要推動一個強制性（compulsory）與全面性（照顧到每一個人）的社會保險制度，來幫助人們對抗意外以及無法控制的災難。原因在於目前商業保險制度在市場機制運作下，有兩項缺點：第一，逆向選擇（adverse selection），由於保險公司無法獲得投保者相關的完整資訊，為了分散風險，保險公司會設定高額的保費，而在此種情況下，低所得者反而選擇不去投保；第二，搭便車（free ride），因為如果由市場機制運作，讓人民自由選擇是否

加入保險，如果民眾沒有遠見或者運氣不好，等到年老無法照顧自己時，政府與社會又可能基於義務和人道考量去幫助他們（利用一般納稅人的稅金），這些人便成為搭便車者。所以，政府所推動的社會保險制度必須是強制性以及全面性。

（十）安全網與基本需求（safety nets and basic necessities）

「安全網」的概念主要是當民眾面臨到緊急的危難時，政府能夠適時地提供必要的協助，即便此危難是由人民自己所造成的，政府仍然需要提供協助，社會救助或急難救助就是屬於這個範疇。此外，政府對於貧窮困苦的人也要提供滿足其最基本生活需求之協助，使他們維持最起碼的生活水準，例如對於中低收入戶生活的扶助等。

參考文獻

一、中文部分

行政院主計總處（2021）。**109年家庭收支調查**。行政院主計總處。

高文鶯（2018）。**所得分配不均的政治經濟分析：台灣各縣市1982年至2016年間的實證研究**〔未出版之碩士論文〕。國立臺北大學公共行政暨政策學系。

黃冠瑜（2017）。**臺北市議員建議款分配的政治分析**〔未出版之碩士論文〕。國立臺北大學公共行政暨政策學系。

廖彥傑（2014）。**台東縣議員建議款分配的政治分析**〔未出版之碩士論文〕。國立臺北大學公共行政暨政策學系。

蕭慧敏（2013）。**嘉義市議員建議款分配的政治分析**〔未出版之碩士論文〕。東海大學公共事務碩士在職專班。

羅清俊（2001）。**台灣分配政治**。前衛出版社。

羅清俊（2009）。**重新檢視台灣分配政策與政治**。揚智文化。

羅清俊（2014）。**縣市議員建議款的分配：臺東縣的實證分析**（編號：NSC 101-2410-H-305-046-MY2）。科技部專題研究結案報告。

羅清俊（2018）。**所得分配不均的政治經濟分析：臺灣各縣市從1980年至2015年的實證**

研究（編號：105-2410-H-305-020-MY2）。科技部專題研究結案報告。

二、外文部分

Arnold, R. D. (1981). Legislators, Bureaucrats, and Locational Decision. *Public Choice*, *37*, 109-132.

Blanchard, O. & Rodrik, D. (2021). *Combating Inequality: Rethinking Government's Role*. The MIT Press

Ginsberg, W. R. (2011). The Obama Administration's Open Government Initiative: Issue for Congress. *CRS Report for Congress*.

Harrison, T. M., Guerrero, S., Burke, G. B., & Cook, M. (2011). *Open Government and E-Government: Democratic Challenges from a Public Value Perspective*. Center for Technology in Government, State University of New York at Albany.

Kohler, P. (2015). Redistributive Policies for Sustainable Development: Looking at the Role of Assets and Equity. *DESA Working Paper* No. 139, UNITED NATIONS Department of Economic and Social Affairs

Kriner, D. L. & Reeves, A. (2015). *The Particularistic President: Executive Branch Politics and Political Inequality*. The Cambridge University Press.

Lathrop, D. & Ruma, L. (2010). *Open Government: Collaboration, Transparency, and Participation in Practice*. O'Reilly Media, Inc.

Page, B. & Simmons, J. R. (2002). *What Government Can Do: Dealing with Poverty and Inequality*. University of Chicago Press.

Piketty, T. (2014). *Capital in the Twenty-First Century*. Harvard University Press.

Rundquist, B. S. & Ferejohn, J. A. (1975). Two American Expenditure Programs Compared. In McCamant C. Liske & W. Loehr (Eds.), *Comparative Public Policy: Issues, Theories, and Methods* (pp. 87-108). Wiley Inc.

Sidman, A. H. (2019). *Pork Barrel Politics: How Government Spending Determines Elections in a Polarized Era*. The Columbia University Press.

Weingast, B. R., Shepsle, K. A., & Johnsen, C. (1981). The political economy of benefits and costs: A neoclassical approach to distributive politics. *Journal of Political Economy*, *89*(4),

642-664.

Welch, E. W. (2010). The relationship between transparent and participative government: A study of local governments in the United States. *Workshop 'Government Transparency'* Utrect University School of Governance.

第 7 章

我國地方財政現況與問題分析

張育哲

壹、前言

　　Tiebout模型指出，為了滿足不同民眾的偏好，應該要廣設地方政府來回應不同國民的需求，方能極大化民眾的福祉。雖然考量廣設地方政府所需的昂貴行政成本，以及衍生出來的區域外溢效果，讓廣設極大量的地方政府於現實上不可行。但無論如何，多層級且有相當數目與類型地方政府存在的體制，幾乎已經是當代所有國家共同的選擇。

　　早期我國的地方政府體制上只是中央的附屬機關，沒有獨立自主的角色，是以在施政上能發揮的功能受到侷限。但隨著地方制度法制化以及地方首長直選，地方政府在我國國家治理上扮演的角色愈來愈吃重。以近期COVID-19的防疫工作為例，直轄市與縣市政府紛紛提出各種因地制宜的政策，並且在第一線的政策執行上扮演重要的角色。此外，在經濟發展、交通、衛生等許多的政策領域都可以看到各個地方政府的諸多努力。地方政府的健全發展和有效運作，與人民的福祉息息相關。

　　然而，長期以來我國地方政府持續面對財政困窘的狀況，甚至有部分縣市連薪水發放都有問題，導致施政上出現巧婦難為無米之炊的困難。雖然中央政府一直宣示對於健全地方財政的關注與決心，但即使歷經了多次政黨輪替，二十多年來卻連最基本的《財政收支劃分法》修正都依舊無法通過。本文將檢視我國地方財政演變的歷史，爬梳我國地方政府財政面臨的種種問題，並對於未來如何改善地方財政提出建言。

貳、地方政府與地方財政

一般而言，單一政府提供的公共財只能有單一的選擇。例如，在教育政策方面，針對國小的教育要投注多少經費，生師比應該要是多少等，每個政府會有不同的選擇，但同一個政府轄區內的所有學校都會採行一樣的標準。問題是，民眾有著不同的偏好。關注教育的人希望提高教育經費，沒有孩子的人可能認為教育並不重要，希望政府預算能轉而多投注在其他政策領域。當不同偏好的居民同住在一個區域內，便一定會有些民眾的政策偏好與政府的施政之間出現不一致，而導致無效率的結果。

對此，Tiebout（1956）認為，如果可以廣設地方政府，每一個地方政府提供不同的歲入與支出組合，在民眾可以自由遷移，並且地方政府的施政之間沒有外溢效果的前提下，民眾們「用腳投票」，搬遷到與自己偏好最接近的地方政府轄區之內，會是最有效率的做法。所有偏好相近的民眾會居住在相同的區域，而當地政府所提供的公共服務也會正好符合他們的需求。

在地方財政的領域，Tiebout模型的角色有點類似完全競爭市場模型在個體經濟學上的角色。它們所設定的都是一個完美的狀態，需要滿足多項的條件。然而，現實上這些條件不可能全部同時成立，因此文獻上便有許多的研究討論這些假設被違反時會出現的問題。例如，民眾的遷移能力現實上是受到諸多限制的；廣設地方政府需要昂貴的行政成本；地方政府的很多施政是會衍生出來區域外溢的效果。凡此種種，都讓設置極大量的地方政府在現實上不可行。總而言之，轄區小而數量多的地方政府，與轄區大而數量少的地方政府，各有其優缺點。在進行國土規劃時，多種因素必須做整體的考量。但無論如何，多層級且有相當數目與類型地方政府存在的體制，幾乎已經是當代所有國家共同的選擇。

無論是中央政府或地方政府，健全的財務都是成功施政運作的根本。惟自1970年代發生兩次石油危機開始，世界各主要國家多陷入一個長期的債務泥沼之中，且日益嚴重。雖然各項財政改革與1990年代網路經濟興起後的榮景讓各國在20世紀結束前短暫出現債務的縮減，甚至出現年度預算的盈餘，但很快

地，在21世紀開始不久，又發生了SARS、網路泡沫破裂、次級房貸風暴、金
融海嘯以及歐債危機等事件，讓全球的經濟與各國政府的債務狀況更形惡化。
臺灣的經濟以對外貿易為主，自然無法自外於全球財經變局的衝擊。就政府財
政而言，我國地方政府財政惡化的狀況又比中央政府更為明顯。

參、我國中央與地方財政現況

　　截至2020年底，我國一般政府負債6兆9,060.34億元，占國內生產毛額
（GDP）19兆7,985.97億元之34.9%（請參見表7-1）。政府整體債務之中，中
央政府的債務金額總計為5兆6,200.99億元，地方政府為1兆2,799.31億元，另有
約60億元係來自社會安全基金的負債。

表7-1　我國一般政府負債彙整表

負債項目	債務金額總計（億元）			合計（億元）
	中央政府	地方政府	社會安全基金	
貨幣性黃金及特別提款權				
現金及存款				
債務性證券	52,243.06	1,000.00		53,243.06
長期	50,993.06	1,000.00		51,993.06
短期	1,250.00			1,250.00
貸款	2,550.46	10,232.55	38.40	12,821.41
長期	1,930.20	8,829.06		10,759.25
短期	620.26	1,403.50	38.40	2,062.16
股權及基金投資				
保險、退休金及標準化擔保計畫			2.53	2.53

表7-1　我國一般政府負債彙整表（續）

負債項目	債務金額總計（億元）			合計（億元）
	中央政府	地方政府	社會安全基金	
衍生性金融商品				
其他應付帳款等	1,407.48	1,566.75	19.11	2,993.34
合計	56,200.99	12,799.31	60.04	69,060.34

資料來源：財政部國庫署網站。

註：本表債務金額係依國際貨幣基金（IMF）政府財政統計手冊（GFSM）之債務定義，與公共債務法之債務統計略有不同。

　　雖然在媒體或報章雜誌中有許多對我國政府財政的檢討與批評，但持平而論，我國的整體負債情況跟世界主要國家比較起來，算是相當穩健。與扣除歐盟本體的G20國家比較（請參見表7-2），我國政府負債占GDP比率34.9%，僅高於沙烏地阿拉伯與俄羅斯。比起國人所熟悉的日本（254.1%）與美國（133.9%），很明顯地，我國政府的負債情況算是輕微許多。甚至比之臺灣的主要競爭對手如中國大陸（66.3%）韓國（47.9%）等，亦是不遑多讓。

表7-2　2020年G20國家一般政府金融性債務占GDP比率統計表（%）

國家	日本	義大利	美國	加拿大	法國	英國	阿根廷	巴西	印度	南非
比率	254.1	155.8	133.9	117.5	115.1	104.5	102.8	98.9	89.6	69.4
國家	德國	中國大陸	墨西哥	澳洲	韓國	土耳其	印尼	中華民國	沙烏地阿拉伯	俄羅斯
比率	69.1	66.3	61.0	57.3	47.9	39.8	36.6	34.9	32.5	19.3

資料來源：國際貨幣基金 Fiscal Monitor October, 2021，引自財政部國庫署網站。

註：本表所列債務比率係依國際標準（GFSM）計算。

　　雖然整體國家財政相對穩健，但臺灣許多地方政府的財政卻極為嚴峻。有鑑於地方財政惡化的嚴重性，《遠見雜誌》在2012年進行了「22縣市債務總體檢」，並於2015年再次進行調查，檢視臺灣地方政府財政的實況。2015年的調

查結果發現，當時苗栗、宜蘭的債務已經超過《公共債務法》的舉債上限，同時「雲林、南投、屏東、嘉縣也瀕臨潰堤」。雖然地方政府帳面上的整體負債僅為1兆1,998億元，但除此之外尚有公教人員退休金、積欠勞健保，以及向中央政府及其他機關的借款，使整體潛藏性負債高達4兆9,684億元。兩者相加總之後，地方政府實質上的債務負擔超過6兆餘元（彭杏珠，2015）。

　　就體制上而言，我國中央與地方財政收支劃分，主要依據《財政收支劃分法》及《中央統籌分配稅款分配辦法》等來進行租稅的劃分與分配，並依《中央對直轄市及縣（市）政府補助辦法》，透過一般性補助及計畫型補助，來平衡各區域的貧富差距與推動經濟發展。至於當不同層級政府必須進行舉債等財政調整，有關政府借貸的額度、公債發行等，則是透過《公共債務法》來加以規範。

　　依據《公共債務法》第5條規定，各級政府債限如下：

一、一年以上公共債務：

（一）總債限：中央政府、直轄市、縣（市）及鄉（鎮、市）所舉借之一年以上公共債務未償餘額預算數占前三年度名目GDP平均數比率，分別不得超過40.6%、7.65%、1.63%及0.12%。

（二）個別債限：直轄市個別債限每年度由財政部設算公告[1]；縣（市）及鄉（鎮、市）所舉借之一年以上公共債務未償餘額預算數占各該政府總預算及特別預算歲出總額之比率，各不得超過50%及25%

二、未滿一年公共債務：中央及各地方政府未滿一年公共債務未償餘額占總預算及特別預算歲出總額比率，分別不得超過15%及30%。

　　一直以來，我國直轄市政府的財務狀況都是明顯優於其他縣市政府。除了人口較多、經濟活動暢旺、創稅能力相對優異之外，制度上直轄市政府長期擁有較多的統籌分配稅款，也享受著較高的舉債上限，可以有較優異的財政彈性。此一狀況在僅有北、高兩直轄市的時候尤其明顯。這也是許多縣市政府都希望升格直轄市的主要原因之一。

---

[1] 2022年各直轄市債限比率分別為，臺北市：2.40422%、高雄市：1.71409%、新北市：1.04955%、臺中市：0.91171%、臺南市：0.76068%、桃園市：0.80975%。

　　在目前的六都體制之下，事實上我國絕大多數地方政府的人口均已成為直轄市的市民。六個直轄市的轄區雖然僅占全國30%的土地面積，但其轄區內卻有著全國大約70%的人口。由於六都無論在政治、經濟、社會結構上，都占有絕對的優勢，在財政上也都是相對穩健的。此外，就《公共債務法》的債務限額而言，六都整體舉借之一年以上公共債務未償餘額預算數可以占前三年度名目GDP平均數比率的7.65%，其他所有縣市政府的比率僅能是該平均數的1.63%（請參見表7-3）。因此就結構上而言，直轄市以外的其他縣市政府被邊緣化的問題，特別是在財政困窘的議題上，值得多加留意（朱澤民等，2012）。

　　財政問題最為嚴重的苗栗縣，在2015年時就已經因為發不出員工薪水，由縣長徐耀昌向中央尋求援助。在當時同樣出現嚴重債務問題的還有宜蘭縣。

表7-3　各級政府債務負擔表：債務比率（截至2021年止）

政府別	一年以上非自償債務餘額				未滿一年債務餘額	
	占歲出比率	法定比率	占前三年度名目國內生產毛額平均數比率	法定比率	占歲出比率	法定比率
合計	-	-	**34.43%**	**50.00%**	-	-
中央政府	-	-	30.01%	40.60%	4.17%	15.00%
地方政府	-	-	4.42%	9.40%	6.71%	30.00%
直轄市	-	-	3.69%	7.65%	5.47%	30.00%
臺北市	-	-	0.84%	2.42%	0.00%	30.00%
高雄市	-	-	1.31%	1.76%	0.00%	30.00%
新北市	-	-	0.55%	1.03%	15.61%	30.00%
臺中市	-	-	0.56%	0.88%	6.92%	30.00%
臺南市	-	-	0.28%	0.76%	2.27%	30.00%
桃園市	-	-	0.16%	0.79%	6.53%	30.00%
縣市	26.22%	50.00%	0.73%	1.63%	10.57%	30.00%
鄉鎮市	0.06%	25.00%	0.00%	0.12%	0.11%	30.00%

資料來源：財政部國庫署網站。

兩者的未償債務占總預算與特別預算總額的比重分別為67.7%（苗栗）以及63.9%（宜蘭），均大幅超出《公共債務法》50%的規定（齊瑞甄，2015）。所幸，近幾年在財政部的嚴格監督以及地方首長積極償債之下，各地方政府的債務狀況都獲得改善。宜蘭縣目前一年期以上非自償性債務餘額已經降至40.13%，符合《公共債務法》50%的規定；其未滿一年債務餘額占歲出比率32.71%仍然超出30%的規定。而目前全國縣市政府債務情況最為嚴重的仍舊是苗栗縣，其一年期以上跟一年期以下的未償債務餘額占歲出的比率，分別為59.22%跟61.30%（請參見表7-4）。

表7-4　縣（市）政府債務負擔表：債務比率（截至2021年止）

政府別	一年以上非自償債務餘額		未滿一年債務餘額	
	占歲出比率	法定比率	占歲出比率	法定比率
合計	**26.22%**	**50.00%**	**10.57%**	**30.00%**
宜蘭縣**	40.13%	50.00%	32.71%	30.00%
新竹縣	20.40%	50.00%	6.59%	30.00%
苗栗縣*	59.22%	50.00%	61.30%	30.00%
彰化縣	25.39%	50.00%	13.01%	30.00%
南投縣	28.82%	50.00%	0.00%	30.00%
雲林縣	31.37%	50.00%	5.91%	30.00%
嘉義縣	26.58%	50.00%	7.93%	30.00%
屏東縣	27.16%	50.00%	0.00%	30.00%
臺東縣	11.75%	50.00%	2.10%	30.00%
花蓮縣	26.57%	50.00%	14.22%	30.00%
澎湖縣	6.85%	50.00%	8.93%	30.00%
基隆市	28.92%	50.00%	0.00%	30.00%
新竹市	26.82%	50.00%	9.10%	30.00%
嘉義市	0.00%	50.00%	0.00%	30.00%
金門縣	0.00%	50.00%	0.00%	30.00%

表7-4　縣（市）政府債務負擔表：債務比率（截至2021年止）（續）

政府別	一年以上非自償債務餘額		未滿一年債務餘額	
	占歲出比率	法定比率	占歲出比率	法定比率
連江縣	0.00%	50.00%	0.00%	30.00%

資料來源：財政部國庫署網站。

註：1. 苗栗縣2021年債務比率均仍高於債限。

　　2. 宜蘭縣2021年債務比率均已低於債限，惟考量其提報經行政院核定償債計畫之償債期程至2027年，爰仍列超強度管理。

肆、地方財政問題的成因

一、臺灣省政府虛級化的影響

　　地方政府體制與行政區域的重新劃分對地方財政有著關鍵性的影響。相反地，財政上的考量也一直是牽動我國中央與地方政府體制變遷的重要因素。2010年之所有會有這麼多的縣市政府爭取升格，除了考慮地方首長的聲望與支持度的提升之外，另一個重要的決策因素便是地方政府普遍認為只要升格直轄市，就可以在財政收支劃分，特別是統籌分配稅款的分配上，取得絕對的優勢，讓地方財政獲得明顯改善。

　　除了六都升格之外，對於我國地方政府體制影響最大的變革，莫過於1999年的臺灣省政府功能業務與組織精簡過程。雖然對於精省的討論大多聚焦於當時所發生的省政府與中央政府之間的政治鬥爭，但不可否認，精省對於我國政府的行政組織變革與財政運作也產生了極大的影響。其中，對我國地方財政結構影響最大的是精省之後，對於原來省政府財源的重新調整。

　　精省之前，依據當時《財政收支劃分法》的規定，營業稅為省及直轄市稅。在省應以其總收入50%由省統籌分配所屬之縣（市）（局）；在直轄市應以其總收入50%由中央統籌分配省及直轄市。在1999年省府虛級化之後，透過《財政收支劃分法》的修訂，營業稅改為國稅，扣除統一發票獎金之後，其中

40%由中央統籌分配直轄市、縣（市）、鄉（鎮、市）。換言之，營業稅其餘的60%在精省後成為中央政府的財源，不再為地方政府所有。

在精省規劃的過程中，當時賦稅改革專案小組曾建議，將營業稅全部劃入中央統籌分配稅款。但實際修法時，並未完全依循該建議，將營業稅的稅收全部留在地方政府。紀俊臣（2011）認為此一減少的營業稅收入，讓地方稅收大幅縮小，包括臺北市、高雄市兩個直轄市，以及縣（市）、鄉（鎮、市）的自有財源均大量減少，導致「地方財政收支失衡，可說是《財政收支劃分法》修正後的最大負面作用」。

其次，在統籌分配稅款分配比例的部分，財政部為了避免招致地方政府反彈，一直以來針對各項修法或補助比例的調整，都維持著「原財源只增不減」的原則。於是，在當時的《中央統籌分配稅款分配辦法》中，北、高兩市獲得47%，縣（市）分得35%，各鄉（鎮、市）僅分得12%。由於北、高兩市原本財務就相對健全，卻取得了絕大多數的分配稅款，導致北、高以外的地方政府極度不滿。最終是行政院同意將剩餘的6%特別統籌分配稅款，在財劃法中明訂為緊急需辦事項的款項，分配給各縣市，始平息各界不平。此後，爭奪統籌分配稅款的戲碼幾乎年年上演。也讓各縣市政府誤以為，只要升格成直轄市就可以解決其財政上的諸多問題。

在支出面的部分，精省後，雖然有部分業務看似歸中央政府負責，減少了地方政府的負擔，但中央實則又將之下放，委託縣市政府執行，但卻沒有同時將經費全額轉移給縣市政府，使得地方政府的財政更為艱困。還有部分省屬基金（如公共造產基金），原來設置的功能是為了地方政府的運作。但是在精省之後，中央政府取得這些基金的所有權，卻沒有將之運用在原本所規劃的功能，導致地方政府在進行相關施政時，還需重新尋找財源。

最後，《臺灣省政府功能業務與組織調整暫行條例》規定，原屬臺灣省政府的舉債額度比例，在精省之後由中央政府取得。由於過去臺灣省政府的舉債大部分都是投注在地方事務，省政府的舉債可以作為彈性調劑地方財政的工具。但省政府虛級化之後，中央政府的舉債主要均投入中央政事，讓地方彈性調控的資金來源變少，亦是對於地方財政相對不利的（張育哲，2013）。

二、地方政府開闢自主財源不力

面對財源不足的窘境，地方政府有相當比例的施政經費必須仰賴中央補助，也因此《財政收支劃分法》規範之統籌款分配稅款常成為地方政府與中央爭辯與抗議的焦點。然而，時時仰仗中央的財務支援並無法提供穩定的財源，因此制定《地方稅法通則》讓地方政府在開闢自主稅源有所依據，並同時提高地方財政自我負責的能力，便成為許多財政相關學者認為要健全我國地方政府財政的重要工作。

《地方稅法通則》頒布施行後，地方政府獲得開徵特別稅、臨時稅、附加稅與調整地方稅率之權限。《地方稅法通則》自2002年通過之後，已有桃園縣、苗栗縣、高雄縣、花蓮縣、南投縣、臺中縣等縣級政府開始課徵數種特別稅或臨時稅。並且，鄉鎮市層級政府亦有臺北縣的土城、淡水、五股以及鶯歌等地課徵建築工地臨時稅（張育哲，2011）。

可惜的是，在目前臺灣選舉掛帥的大環境下，即使透過立法讓地方政府取得調整地方稅稅率或課徵國稅附加稅的法源基礎，地方首長依然自縛手腳，不敢真正針對擁有選票的一般民眾來增加租稅。就目前各地方政府依據《地方稅法通則》授權所課徵的稅目看來，如土石稅、景觀維護稅、建築工地稅等，其課稅的對象均為廠商，且採用的都是臨時稅或特別稅等具有課徵年限，期滿需重新辦理者。

這些目前課徵的租稅由於稅基太小，無法真正有效解決地方財政困窘的問題。其次，因為具有課徵年限，期滿要重新辦理時很容易因為利益團體的反對，在期滿之後無法在地方立法機關通過展延。一個明顯的例子就是原來臺北縣幾個鄉鎮市政府所發起的建築工地稅。雖然具有行政成本低廉、符合外部成本內部化原則、財源穩定等優點，臺北縣《淡水鎮建築工地臨時稅自治條例》在臨時稅兩年期滿之後，在建商的反對下，無法在地方代表會獲得展延。此外，升格為新北市之後，原臺北縣的鄉鎮市公所均改制為區公所，成為不具法人身分的新北市派出機關。除了淡水之外，土城、五股與鶯歌所有的建築工地稅在其臨時稅課徵期滿之後也都無法持續課徵。

事實上，除了特別稅與臨時稅之外，《地方稅法通則》還賦予地方政府

調升地方稅稅率與課徵附加稅的權力。《地方稅法通則》第4條第1項規定：「直轄市政府、縣（市）政府為辦理自治事項，充裕財源，除印花稅、土地增值稅外，得就其地方稅原規定稅率（額）上限，於百分之三十範圍內，予以調高……。」地方稅原本就是地方政府最主要的財源，如果地方政府能夠就房屋稅、地價稅等調高稅率，必定可以對地方財源的增長達到立竿見影的效果。

此外，《地方稅法通則》第5條第1項規定：「直轄市政府、縣（市）政府為辦理自治事項，充裕財源，除關稅、貨物稅及加值型營業稅外，得就現有國稅中附加徵收。但其徵收率不得超過原規定稅率百分之三十。」針對國稅同時由地方政府附加徵收的做法，其實其他國家採行已久。以美國為例，州與地方政府可以針對民眾繳交的聯邦個人所得稅，再附加課徵一定比例的地方個人所得稅。由於民眾繳交聯邦個人所得稅時已經算出其稅額，因此只需再乘上一個百分比，即可算出其地方個人所得稅要繳交的金額，順服成本（compliance cost）非常低廉。又由於其稅基相當龐大，若妥為運用可以為地方增加不少財源。

比較困難的是，地方首長必須面對選舉的壓力，選票的考量讓我國地方政府在運用《地方稅法通則》時，受到諸多束縛。再加上近期國際油價、原物料價格高漲的高通貨膨脹環境，導致民眾實質可支配所得下降。在各種條件皆不利加稅的氛圍中，地方政府如何克服所遭遇到之困境，讓民眾支持開徵新稅捐，確實是很大的挑戰。

三、中央請客，地方買單

所謂「中央請客，地方買單」，係指中央政府透過立法、修法、制定政策或者直接要求等方式，在地方政府未能參與或並不同意的狀況下進行作為，導致地方的收入減少或支出增加，讓地方財政面臨更大的壓力。

在收入面減損的部分，包括營業稅改為國稅之前對於金融業的減免，以及陳水扁總統的土地增值稅減半徵收政策等，都是眾人所熟知的例子。此外，房屋稅、殘障牌照稅、菸酒公賣稅等稅收的減免也都明顯影響地方稅收。再如花蓮空軍基地噪音擾民的問題，為解決民怨，財政部同意機場周圍的新城、花蓮、吉安及秀林等四鄉鎮市某一區域內的居民減免地價稅及房屋稅。空軍軍機

的噪音問題是中央政府製造的問題，但為了安撫民眾，卻是要地方政府減免地方稅，這便是明顯「中央請客，地方買單」的例子（張育哲，2006）。

　　至於在「中央請客，地方買單」導致支出增加方面，老人津貼提高、教師及撫卹補貼、殘障、中低收入戶補助津貼等措施，都對於地方政府的公共支出造成了極大的壓力。近來因應少子化現象所提出的「擴大托育公共化政策」，也讓地方托幼預算大幅增加（林上祚，2018）。另外，2020年行政院院長蘇貞昌宣布，全國國中、國小全面安裝冷氣，但中央只部分買單，縣市政府也被要求付費；以臺南市政府為例，其還要拿出12%、約2億配合款（林悅，2020）。類似的例子層出不窮，無論是藍營或綠營執政時皆然，讓地方財政失去其應有的穩定性與可預期性。

　　「中央請客，地方買單」的做法影響地方財政健全甚鉅，地方官員普遍認為中央在進行上述作為時，必須提供相對應財源才是一個合理的做法。我國對於中央立法、決策造成地方財政負擔加劇的現象其實有一些規範。例如，《財政收支劃分法》第38條之1規定：「各級政府、立法機關制（訂）定或修正法律或自治法規，有減少收入者，應同時籌妥替代財源；需增加財政負擔者，應事先籌妥經費或於立法時明文規定相對收入來源。」此外，許多年度的「中央政府及地方政府預算籌編原則」都規定「中央及地方政府制（訂）定或修正法律、法規或自治法規……，如有減少收入者，應同時籌妥替代財源；其需增加財政負擔者，並應事先籌妥經費或於立法時明文規定相對收入來源及各級政府經費分擔比例」[2]。可惜的是，這些法條與行政規則在現實上完全未獲落實。

伍、結語與政策建議

　　在過去臺灣僅有北、高兩直轄市的時期，許多縣市政府都認為升格為直轄市是改善其財政狀況的特效藥。但目前臺灣已經有六都，全國約70%的人口都是直轄市市民了。很明顯地，升格直轄市並非解決地方財政問題有效的方法。

---

[2]　參見《111年度中央及地方政府預算籌編原則》第2點第（四）項。

從制度改革的角度觀之，目前對地方財政而言最重要的事情，應該是要儘速通過《財政收支劃分法》的修正案。從1999年至今，《財政收支劃分法》已經歷經二十餘年未曾修訂。其間，行政院曾多次將「財政收支劃分法修正草案」函送立法院審議，但一直未能修正通過。雖然相關修正細節仍有部分爭議，但整體修法方向確實是在財政收支劃分的方向上，讓地方政府獲得更多的財源。

增加地方自有財源，讓地方政府的運作無須時時仰賴中央的協助，是學界公認長期而言健全地方財政必然要走的道路。雖然面臨選舉壓力、納稅義務人的反彈，但是自2002年《地方稅法通則》通過以來，仍然有部分縣市、甚至鄉鎮市政府成功開徵地方稅。雖然整體稅源開發創稅的金額仍相當有限，但畢竟是一個好的開始。未來各地方政府必須持續開發新稅源，甚至透過房屋稅、土地稅等財產稅稅率的調升，乃至於開徵國稅的附加稅，方能使地方擁有穩定且足夠的稅基，才能從根本提高地方財源的自主性，健全地方財政

本文就中央與地方財政收支劃分的角度，透過歷史與制度的檢視來探討我國地方政府的財政問題。但地方財政的問題並不僅限於中央與地方之間的財政關係。地方政府本身的施政與決策，也對其財政狀況健全與否扮演關鍵的角色。例如，蚊子館的問題，地方議會的預算審核是否嚴謹，人事費與社會福利支出的大幅膨脹等，都是地方政府本身必須關注的問題。限於篇幅，本文並未觸及上述議題，但這些問題的解決對地方財政而言，亦都是至關緊要的。

參考文獻

一、中文部分

朱澤民、李顯峰、黃明聖、黃耀輝（2012）。**日益邊緣化的縣（市）地方財政**〔論文發表〕。台灣地方民代公益論壇。

林上祚（2018）。中央請客地方買單？幼托預算暴增300億，地方政府預算11億增到45億。**風傳媒**。https://www.storm.mg/article/438231

林悅（2020）。學校裝冷氣中央請客地方部分買單？ 台南藍軍要求中央全額買單。**ETToday新聞雲**。https://www.ettoday.net/news/20200708/1755668.htm

紀俊臣（2011）。地方公共債務與財政收支劃分二法制修正之評析。載於**直轄市政策治**

理：台灣直轄市的新生與成長。中國地方自治學會。

張育哲（2006）。無財源提供強制責任在財政聯邦主義之角色——兼論「無財源提供強制責任改革法」的內容與執行成效。公共事務評論，7（2），89-114。

張育哲（2011）。地方政府課徵建築工地稅決策與影響之研究——以台北縣四個鄉鎮市為例。中國地方自治，64（5），23-35。

張育哲（2013）。台灣省政府組織精簡過程財政相關爭議折衝的歷史分析〔論文發表〕。財團法人臺灣民主基金會「地方治理之趨勢與挑戰」學術研討會，7月5日。

彭杏珠（2015）。22縣市債務總體檢。遠見雜誌，9月號，72-125。

齊瑞甄（2015）。地方財務危機！苗栗、宜蘭舉債破表、7縣市列警戒。風傳媒。
https://www.storm.mg/article/57453

二、外文部分

Tiebout, C. (1956). A Pure Theory of Local Public Expenditure. *Journal of Political Economy*, *64*, 416-424.

第8章

直轄市財政指標分析

郭昱瑩

　　2010年中華民國五都改制或五都升格，為中華民國政府調整其行政區劃，將原臺灣省轄部分縣市改制、合併改制或與原有直轄市改制為新直轄市的措施；於2010年12月25日實施。這也是臺灣在1950年設置五市16縣後，首次大規模的行政區劃調整。臺北縣升格改制為新北市，臺中縣市合併改制為臺中市，臺南縣市合併改制為臺南市，高雄縣市合併改制為高雄市。而桃園縣於2012年再次申請改制，並獲審查通過。直轄市改制已屆十年，2020年底報載六都負債如表8-1，六都財政指標表現究係如何？負債是否嚴重？實有待評估。首先，本文將討論學理上有關財政分權與集權的觀點；其次，將就六都改制後的財政指標加以剖析，並論述實務上的問題；最後，嘗試對六都治理提供政策建議。

表8-1　六都負債表

縣市	公共債務	較上年度增減	人均負債
高雄市	2,477億元	0	8.9萬元
新北市	1,434億元	+63億元	3.6萬元
臺中市	1,028億元	-289億元	3.6萬元
臺北市	898億元	-839億元	3.4萬元
臺南市	588億元	-17億元	3.1萬元
桃園市	490億元	+48億元	2.2萬元

資料來源：**聯合報**，2020年10月3日。

壹、學理上的觀點：財政集權與分權

　　本文從財政集權與分權角度切入，Oates（1972）認為，由於中央政府統籌所有資訊的能力有限，要在各地方提供一致性的公共服務相對困難，地方政府可在服務民眾時關注民眾需求的在地性。然而，地方政府面對公共支出的增加，由於財政幻覺（fiscal illusion），當人民在享受公共財時，會忽略公共財的真實成本；由於人民無法清楚知道政府的收支情形，以至於民眾會產生高估政府收入，且低估政策支出的結果，進而對政府財政產生壓力。不過，Besley與Coate（2003）認為中央與地方的分權不限於提供公共服務，政府間的分權制度會因地方立法機關選舉時產生之利益衝突，影響政府的公共支出與分配，反而產生公共資源的不確定性與分配不當。

　　從我國政府體制觀察，依我國《憲法》規定，直轄市與縣（市）之間具有根本性的差異，直轄市與省同級，而縣（市）則於省轄下施行自治。目前中央與地方財源的劃分可以依據《財政收支劃分法》，按我國財政體系中央、直轄市、縣（市）以及鄉（鎮、市）四個層級，職掌自身自治範圍與事項，以使政府在進行決策與分配財務上有更高的自主性。財政分權下應加強財政自主（fiscal autonomy）的原則，並提高地方政府自身的財政收入。方凱弘（2006）認為中央與地方的財政制度上，應考量到相關利害關係人的主張、互動過程以及權利關係，以尋求政策共識，達成有效的財政改革。

　　徐仁輝（2015）提出六都財政困境的因素，首先，財源的垂直與水平分配不均，依據《財政收支劃分法》的規定，國稅包含所得稅、遺產及贈與稅、關稅、營業稅、貨物稅、菸酒稅、證券交易稅、期貨交易稅、礦區稅。而直轄市及縣（市）稅則有：一、土地稅，包括下列各稅：（一）地價稅、（二）田賦、（三）土地增值稅；二、房屋稅；三、使用牌照稅；四、契稅；五、印花稅；六、娛樂稅；七、特別稅課（§8、§12）。垂直層級下，中央的稅課收入占總稅收的七成，產生財源垂直分布不均的現象；水平層面而言，各層級在中央統籌分配稅款的分配下，所占之比例為直轄市61.76%、縣市為24%、而鄉鎮市為8.24%，統籌分配稅款的分配方式造成政府財源水平分配不均。

　　其次，中央補助款的問題，中央為謀全國之經濟平衡發展，得酌予補助地方政府。但以下列事項為限：一、計畫效益涵蓋面廣，且具整體性之計畫項目。二、跨越直轄市、縣（市）或二以上縣（市）之建設計畫。三、具有示範性作用之重大建設計畫。四、因應中央重大政策或建設，需由地方政府配合辦理之事項。前項各款補助之辦法，由行政院另定之（財政收支劃分法§30）。

　　中央對地方的補助方式可分為一般性補助款以及計畫型補助款，一般性補助款係各級地方自治團體在每年編製預算前，由行政院核定之，補助項目包含地方政府相關之教育及社會福利經費；而計畫型補助款則是由各地方政府提出相關計畫，經中央主管機關核定補助之。雖然補助收入只占地方政府收入約二成，因地方政府常過於依賴中央的補助款，導致地方財政收支嚴重不平衡，進而增加政府的累積債務餘額。

　　第三，公共債務的問題，按我國《公共債務法》的規定，各級政府有其舉債上限。而在不同的政府層級之下，亦有不同之上限比例，分別為中央40.6%、直轄市政府7.65%、縣市政府1.63%、以及鄉鎮市政府0.12%（§5），然而因政府舉債速度過快，各級地方政府已快要超出《公共債務法》的法定上限，地方政府面臨龐大財政壓力。姚名鴻、林倩如（2014）由迴歸分析也發現統籌分配稅款與地方政府財政努力呈現負向關係，亦即我國地方政府過度仰賴統籌分配稅款的補助，而怠忽開闢自身自籌財源的動機。我國補助款之主要目的係為求各地經濟平衡發展，由中央將其自身財源移轉予直轄市及縣（市），即該等財源並非由各地方人民直接負擔，卻能直接享受該等補助款支出的利益；近年針對我國地方政府的實證研究，發現我國中央對地方政府的補助款及統籌分配稅款，均有顯著的捕蠅紙效果（莊朝欽，2011；姚名鴻，2017），即地方政府在接受中央補助款後，並不會減輕財政負擔，而會持續擴張公共支出。再者，地方的府會關係亦影響地方支出的擴張，特別是在一致政府的期間（姚名鴻，2017）。

　　二代財政聯邦主義（second generation fiscal federalism）以賽局理論（game theory）觀之，地方政府認為當自身財政嚴重惡化時，中央勢必會提供援助，而且縱使中央政府事先言明不會協助，地方仍覺得中央不可能不伸援手，而繼續不遵守財政紀律。以公共選擇理論（public choice theory）闡述，

由該地方出身的民意代表會提供自身選區的服務與利益，然機關首長或民意代表於處理預算等政務上，未必基於公共利益，而是會將地方偏好以及選舉政治等考量納入；中央政府對於地方的補助也經常是競租的結果（Oates, 2008；徐仁輝，2011；徐仁輝，2014）。由於我國地方政府長期以來自籌財源普遍偏低，財政自主性不足，對此，許多學者期望建立財政努力（fiscal effort）的機制，激勵與督促地方政府籌措自有財源，地方政府就其轄區內擁有的資源開闢財源，提升地方財政收入，並落實地方財政獨立與自主性（朱澤民等，2013）。

貳、實務上的問題

為探討直轄市財政指標的表現，本文蒐集中華民國統計資訊網的直轄市財政指標，分析比較六都2011年至2020年的自籌財源比率、補助及協助收入依存度與融資性收入之依存度等財政表現。

一、六都資本支出比率

首先，前瞻八年8,400億元預算上限，中央政府編列特別預算，地方政府配合自籌建設經費，考量縣市首長為了選舉或連任，尤其是攸關選票的交通建設更是不得跳票，因此即使財政困窘，也要進行公共建設，然而，債上加債，財政負擔可能日益嚴重。表8-2為2011年至2020年資本支出比率，六都均幾乎約占二成左右，近年占比較高者為桃園市、臺南市與新北市。

表8-2　2011年至2020年資本支出比率

	2011	2012	2013	2014	2015	2016	2017	2018	2019	2020
新北市	20.76%	19.12%	23.32%	25.03%	22.65%	24.40%	19.54%	22.29%	20.37%	23.18%
臺北市	18.07%	15.48%	13.61%	12.85%	16.63%	15.95%	16.44%	17.78%	18.01%	18.58%

表8-2　2011年至2020年資本支出比率（續）

	2011	2012	2013	2014	2015	2016	2017	2018	2019	2020
桃園市	18.47%	14.88%	19.48%	22.83%	23.27%	23.07%	25.86%	25.37%	26.60%	24.65%
臺中市	17.61%	17.86%	20.11%	21.42%	21.25%	25.41%	21.65%	19.04%	16.12%	17.87%
臺南市	16.39%	18.16%	26.13%	19.75%	17.79%	18.82%	20.19%	20.54%	24.80%	23.60%
高雄市	19.06%	16.19%	15.79%	14.78%	14.88%	14.89%	15.97%	15.61%	16.05%	20.07%

資料來源：行政院主計總處。2022年6月23日檢索，取自https://www.dgbas.gov.tw/lp.asp?ctNode=4971&CtUnit=756&BaseDSD=7&mp=1

二、六都一年以上公共債務

　　表8-3為六都一年以上公共債務未償餘額預算數，占總預算及特別預算歲出總額之比率，近年占比較高者為高雄市，超過七成，其次為臺中市，超過六成，新北市亦超過五成五，接近六成。

表8-3　2010年至2019年一年以上債務

	2010	2011	2012	2013	2014	2015	2016	2017	2018	2019
新北市	99.73%	53.34%	55.11%	64.19%	48.61%	58.03%	64.22%	60.29%	58.03%	56.98%
臺北市	31.67%	41.00%	43.41%	44.46%	56.42%	50.49%	50.63%	45.39%	41.33%	39.15%
桃園市	86.95%	83.83%	81.55%	73.20%	23.18%	17.06%	17.27%	14.74%	18.01%	20.69%
臺中市	75.10%	74.46%	81.03%	86.07%	50.70%	54.51%	58.58%	59.71%	67.11%	68.57%

表8-3　2010年至2019年一年以上債務（續）

	2010	2011	2012	2013	2014	2015	2016	2017	2018	2019
臺南市	96.86%	94.97%	99.19%	99.88%	49.42%	51.35%	47.83%	45.44%	42.56%	40.27%
高雄市	67.05%	78.54%	82.60%	83.54%	81.20%	81.36%	80.75%	77.86%	76.70%	75.98%

資料來源：財政部國庫署網站。2022年6月23日檢索，取自https://www.nta.gov.tw/singlehtml/1618?cntId=nta_755_1618

註：1. 2014年後直轄市一年以上公共債務未償餘額上限比率，由財政部逐年公告之。縣、市所舉借之一年以上公共債務未償餘額預算數，占總預算及特別預算歲出總額之比率，不得超過50%

2. 2013年以前臺北市及高雄市一年以上公共債務未償餘額上限比率分別為3.6%及1.8%。其餘直轄市及縣（市）一年以上公共債務未償餘額占前三年度名目國民所得毛額（GNI）平均數比率，不得超過45%。

三、六都補助收入依存度

圖8-1為六都2011年至2020年補助收入依存度，其計算公式為：（上級政府的補助收入／歲出）×100%，可看出近年依賴中央政府補助收入最高者為臺南市，高雄市與臺中市次之，圖8-2以2020年觀之，臺南市為39.28%，高雄市28.04%，臺中市25.31%，桃園市23.69%，新北市22.03%，最低的是臺北市9.48%。

四、六都融資性收入依存度

圖8-3為六都2011年至2020年融資性收入依存度，其計算公式為：（融資性收入／歲出）×100%，而融資性收入為直轄市債務之舉借及移用以前年度歲計賸餘，可看出近年依賴債務之舉借及移用以前年度歲計賸餘最高者為臺中市，新北市次之，桃園市與臺南市再次之，然以圖8-4之2020年數據來看，新北市為61.34%，臺中市為58.41%，桃園市40.19%，臺南市24.40%，高雄市5.08%，臺北市表現最好，沒有債務之舉借或移用以前年度歲計賸餘。

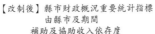

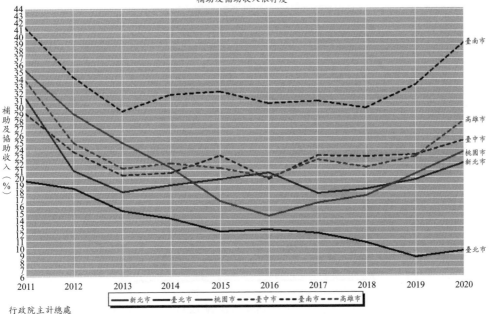

圖8-1　2011年至2020年六都補助收入依存度

資料來源：中華民國統計資訊網。2022年6月23日檢索，取自https://statdb.dgbas.gov.tw/
pxweb/Dialog/Saveshow.asp

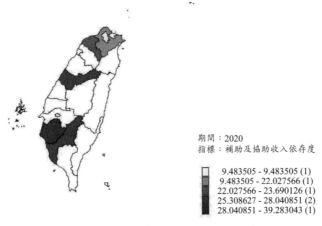

圖8-2　2020年六都補助收入依存度

資料來源：中華民國統計資訊網。2022年6月23日檢索，取自https://statdb.dgbas.gov.tw/
pxweb/Dialog/Saveshow.asp

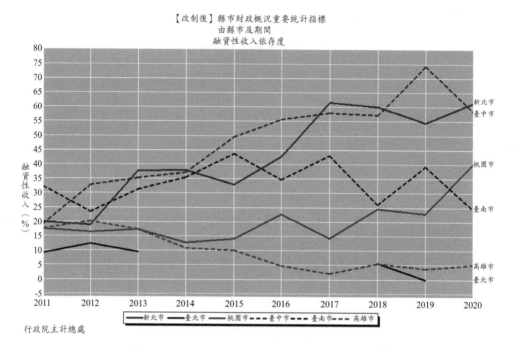

圖8-3 2011年至2020年六都融資性收入依存度

資料來源：中華民國統計資訊網。2022年6月23日檢索，取自https://statdb.dgbas.gov.tw/
pxweb/Dialog/Saveshow.asp

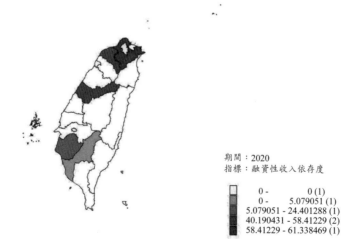

圖8-4 2020年六都融資性收入依存度

資料來源：中華民國統計資訊網。2022年6月23日檢索，取自https://statdb.dgbas.gov.tw/
pxweb/Dialog/Saveshow.asp

五、六都自籌財源比率

　　圖8-5為六都2011年至2020年自籌財源比率，自籌財源定義為：指補助及協助收入、統籌分配稅收入以外之一切收入，但不包括債務之舉借及移用以前年度歲計賸餘，自籌財源比率公式為：〔（歲入－補助收入－統籌分配稅收入）／歲入〕×100%，整體而言，臺北市最高，新北市居次，桃園市第三，臺南市最低，圖8-6就2020年的表現觀之，臺北市66.88%，新北市58.21%，桃園市56.62%，臺中市54.61%，高雄市47.67%，臺南市39.58%。

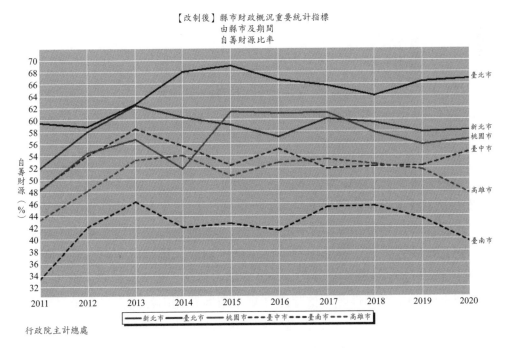

圖8-5　2011年至2020年六都自籌財源比率

資料來源：中華民國統計資訊網。2022年6月23日檢索，取自https://statdb.dgbas.gov.tw/pxweb/Dialog/Saveshow.asp

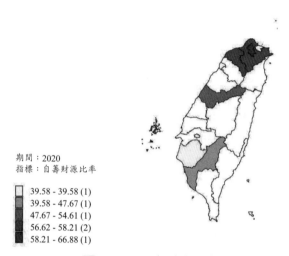

期間：2020
指標：自籌財源比率

39.58 - 39.58 (1)
39.58 - 47.67 (1)
47.67 - 54.61 (1)
56.62 - 58.21 (2)
58.21 - 66.88 (1)

圖8-6　2020年六都自籌財源比率

資料來源：中華民國統計資訊網。2022年6月23日檢索，取自https://statdb.dgbas.gov.tw/pxweb/Dialog/Saveshow.asp

　　綜合上述各項財政指標，第一，六都資本支出比率均幾乎約占二成左右，桃園市近年資本支出比率最高。第二，六都一年以上公共債務未償餘額預算數，占總預算及特別預算歲出總額之比率，高雄市超過七成，臺中市超過六成，新北市接近六成，臺北市與臺南市接近四成，桃園市大約二成。第三，六都2011年至2020年補助收入依存度為臺南市最高，臺北市最低。第四，六都2011年至2020年融資性收入依存度為臺中市與新北市較高，臺北市最低。第五，六都2011年至2020年自籌財源比率最高者為臺北市，接近七成，臺南市最低，大約四成。整體而言，臺北市補助收入與融資性收入依存度最低，自籌財源比率最高，新北市與臺中市融資性收入依存度高，桃園市與臺南市資本支出比率高，高雄市一年以上公共債務未償餘額預算數，占總預算及特別預算歲出總額之比率最高。

參、治理上的政策建議

　　六都改制至今超過十年，檢視直轄市財政指標表現於我國地方制度發展有其意義，固然財政議題的改善方式不外乎開源與節流，然而中央地方財政劃分與財政集權或分權程度息息相關，也具高度政治性，民選首長為展現政績，大興土木，衍生蚊子館，另政治人物為贏取選票，政策買票、端牛肉或選票互助情形也時有所聞，選舉與黨派利益糾結，往往使財政負擔雪上加霜；正本清源，同時減少民眾財政幻覺，財政資訊淺白、透明，公開審議，可促使財政問題愈辯愈明，就開源與節流做法凝聚共識。

　　本文就上述直轄市財政指標表現提供治理上的政策建議：

一、六都提高自籌財源比率

　　我國地方政府過度仰賴統籌分配稅款與補助款，補助收入依存度高，自籌財源比率偏低，考量財政分權下應加強財政自主的原則，並提高地方政府自身的財政收入（方凱弘，2006；姚明鴻，2017），直轄市宜努力開源，積極並適切規劃地方產業發展，藉此帶動地方產業經濟，地方創生、體驗觀光、城市行銷等似乎皆是可努力的方向，財政努力以增闢政府自身的收入來源；同時，勇於節流，首長與民意代表於預算編製與審議過程，減少不當政策支票，藉由預算控制的方式，減少不必要之支出；致力於財政收支平衡，以強化地方財政的永續性。

二、六都審慎規劃資本支出

　　六都資本支出比率約占二成，桃園市與臺南市屬新興直轄市，資本支出比率略高，透過資本建設可能能帶動政府經濟發展，資本支出舉債也透過資本建設營運自償，甚至可提升政府償債能力，不過受到選舉政治的影響，為滿足地方民意需求，地方首長或民意代表可能提案興建許多公共建設，又為兌現政策支票，可能過度使用政府財政資源，加上資本支出迭有工程延宕或公共空間閒置的情事產生，浪費資源，為興利除弊，讓政府財政有效運用，審慎規劃資本

支出尤為重要。

三、六都調控一年以上公共債務未償餘額

六都一年以上公共債務未償餘額預算數，占總預算及特別預算歲出總額之比率，近年高雄市超過七成，其次為臺中市，超過六成，新北市亦超過五成五，接近六成，臺南市與臺北市大約四成，桃園市近年降至二成，不過桃園市2010年至2013年大約八成，鑑於我國《公共債務法》已明定各級政府可舉債的上限，為避免債留子孫，也為求財政健全永續，調控一年以上公共債務未償餘額，維持財政紀律有其必要。

四、中央政府再評估統籌分配稅款與補助款

有關《地方制度法》直轄市財政自治事項討論，以及《財政收支劃分法》有關「統籌分配款規模不足支應地方財政需求」、「一般補助款的設計不利於地方財政自主」與「各地方對於統籌分配公式無共識」（今周刊，2020）等意見時有所聞，徐仁輝（2015）提出六都財政困境時，特別指出中央的稅課收入占總稅收的七成，產生財源垂直分布不均；水平層面各層級在中央統籌分配稅款的分配比例為直轄市61.76%、縣市24%、鄉鎮市8.24%，統籌分配稅款的分配方式造成政府財源水平分配不均。再者，雖然補助收入只占地方政府收入約二成，然因地方政府常過於依賴中央的補助款，加上捕蠅紙效果，導致地方財政失衡。此外，民眾黨2020年10月23日「財政獨立，地方平權——財政收支劃分法公聽會」提出，第一，「財務獨立，自主負責」：即擴大統籌分配稅款規模，將營業稅100%與綜所稅的10%由中央統籌分配給地方，營所稅的5%則以地方分成方式分給地方，並將一般性補助款併入統籌分配稅款，以符合地方自治原則。第二，「縣市平權，適性發展」：要求優先弭平基準財政收支的差額，並劃一統籌分配公式，六都與其他縣市分配公式齊一化，也要採用「最有利指標」，將各縣市特色納入統籌分配公式。第三，「地方發展，正確誘因」：現行《財政收支劃分法》傾向各縣市開發土地，易造成國土規劃失衡，民眾黨黨團主張將營利事業所得稅、營業稅權限撥至地方，以作為適當誘因，引導地方政府從土地開發轉向招商投資（今周刊，2020）。

各項提案是否可行尚待進一步評估，不過公聽會上，擴大中央統籌分配款獲得共鳴，除營業稅外，提撥10%綜所稅，連同一般性補助併入統籌分配款，將餅做大，考量一般補助款與統籌分配款功能重疊，合併確有優點。目前統籌分配稅款與政府補助款皆係藉由政府前一年度收支績效與財政努力進行財政分配，為免財政垂直與水平不均，建議中央政府宜持續評估統籌稅款與補助款的分配方式，找出較為合理的補助方案，以期各級地方政府更積極的財政努力，並提升財政紀律，落實地方財政的永續性。

參考文獻

一、中文部分

今周刊（2020）。**民眾黨召開財劃法公聽會 22縣市代表全數出席**。10月29日。https://www.businesstoday.com.tw/article/category/80392/post/202010290029/

方凱弘（2006）。初探地方財政分權化及其在我國之政策意涵。**政策研究學報，6**，51-88。

朱澤民、李顯峰、林恭正（2013）。直轄市及縣（市）地方財政開源與節流措施。**當代財政，28**，30-47。

姚名鴻（2017）。地方支出與財政幻覺之實證分析。**東吳政治學報，35**（1），1-36。

姚名鴻、林倩如（2014）。我國地方財政努力及其影響因素之實證研究。**財稅研究，43**（4），43-71。

徐仁輝（2011）。二代財政聯邦主義帶給我們的啟示──為五都成立後的地方財政建言。**當代財政，9**，29-34。

徐仁輝（2014）。**公共財務管理──公共預算與財務行政**（第六版）。智勝文化。

徐仁輝（2015）。六都後中央與地方財政關係的探討。**財稅研究，44**（2），1-16。

莊朝欽（2011）。**捕蠅紙效果與政治因素之實證研究──以臺灣地方財政為例**〔未出版之碩士論文〕。國立臺北大學公共行政學系。

二、外文部分

Besley, T. & Coate, S. (2003). Centralized Versus Decentralized Provision of Local Public

Goods: A Political Economy Approach. *Journal of Public Economics*, *87*(12), 2611-2637.

Oates, W. E. (1972). *Fiscal Federalism*. Harcourt Brace.

Oates, W. E. (2008). On the Evolution of Fiscal Federalism: Theory and Institutions. *National Tax Journal*, *61*(2), 313-334.

附錄　六都補助收入依存度、融資性收入依存度、自籌財源比率統計

補助收入依存度

	新北市	臺北市	桃園市	臺中市	臺南市	高雄市
2011	31.44	19.58	35.46	29.25	41.54	33.98
2012	21.05	18.45	29.20	23.75	34.42	24.98
2013	17.98	15.26	25.03	20.40	29.51	21.41
2014	18.90	14.17	21.44	20.72	31.87	22.06
2015	19.78	12.33	16.65	23.17	32.29	21.41
2016	20.69	12.59	14.52	19.73	30.59	19.98
2017	17.71	12.08	16.38	23.17	30.97	22.56
2018	18.34	10.68	17.40	23.00	29.98	21.45
2019	19.66	8.59	20.53	23.25	33.27	22.99
2020	22.03	9.48	23.69	25.31	39.28	28.04

融資性收入依存度

	新北市	臺北市	桃園市	臺中市	臺南市	高雄市
2011	19.89	9.03	17.49	19.18	32.15	17.77
2012	18.76	12.27	16.35	32.69	23.41	20.10
2013	37.74	9.51	17.32	35.21	31.25	17.36
2014	37.83	-	12.75	37.06	35.51	10.88
2015	33.01	-	14.12	49.54	43.61	9.97
2016	42.76	-	22.55	55.63	34.60	4.77
2017	61.55	-	14.20	57.97	43.04	2.09
2018	59.93	5.64	24.45	57.16	25.99	5.50
2019	54.56	0.00	22.77	74.08	39.23	3.65
2020	61.34	-	40.19	58.41	24.40	5.08

自籌財源比率

	新北市	臺北市	桃園市	臺中市	臺南市	高雄市
2011	51.88	59.45	48.21	48.37	33.35	43.28
2012	58.01	58.88	54.43	54.01	42.01	48.10
2013	62.47	62.59	56.74	58.46	46.25	53.25
2014	60.45	68.03	51.82	55.66	41.94	53.99
2015	59.11	69.01	61.30	52.35	42.58	50.56
2016	57.13	66.65	61.02	55.11	41.36	52.81
2017	60.13	65.76	61.12	51.76	45.38	53.34
2018	59.53	63.97	57.80	52.15	45.50	52.51
2019	57.90	66.38	55.86	52.27	43.39	51.56
2020	58.21	66.88	56.62	54.61	39.58	47.67

公務人力資源發展在個體與總體層次的衝突與整合：動態能力的觀點

林俞君

壹、前言

　　公共人力資源發展，和所有公共行政相關的領域一樣，雖然在大多數的面向可以和私部門的理論互通，但卻在最關鍵的部分產生差異。人力資源發展理論一直以來以私部門的研究為主，雖然在研究上會區分個人發展與組織發展，但兩者之間的整合卻不是太困難的議題；原因在於，個人與組織是在同一個組織框架之下。所謂個人發展與組織發展的整合，由於談論的是個人所服務的組織之發展，因此這兩個層次之間必定存在利益的交集，要談共榮共存相對容易。政府機關不然。在政府機關的系絡裡談人力資源發展，通常必須清楚地指明究竟談的是個人的職涯發展，或是組織的發展，且這兩者之間經常互相衝突。當個人能夠自由地在各政府機關之間追求自己職涯的利益極大化，通常意味著原本培養他的組織失去了培育多年的人才，造成組織發展的中斷。從職系的角度來思考也有同樣的問題；由於我國公務人員並非被限定在單一職系階梯中爬升，許多公務人員會為了尋求較好的工作環境（什麼是較好的工作環境依個人偏好而定）在不同的職系之間轉調。此舉雖然有利於個別公務人員追尋滿意的職涯，但卻對於職系人才階梯的建立不利。這樣的現象普遍存在我國各級機關之間。學者們認為，這種以個人為主體，機關缺乏策略性人力發展規劃機會與能力的制度環境，將有專業流失的疑慮（王貿等，2019）。

　　然而反過來思考，機關與職系之間的人才交流，雖然背後有專業流失的疑慮，但另一種可能是：跨領域人才的產生、動態能力的養成。個別公務人員在不同的機關、職系之間接受歷練，容易因為不同的經驗累積與刺激，培養出多元、宏觀、創新、跨領域的視野，有助於整體公務人力素質的提升。因此本文

認為，特定專業階梯的中斷，不見得對人才發展是壞事一件；只要滿足特定條件，這些經過多元歷練的公務人員，反而能提升個別公務人員的動態能力，進而有利於組織發展。本文將從動態能力找到一條能夠兼容個別公務人員職涯發展與組織發展的整合路徑。

本文將首先描述一般人力資源發展理論對於個人與組織發展的論述，再介紹目前我國所面臨的個人與組織發展路線衝突，最後嘗試以動態能力找到一條能夠兼容兩者的路。

貳、發展性訓練思維的美好願景

人力資源發展通常包含了個人發展與組織發展。McLagan（1989）所定義的人力資源發展──後來成為學界相關領域的基礎──主要包含三個主要領域：訓練與發展（training and development）、職涯發展（career development），以及組織發展（organizational development）。訓練與發展意指工作場域所需知識與技能的教學，包含了課堂上的講授（classroom training）以及現場的指導（coaching）；職涯發展意指協助員工為未來的工作與責任提前預備好自己的能力；組織發展則是組織為了適應環境變遷所做的各種調整與變革（Werner, 2014）。以上便是人力資源發展最主要的三個面向。

這三個面向是兩個主要路徑的綜合：以個人發展為主的路徑，著重人力資源發展當中的「人」（human）；以組織發展為主的路徑，將人視為「資源」，因此著重人力資源發展中的「資源」（resource）。前者將人員以人的角度對待，認為組織的產出全靠人員的績效表現，因此建構一個能夠協助人員提升績效的組織環境，使人員有動力自發性地有好的產出，才是人力資源發展的重點。以人為本的研究途徑，其研究主題包含人員的自我效能感（self-efficacy）、尊嚴（self esteem）、學習動機（motivation to learn）、期望動機（motivation through expectation）個人發展（personal development）等（Garavan et al., 2004）。這些研究主題重視個人的發展，以及個人如何培養在人才市場中具有價值的能力。在這些研究中，強調的是人員如何透過發展實

現自我的價值，如何開發自己的能力；正如Russ-Eft（2000）所言，人力資源發展的研究，應該將焦點放在如何「開發人」（development of the resources of the humans）而非「開發人力資源」（development of human resources）。以人為主的人力資源發展路徑，對應McLagan（1989）所定義職涯發展面向，以員工的角度出發，談潛能的開發與自我價值的實現。

　　第二個主要路徑從「組織」的角度談人力資源發展，以「資源」為重。這個途徑的終極目標並非個人價值的實現與發展，而是組織目標的完成。這個途徑關心如何將組織資源極大化、如何提升生產力，以及如何發掘有潛力的員工以實現組織目標（Garavan et al., 2004）。策略人力資源發展（strategic human resource development）便是其中最具代表性的理論之一。策略人力資源管理即是從組織的視角出發，透過人力資源發展使人力資源發展與組織目標產生連結，進而達到組織目標。另一個為人所熟悉的組織視角的人力資源發展理論是「知識管理」或「智慧資本」（knowledge management or intellectual capital）（Garavan et al., 2004），係指透過知識在組織中的累積與運用，增進組織與人員的創造力、適應變遷的能力與整體的組織發展。以資源為主的人力資源發展路徑，對應McLagan（1989）所定義的訓練與發展、組織發展這兩個領域，以實現組織目標為目標談人力資源發展。

　　個人與組織這兩個路徑的區分並非如楚河漢界。事實上有許多的研究與論述認為，個人與組織在人力資源發展上實為一體兩面，且應該是能相輔相成。整合的重點在於員工能力的提升，有助於組織目標的達成以及組織發展的實現；組織對一個員工的培訓，有利於該員工的能力提升與職涯發展；同時也因為該名員工的能力提升，其績效表現能夠滿足組織需求的程度亦然提升。這個過程就是由個人能力（employee ability），轉換至個人的組織行為（organizational behaviors），再轉換為團隊合作（team working）的整合過程（Garavan et al., 2004）。若是這個轉換過程能成功在組織內完成轉換與整合，組織對個人的訓練、個人能力的提升，可同時滿足員工個人對職涯發展的期待與規劃，以及組織發展與組織目標實現的需求。

　　個人層次與組織層次人力發展需求的整合，主要的角色在於組織。多數研究將這個整合的關鍵放在組織是否投入足夠多的資源培養人才，以及是否能

成功在組織內創造出支持進修、持續學習的氛圍（Martin et al., 1999）。若員工感受到組織提供足夠多的資源，以及管理態度上的支持，能夠產生對未來的「希望」、看到職涯發展的願景（Luthans & Jensen, 2002），較容易提升學習動機；反之，若感受到組織對於學習、進修處處限制，亦可能打退堂鼓。組織必須提供制度化的鼓勵與支持，並給予員工參與規劃學習方向的機會，進而提升個別員工的能力。員工能力的成長，代表組織目標完成度的提高，達到相輔相成的整合效果。換言之，從人力資源發展理論的框架來看，個人與組織的發展雖然在概念上可以分立，且有不同的立足點，但在美好的組織支持與學習氛圍的協助下，個人與組織皆能夠因個人的成長而實現發展的目的。

參、發展性訓練思維下個人、機關的目標衝突

　　人力資源發展理論儘管在論述上可分為以個人和以組織為主，實則這兩種路徑從理論的角度來看並非互斥，而是能相輔相成；這種能相輔相成的個人與組織發展關係，到了政府機關的系絡之中，卻經常遭受質疑。首先，上述人力資源發展理論在個人與組織的利益上能夠相輔相成有一個前提：個人和組織所看待的發展單位是相同的，都在特定組織之中；因此個人能力的提升和職涯發展，無論是在單位內升遷或是平行調動，都不超出特定組織的範圍，因此無論如何發展，都是組織可利用的資源，自然能夠避免個人發展與組織發展目標衝突一事。然而，這個特質在政府機關卻不盡然。本文認為，政府機關的人力資源發展，有三項特質容易導致個人、機關的發展出現目標衝突：

一、公務人員職涯發展並非限定在同一機關

　　政府本身可以視為一個具有「內部人力市場」龐大的組織。在這個組織之內，公務人員可以一生發展其職涯，並追求職涯的成功。其職涯的成功對政府的人力資源發展而言，並非以政府組織的資源圖利個別公務人員，而是創造一個對整體人力資源發展有利、且能以健全的職涯發展路徑留住人才的工作環境；這代表政府的人力資源管理肩負協助組織成員找到合適的學習領域的責

任（Garavan et al., 2016）。政府的人力資源管理應能針對政府未來的目標與需求，提供公務人員關於學習領域與學習計畫的策略性建議，使這些學習者的學習成效在現在或未來能對政府績效與環境適應的提升有所助益。而這種策略性人力資源發展搭配個別公務人員職涯發展的整合，相當需要公務人員職務遷調制度的配合；亦即需要透過彈性的遷調制度，提供策略性發展人力資源的潛力。這也意味著，職涯發展並非限定在同一機關，而是以政府這個龐大的內部人力市場為範圍，在這個市場內依照個人或國家給予的策略性發展計畫縱向或橫向地移動。

　　這種得以跨機關，但範圍又不出內部人力市場的職涯規劃，與一般的私人企業相當不同。私人企業如果不是以集團形式作為人力資源發展的範圍，那麼多數僅存在單位的調動，而不存在公司之間的調動；一旦離職，雖然不意味著個人職涯的結束，但就其職涯發展而言，其已經跳脫了原公司可以掌握的範圍，對原公司來說已失去了人力資源發展的意義。然而政府不同，公務人員調離原機關、原職，只要依然具公務人員身分，就代表他依然是政府人力資源的一環；從人力資源發展的角度思考，這樣的遷調必須納入人力資源發展的整體規劃。

　　而這種以整個政府作為內部人力市場的職涯發展環境，理應要比一般私人企業更具職涯發展的潛力。政府人力資源管理若能夠充分利用其龐大的內部人力市場作為吸引人才的優勢，應當能吸引、留住以多元職涯發展為目標、期待開發多元潛力、嚮往多元歷練的人才類型。

二、個人自主程度高，機關策略程度低

　　雖然政府的人力資源市場具備職涯發展的吸引力，然而受限於法規與實務，目前出現「公務人員個人調職的自主程度高，但策略程度低」，這種與人力資源發展原則相違背的現象。

　　首先在法制層面，我國公務人員跨組織的流動，牽涉到《公務人員任用法》，以及《公務人員任用法施行細則》、《現職公務人員調任辦法》。《公務人員任用法施行細則》規範公務人員離開原機關至新機關任職，《現職公務人員調任辦法》則主要規範調任時職系專長的認定標準。《公務人員任用法》

第22條第1項前段：「各機關不得任用其他機關人員。如業務需要時，得指名商調之。」《公務人員任用法施行細則》第21條：「……各機關職務出缺，如因業務需要，需任用其他機關人員時，應……函商原服務機關同意，始得調用。」從《公務人員任用法》以及其施行細則的規範來看，公務人員是否能夠在機關間流動，其決策主體在各機關；必須用人機關因業務需要，向該員所在的原機關商調。換言之，公務人員在調職這件事上，從法制的角度來看並非行動的主體，其目的為人事的穩定。

從實務層面來看，用人機關反而落於被動的地位。通常是公務人員自己依照事求人投缺、面試，錄取之後再等新機關的商調函（黃重豪，2019）；主動者為公務人員。針對實務上的商調現況，蘇偉業（2018）認為我國政府內部人力市場運作乃偏向以員工個人為中心的機制，公務人員可以藉由各種積極因素與消極因素之動機申請商調，來滿足自己工作中的需求。然而，機關方面卻對於控制流動有手段上的限制，故我國現行機制明顯導向個人利益而犧牲組織利益。這樣的情狀之所以發生，與我國的《現職公務人員調任辦法》採用相對開放的職系專長認定有關；只要考試的類科與調任的職系相近或具備相關科系的學位或學分修習紀錄、相關工作經驗等，皆可認定為具備與調任職系接近的專長。因此我國人事制度提供公務人員較多橫向的流動機會，開放不同工作階梯之間，同一等級的橫向流動（蘇偉業，2018）。因此，目前的調職制度係一個「以員工個人為中心」的模式。

這種對員工友善的調職制度，雖然目前看來缺乏用人的策略規劃，然而卻因為提供職涯發展彈性，有利於人力資源發展規劃的介入。從目前在法制層面上缺乏主體性，但實務上卻由員工主導的調職制度來看，我國公務人員有以個人需求為出發點的調職動機。依照過去研究，我國公務人員遷調的討論缺乏與工作條件、職涯發展規劃的相關研究，大多從員工特徵的角度出發。唯一比較能肯定的是，公務人員的遷調與升遷有關。張鎧如等人（2015）發現，公務人員若渴望升遷，調任至其他機關是比較快的路徑；尤其當原機關能升遷的機會不多，或最高職位的職等不高、發展有限時，更是增加了人員跳槽至其他機關尋求發展的動機；這種情況在地方機關相對常見。因此，個別公務人員若對其職涯發展有計畫或期待，其所服務的機關反而可能遭遇人才流失的問題。

三、內部人力市場的競爭關係

公務人力市場的內部競爭關係，除了表現在人才之間的競爭之外，尚有公務人員利用商調選擇更適合機關的機關之間的競爭關係，也包含了職系之間的競爭。蘇偉業（2018）發現，公務人員的商調與職系轉變經常同時發生，而且在行政類與技術職系皆有這樣的現象。王貿等人（2019）研究公務人員職系流動的方式，發現職系轉換者通常平均年資偏淺，停留在初任職系時間略短，多發生在委任與薦任官等之內。另外，技術職系人員相對於行政職系人員較容易有跨職系流動情形；且技術類人員多流向與原專業相關之行政類職系，可能造成專業流失。

上述的三種原因說明了我國政府機關的人力資源發展可能出現個人與組織層次的發展需求衝突。從根本上來看，這三個原因是基於政府機關是一個龐大的集合體，而非單一組織，因此除了個人與組織兩個層次之外，尚有「國家」層次需要考慮。有趣的是，從國家層次來考量人力資源發展，多數的研究將焦點移回「個人」，亦即透過教育制度和資源的普及，提升個人的學習水準，並養成持續學習、終身學習的社會文化。換言之，從國家層次來看，係由政府作為人力資源需求者，並由這個人力資源需求者建構良好的人力資源發展環境，提升個別個人的發展資源、發展機會；藉由多數個人的學習累積、能力提升，提升整體的社會與國家競爭力。從國家層次來看，組織的發展需求沒有被強調，反而被強調的是個人層次的發展；其假定是，個人發展的成功，累積成為群體發展的成功，即是國家發展的成功。而這個從個人延伸到國家層次的發展需求整合，正是目前在公部門人力資源發展，這個過度強調組織與個人發展衝突的視角所無法看見的盲點。

肆、從動態能力尋求個體、總體衝突的解決之道

要解決政府機關人力資源管理在個人與組織層次的目標衝突，必須思考個人與機關是否有共通的需求，以及這些需求是否能跨機關存在、以直接或間接

的方式產生效果；同時國家這個層次在公共人力資源發展上所扮演的角色亦可能成為關鍵。換言之，從個人、機關到國家等不同層次之間的需求整合，牽涉到的是個體、總體之間的連結與轉換。本文欲論證的是，過去政府機關太過強調核心能力的培養，然而核心能力能做到的是維繫穩定的組織目標與任務，並未考量環境變遷與引領變遷的動態需求。若要將適應變遷的能力納入用人的考量，人員自主、以職涯發展為動機的流動，在某些條件下應有助於機關動態能力的養成，進而增進組織發展。

　　本文接下來將以動態能力為核心，輔以個體與總體連結模型，論述如何透過核心能力與動態能力的協調，將個別公務人員的職涯發展，轉換為對組織有幫助的組織發展。首先，本文將介紹Coleman的總體—個體連結模型，接著用此模型說明為何動態能力有辦法連結總體與個體的發展需求，最後說明在何種條件下的個人職涯發展係以動態能力為基礎。

一、Coleman的總體：個體連結原始模型

　　Coleman在其著名的*Foundations of Social Theory*一書中，特別討論了個體與總體之間的連結。Coleman（1994）強調，社會的整體（組織）是由個人組成的，若我們過度關注由整體對個體的影響，而忽略了整體的樣態可能是由個體積累而來，將無法完整地詮釋社會現象。

　　Coleman的理論應用在組織行為領域，即是找到個人與組織的整合路徑。依照Coleman的建議，每個個體會依照他們接收到的總體訊息（可以是現狀、目標、規範等事實或價值呈現），轉換為他們個人帶目的性的行動；這些個人的行動再累積、匯集成第二階段的總體（可以是現狀、目標、規範等事實或價值呈現）。Coleman認為，過去直覺假設總體的目標會成就第二階段的總體行動，亦即第一階段的因必定為第二階段的果，然而此直覺在總體層次的因果推論是有瑕疵的。第二階段的總體並不是由第一階段的總體所設定的目標直接推論的，這兩個階段之間必然有些無法解釋的因果落差，而這個落差就來自於個體的轉換與累積（Coleman, 1994）。

二、Kurtmollaiev對Coleman模型的修正

　　Kurtmollaiev（2020）認為，Coleman雖然提供了一個很重要的理論基礎，

但對於總體與個體之間的連結並未完全解釋清楚。畢竟在個體層次的行為者不只一人,這些多元的個人如何受到總體層次的影響,又如何形成各自的行動決策,其行動又如何匯集成第二階段的總體,必須說明地更清楚。Kurtmollaiev(2020)認為,關鍵在於總體提供了個體第一階段的情境條件,而個體在接收了這些情境條件之後,會將這些情境條件轉換為行動。然而,不同的個體在所接收到的情境條件以及依此轉換的行動決策都不相同,甚至可能互相干擾影響,因此第二階段的總體目標是一個新的總體目標,無法成為第一階段總體目標直接的因果。

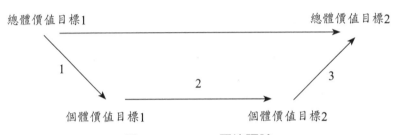

圖9-1 Coleman原始理論

資料來源:Kurtmollaiev (2020).

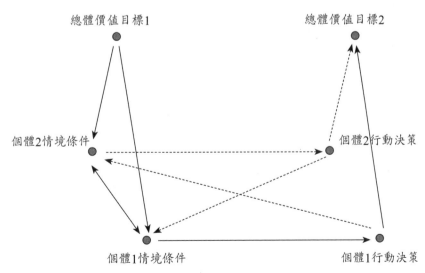

圖9-2 Coleman理論的重新詮釋

資料來源:Kurtmollaiev (2020).

　　Kurtmollaiev（2020）進一步說明，個體的情境條件以及行動決策的不同，來自於他們在組織動態能力（dynamic capability）程度的不同。「動態能力」意指組織或個人能夠透過持續學習，不斷更新所需求的知識與技能，以及調整資源的配置，因此具備適應環境、引領變遷的能力，且能適應不同條件下、變化中的環境需求（Teece & Pisano, 1994; Eisenhardt & Martin, 2000; Pavlou & El Sawy, 2011）。Pavlou與El Sawy（2011）指出動態能力是一系列的過程，包含了（一）感知：在環境中發現、解釋和追求機會的能力；（二）學習：用新知識改造現有營運能力的能力；（三）整合：將個人知識結合到單位新的作戰能力中的能力；（四）協調或協調和部署新作戰能力中的任務、資源和活動的能力。動態能力理論係為了補充傳統核心能力理論的不足（Iansiti & Clark, 1994）。核心能力以組織常態性的能力需求為主，主張組織必須依照組織內的現有資源，發展其強項，建構組織能依此生存並提升競爭力的核心能力。然而核心能力觀點著重於組織內部的資源與環境，並未強調外部環境的變遷與外部資源，因此經常被批評能動性不足。動態能力理論吸收了核心能力理論的主要概念，但補強了其在動態能力缺乏的部分，主張組織應該具備因應環境變遷，不斷重組、調適的變革能力。這部分的能力培養，關鍵就在於組織的策略性人力資源發展，持續的創新與學習能力。

　　Kurtmollaiev（2020）透過兩個構面描繪個別員工所展現的動態能力：改變現狀的欲望，以及在組織中的影響力。員工必須同時具備改變現狀的欲望以及在組織中的影響力，才真正具備動態能力；若有高的改變現狀欲望，但影響力低，此人為無能為力者（powerlessness）；若有低的改變現狀欲望，但影響力高，此人角色為組織的行政與治理者（administrative and governance capability）；若兩者皆低，則是扮演維繫組織日常運作的基本角色（operational capability）。Kurtmollaiev（2020）認為，在Coleman的個體—總體連結模型裡，必須考量組織內成員的影響力以及改變現狀的能力，才能夠推論個體對總體目標的影響。舉例來說，如果組織內的個體不具備動態能力，他們所從事的工作、所產出的結果，多半是強化組織的現狀、完成總體的目標設定，因為他們不具備改變的動機或是改變的影響力；反之，若是具備動態能力的組織成員，因為具備改變現狀的動機，也具備影響力，這些個體的情境條件

容易影響個體的行動決策，進而改變總體原始設定的目標。因此，若組織期望增加環境的適應力，甚至能夠引領潮流變遷，擁有具備動態能力的員工是必須的條件。Schneider（1987）主張，組織是框架，而人是真實的行動者。因此，組織中的個人具備動態能力，才能夠真實地帶動組織本身的動態能力。

三、動態能力作為個體與總體之間的轉換器

Kurtmollaiev（2020）雖然延續Coleman的理論基礎，透過動態能力連結個體與總體，然而Kurtmollaiev並沒有解釋動態能力究竟從何而來，又動態能力如何影響個體的行動決策、進而改變總體的價值目標。換言之，在個體的情境條件與個體的行動決策的連結部分，Kurtmollaiev並沒有特別著墨，然而這部分恰好是個人職涯發展與組織用人需求衝突的整合場域。本文認為，將個體的情境條件與行動決策連結的關鍵，在於動態能力包含了自我決定（self-determination）以及自我導向學習（self-directed learning）；因此擁有動態能力的個人為自己的職涯做的規劃，將有助於個體與總體之間的目標連結（見圖9-3）。

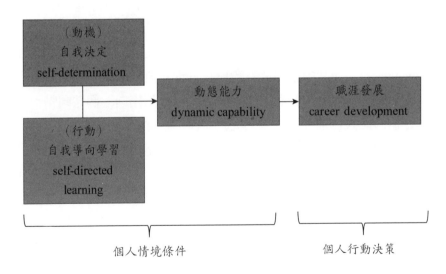

圖9-3　動態能力作為個人情境條件與個人行動決策的連結

資料來源：筆者整理。

　　自我決定論（self-determination theory, SDT）被認為是連結組織目標與個人目標的關鍵。Gagné（2018）認為，組織目標實現的關鍵在於，必須要去實現組織目標的個人有「主動」或至少是「願意」執行目標的意願，接近Kurtmollaiev（2020）定義的「改變現狀的欲望」和「影響力」。這個主動或是願意執行目標的意願，內含動態能力中強調透過學習、資源配置，找到新的問題解決方法等這一系列行為背後的動機成分。換言之，當一個人具備動態能力，這個人在動機層面勢必符合自我決定論的要件：「自主」（autonomy）、「能力」（competence）與「關係感」（relatedness）（Deci et al., 2017）；亦即個人對工作的目標設定、完成手段有自主空間，具備相應的能力，而且感覺到這些目標與自己有關。當一個員工具備自我決定感，在工作目標的完成上有更多自主修正、主動學習、解決問題的能力，能提升環境的適應力。

　　自我決定論談的是「動機」，亦即當個別員工具備自我決定論的動機要件，他們比別人有更多的傾向願意連結自己與組織的目標。自我導向學習（self-directed learning, SDL）談的則是「行動」。Knowles（1975）將自我導向學習定義為「個人能主動地——即使在沒有他人的幫助下也能診斷自己的學習需求——建立學習目標，確認學習需求，並選擇和執行適合的學習策略來進行學習」。Garrison（1997）認為有三個重大概念構成自我導向學習，分別是：動機（motivational）、自我管理（self-management），以及自我監測（self-management）。其中動機會影響自我管理及自我監測，而自我管理、自我監測又會影響到個人的自我導向學習。這些定義都指向一個共同點：自我導向學習是一種由個人自主驅動、自主規劃、自主執行的學習行為。

　　自我導向學習和動態能力無疑是密切連結的。North等人（2020）指出，自我導向學習是動態能力當中的一個成分；換言之，當個人具備自我導向學習能力，即有很大的或相當的程度亦具備動態能力。更具體地說，自我導向學習讓具備動態能力者，能透過自己的規劃與安排，獲得解決問題、拓展視野、提升環境適應力所需要的具體知識、技能與態度，是讓動態能力者具備實際行為能力的關鍵。

　　當個別公務人員滿足自我決定論的條件、具備自我導向學習能力，因而擁有動態能力，其職涯轉換決策即具備組織所需要的策略思維。從選擇目標機

關或目標職系開始，他們就不會依賴社會順從制約（introjected regulation），也不會被「誘因制約」（external regulation）所引導（陳重安、許成委，2016），而是會跟隨自己的內在動機。亦即他們會知道自己能為新機關帶來什麼樣的刺激或改變的契機，這個轉換機關／職系的決定是自己主動想要的、而非他人希望或被情勢所逼。例如因為進到某機關、某職系可能學到過去沒有接觸過的知識、技術或經驗，因此產生轉調的動機；而非因為社會上期許職涯的成功就是要升遷，因此為了追求更多的升遷機會而尋求轉換機關或職系。除了「動機」上能連結組織所需要的策略思維，「行動上」這些人也有很大的機會能做足了準備，例如事先進修，透過各種可能的管道尋求學習資源，事先習得與下一階段工作有關的知識、技能，或累積相關經驗。

伍、結語

回到國家層次來討論。當我們跳開核心能力作為職涯階梯的主要思維，開始重視動態能力，個別公務人員在機關與不同職系之間的跳動，意味著動態能力的累積。當在個體層次有愈多預備動態能力的個人，他們所接收到的總體情境條件與他們轉換出去的決策行動，就更有可能帶動總體下一階段的創新與變革。換言之，具備動態能力的個體所帶來的總體發展，雖然短期上可能不見得有利於單一機關，但若具備動態能力的個體數量累積到一定程度，便能在國家層次產生人才發展上的質變，進而帶動個別機關的組織發展。

要達到增加具備動態能力個人的境界，除了持續保持自由的人才流動環境之外，個別機關在增補人才與培訓人才時的策略眼光必須更為精準。在增補人才方面，機關必須具備能夠辨別前來商調者的動機是否符合自我決定論的各項特質，同時是否具備自我導向的學習能力。這些能力與特質面向皆可以透過過去的訓練與進修軌跡，以及前來應聘的動機、對自己職涯的規劃、為此次應聘所做的努力、過去所累積的能力面向等一一判斷。換言之，機關組織發展的不中斷，靠的不是人才的從一而終，而是群攬在策略上能夠引領組織面對未來的刺激與挑戰者。

參考文獻

一、中文部分

王貿、蘇偉業、賴怡樺（2019）。我國行政機關公務人力流動之初探：以跨職系流動為焦點。**行政暨政策學報**，**69**，49-84。

張鎧如、陳敦源、簡鈺珒、李仲彬（2015）。探索臺灣公務人員工作績效之影響因素：能力、動機與機會的整合觀點。**東吳政治學報**，**33**（4），1-71。

陳重安、許成委（2016）。公共服務動機：回顧、反思與未來方向。**公共行政學報**，**51**，69-96。

黃重豪（2019）。**隱藏在公務員「商調」背後，是被體制鎖死的政府人力應用**。關鍵評論，11月5日。https://www.thenewslens.com/article/126537

蘇偉業（2018）。我國政府內部人力市場行為之初探：個人利益與組織利益之權衡。**文官制度季刊**，**10**（1），21-58。

二、外文部分

Coleman, J. S. (1994). *Foundations of Social Theory: James S. Coleman*. Belknap Press of Harvard University Press.

Deci, E., Olafsen, A., & Ryan, R. (2017). Self-determination Theory in Work Organizations: The State of a Science. *Annual Review of Organizational Psychology and Organizational Behavior*, *4*, 19-43.

Eisenhardt, K. M. & Martin, J. A. (2000). Dynamic Capabilities: What Are They? *Strategic Management Journal*, *21*(10-11), 1105-1121.

Gagné, M. (2018). From Strategy to Action: Transforming Organizational Goals into Organizational Behavior. *International Journal of Management Reviews*, *20*(S1), S83-S104.

Garavan, T. N., McGuire, D., & O'Donnell, D. (2004). Exploring Human Resource Development: A Levels of Analysis Approach. *Human Resource Development Review*, *3*(4), 417-441.

Garavan, T., Shanahan, V., Carbery, R., & Watson, S. (2016). Strategic Human Resource Development: Towards a Conceptual Framework to Understand Its Contribution to

Dynamic Capabilities. *Human Resource Development International*, *19*(4), 289-306.

Garrison, D. R. (1997). Self-directed Learning: Toward a Comprehensive Model. *Adult Education Quarterly*, *48*(1), 18-33.

Iansiti, M. & Clark, K. B. (1994). Integration and Dynamic Capability: Evidence from Product Development in Automobiles and Mainframe Computers. *Industrial and Corporate Change*, *3*(3), 557-605.

Knowles, M. (1975). *Self-directed Learning: A Guide for Learners and Teachers*. Association Press.

Kurtmollaiev, S. (2020). Dynamic Capabilities and Where to Find Them. *Journal of Management Inquiry*, *29*(1), 3-16.

Luthans, F. & Jensen, S. M. (2002). Hope: A New Positive Strength for Human Resource Development. *Human Resource Development Review*, *1*(3), 304-322.

Martin, G., Pate, J., & McGoldrick, J. (1999). Do HRD Investment Strategies Pay? Exploring the Relationship between Lifelong Learning and Psychological contracts. *International Journal of Training and Development*, *3*(3), 200-214.

McLagan, P. A. (1989). Models for HRD Practice. *Training & Development Journal*, *43*(9), 49+.

North, K., Hermann, A., Ramos, I., Aramburu, N., & Gudoniene, D. (2020). *The VOIL Digital Transformation Competence Framework. Evaluation and Design of Higher Education Curricula*. Information and Software Technologies, Cham.

Pavlou, P. A. & El Sawy, O. A. (2011). Understanding the Elusive Black Box of Dynamic Capabilities. *Decision Sciences*, *42*(1), 239-273.

Russ-Eft, D. (2000). That Old Fungible Feeling:Defining Human Resource Development. *Advances in Developing Human Resources*, *2*(3), 49-53.

Schneider, B. (1987). The People Make the Place. *Personnel Psychology*, *40*(3), 437-453.

Teece, D. J. & Pisano, G. (1994). The Dynamic Capabilities of Firms: An Introduction. *Industrial and Corporate Change*, *3*(3), 537-556.

Werner, J. M. (2014). Human Resource Development ≠ Human Resource Management: So What Is It? *Human Resource Development Quarterly*, *25*(2), 127-139.

第 10 章

教授化身創業家：
大學科研成果商業化政策的推動與未來走向

黃婉玲

壹、前言

　　工業革命推動人類社會進步，而每一次的工業革命，都與科技的創新和發展密切相關。在邁向工業5.0的時代下，追求科技的創新以回應當前社會、經濟與環境的挑戰，便成為各國政府無法迴避的問題。一個國家的創新成果，取決於內部創新系統的運作。在國家創新系統（national innovation systems, NIS）的概念下，創新的形成，是一個國家內對新科技產生、擴散有影響力之子系統，彼此互動、學習的結果（Freeman, 1987）。雖然一直以來，企業被認為在創新過程中扮演領導的角色，但1980年代以降，大學校院除了肩負知識生產與傳遞的工作之外，也被期許要走出學術象牙塔，對社會的需求與問題做出更直接的貢獻（Etzkowitz, 2008）。於此背景下，各國政府積極推動相關政策，鼓勵大學投入科研成果商業化活動，創業型大學（entrepreneurial university）因此大行其道。臺灣也與國際趨勢接軌，於1999年開始啟動相關政策，鼓勵學術研究與產業需求做更緊密的結合。本文的目的，是要梳理臺灣科研成果商業化政策推動的歷程，並針對政策推行的結果進行問題分析，最後提出未來可能的發展方向與政策建議。

貳、大學科研成果商業化的理論基礎

一、科技創新的理論模式

　　科技創新是國家產業發展的原動力，而關於創新是如何產生的，二次大戰後，廣為大家所接受的創新模式，當屬Bush（1945）提出的「線性模式」（linear model）。依據線性模式，創新的過程是線性的，一開始透過基礎研究產生新的科學知識，其後再透過應用研究將科學新知用於實務問題的解決上，進而發展出新的技術並從事商品開發，最後則進入商品量產與市場銷售階段。線性創新模式的主要論點有二：第一，其假定基礎研究與應用研究之間，有明確的分野。基礎研究的目的在於拓展我們對於科學現象的瞭解與認識，至於如何透過科學知識來解決實務問題，不是其關切的重點；而應用研究正好相反，其目的在於透過科學研究，解決社會問題或回應社會需求。第二，線性模式認為創新的過程是線性的，且基礎研究是創新的重要基石，因此政府應該投入大量經費在基礎研究上。線性模式的觀點，對於二戰後美國的科技政策產生了巨大的影響，後來亦成為許多國家科技政策的基本方針。

　　然而，線性模式也遭致不少批評。例如Kline與Rosenberg（1986）提出的「鏈鎖式創新模型」（the chain-linked model of innovation），便指出科學研究雖有其重要性，但許多時候創新並不一定源自於科學新知，而是在既有知識下，透過「設計」進行創新。此外，創新的過程也並非如線性模式所述，總是以科學研究為開端，市場的需求也可能反過來影響科學研究的方向。Etzkowitz與Leydesdorff（1995, 2000）則是提出「三螺旋創新模式」（the triple helix model of innovation），認為科技的創新，是「產業－政府－大學」三方互動合作的結果，因此創新的過程不是線性的。在線性模式之下，大學校院是透過科學新知的發掘與累積，對經濟發展提供長期性的貢獻；三螺旋模式則是期待大學校院除了教學（教育）與研究（知識生產）的任務之外，更要肩負起回應社會與經濟發展需求的責任。為了達成這個「第三項任務」（the third mission），許多大學校院也開始投入技術、商業開發的工作，並與產業、政府建立起新的關係，甚至轉型為「創業型大學」。

　　Siegel等人（2004）指出大學校院的科研成果要能成功商業化或為企業所運用，中間可能歷經新發明揭露、專利評估、專利申請與獲證、技術行銷、授權協商以及授權應用等階段，而創業型大學及其內部的研發人員（大學教授），可能於不同階段有不同程度的投入（圖10-1）。須特別說明的是，儘管大學科研成果商業化過程在此是以階段的形式呈現，但實際上大學校院並非一定要歷經所有階段才能進行商業化活動。例如大學校院的新發明可能不經過專利申請與獲證的程序，便以簽訂技術移轉合約等方式，直接授權給企業使用。此外，在創業型大學的概念下，大學校院對於科研成果的運用，也非僅限於專利權的取得與授權；大學校院也可以鼓勵校內師生以其科研成果為基礎，設立衍生公司（spin-off）或與企業合作成立新事業部門（spin-in）等。

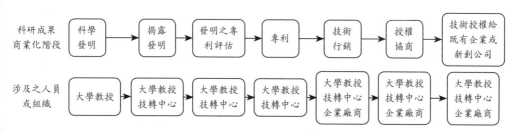

圖10-1　大學科研成果商業化過程

資料來源：Siegel et al. (2014, p. 119).

二、三螺旋創新模式下大學校院的角色

　　在實務上，美國於1980年通過的《拜杜法案》（*Bayh-Dole Act*），可視為是對傳統線性創新模式思維的突破。在該法案通過之前，所有接受政府經費補助的科研成果均為國有財產，未經許可不得為其他人所運用，導致政府科研成果無法有效商業化。在該法案通過後，非營利研究機構、大學校院與中小企業，得就聯邦政府補助計畫衍生之科研成果申請專利並授權他人使用，期能藉此強化科學研究與產業發展之間的鏈結，這也是三螺旋創新模式的體現。在此之後，類似的法案也為德國、日本、瑞典等國仿效（王偉霖，2007）。

　　臺灣亦於1999年公布《科學技術基本法》（*Fundamental Science and*

Technology Act），其中第6條即規定，由政府補助（含委託、出資）之科研計畫衍生成果，得全部或一部歸屬於執行機構所有或授權使用，不受國有財產法的限制。其後，國科會又於2000年頒布《政府科學技術研究發展成果歸屬及運用辦法》，允許執行研究計畫之公、私立大學或政府研究機構，保有80%的研發成果收入，其他研究機構或企業則可保有50%（於2012年調降為40%）。此外，該辦法亦規定，研發成果由執行機關負責管理及運用者，應將一定比率之收入分配給發明人；由資助機關管理及運用者，應將一定比率之收入分配給發明人以及計畫執行單位。2002年修正《國家科學及技術委員會補助學術研發成果管理與推廣作業要點》，就專利的申請、維護以及研發成果的推廣活動，提供經費補助，並針對具影響力且成功完成技術移轉的個案，以及校內績優技術移轉中心提供獎勵（助）。

　　除此之外，為了鼓勵大學校院透過衍生企業的方式將科研成果商業化，近年來政府單位也紛紛祭出相關政策或進行法規的鬆綁（林佳瑩，2019）。在法規層面上，《科學技術基本法》便於2003年、2004年、2011年以及2017年，分別歷經了四次修正，包括免除《政府採購法》於科研採購上的適用；允許公立學校與研究機構人員，因科學研究業務需技術作價投資或兼職時，得不受經營商業、持股10%與兼任他項業務之限制。此外，行政院亦於2013年會銜考試院頒布《從事研究人員兼職與技術作價投資事業管理辦法》，允許教研人員因科學研究業務需要時，得於企業兼任發起人、科技諮詢委員、技術顧問等職；2016年修正該辦法第4條之規定，除前述職務外，亦允許公立學校非兼任行政職之教研人員兼任新創公司董事；2018年再度修法，將兼任新創公司董事之適用對象擴及公立學校兼任行政職之教研人員，並鬆綁科研人員投入新創公司以技術作價增資之持股比例限制。

　　在政策層面上，國科會推動的「臺灣學術里程與科技前瞻計畫」（2008年）、「研發成果萌芽計畫」（2011年）以及「創新激勵計畫」（2013年）；經濟部推動的「產學研價值創造計畫」（2014年）；教育部推動的「建構大學衍生新創研發服務公司（research service corporation, RSC）孕育機制」（2017年）和「大學產業創新研發計畫」（2018年）等措施，均是要鏈結學界與產業界的能量與資源，以達到鼓勵師生創業、加速科研成果商業化的目的。

參、實務觀察與問題分析

　　令人好奇的是，前述舉措究竟產生了什麼影響？政策推動過程中，又存在哪些問題？以下先透過資料呈現《科學技術基本法》公告施行前後的變化，之後再就政策推動的困難與問題進行討論。

一、《科學技術基本法》公告施行前後的變化

　　關於《科學技術基本法》公告施行前後，大學投入科研成果商業化活動的變化，最直接可從三個指標來檢視：技術移轉中心（或類似性質單位）的設置、專利申請與獲證以及智慧財產權的衍生運用[1]。

(一) 大學校院技術移轉中心的設置情況

　　《科學技術基本法》公告施行後，為能強化大學科研成果的應用，校內技術移轉中心（後稱技轉中心）的設置，便有其必要性。根據張彥輝等人（2008）的調查，於2006年時，臺灣共有57所大學校院設有技轉專責單位或指定專人處理技轉業務（其中設有專責單位者不到五成），另外有59所大學校院未有相關業務之處理窗口。2022年2月，本文以教育部公布之110學年度大學校院名單為底冊（包括149所一般大學與技術校院），透過網站檢索方式，蒐集臺灣大學校院技轉中心設置資料。結果顯示，目前近九成五的學校設有專責單位負責智慧財產權管理、產學合作、學術創業等業務，且大部分（約75%）是設立於研發處或產學營運處之下的二級單位。

(二) 專利活動

　　由政府補助之科研成果，若被評估為具有商業發展潛力，便可透過專利的申請，來確保後續使用與收益等權利。圖10-2呈現《科學技術基本法》通過前

---

[1] 衍生新創公司與成立新事業部門亦是極具參考性的指標，惟目前尚未有公開資料可供使用，因此未納入分析。

後各十二年期間，政府科研補助在專利獲證上的成果（不限大學校院取得之專利）。從中可看出，自《科學技術基本法》通過後，由政府補助之科研計畫所產生之專利數量，儘管每年有增減，但整體來說確實有上升的趨勢，且上升的幅度較1999年以前來得大。

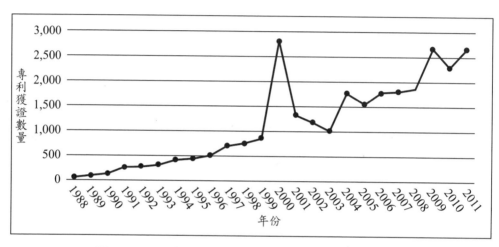

圖10-2　1988年至2011年政府科研補助計畫專利成果

資料來源：中華民國科學技術年鑑83年至101年。

　　若單就大學校院的專利活動來看，《科學技術基本法》通過前後，專利數量也有明顯的變化。圖10-3與圖10-4分別呈現1995年至2020年間，臺灣大學校院於中華民國專利的申請數與獲證數。於1999年之前，僅有極少數量的大學專利申請數與獲證數，但1999年之後，專利申請數與獲證數都有明顯增加的趨勢。不過值得注意的是，除了新式樣專利之外，其他類型的專利在2013年達到高峰之後，申請數與獲證數都呈現下降的情況。

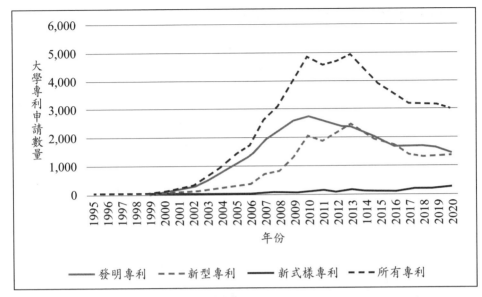

圖10-3　1995年至2020年臺灣大學校院中華民國專利申請數

資料來源：經濟部智慧財產局。

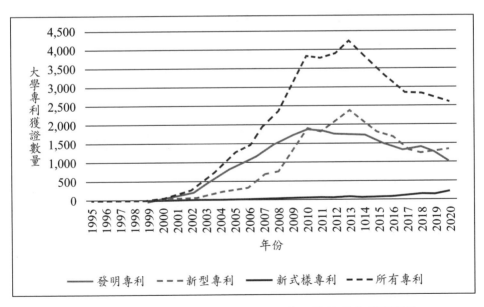

圖10-4　1995年至2020年臺灣大學校院中華民國專利獲證數

資料來源：經濟部智慧財產局。

(三) 智慧財產權衍生運用與技術移轉情形

　　針對政府補助計畫所獲之研究成果，除了可申請專利權的保護之外，也可在未取得專利權的情況下，透過簽訂技術移轉合約或其他契約等方式，授權予他人使用。圖10-5呈現《科學技術基本法》通過前後各十二年期間，政府科研補助在技術移轉上之成果。從中可看出，《科學技術基本法》通過後，技術移轉的數量儘管每年有增減，但整體而言在數量以及增長幅度上，都有明顯的進步。

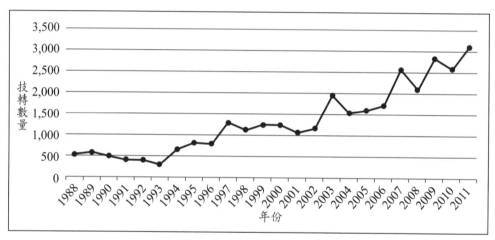

圖10-5　1988年至2011年政府科研補助計畫技術移轉成果

資料來源：中華民國科學技術年鑑83年至101年。

　　大學校院取得專利權之後，則可透過專利授權（patent licensing）的方式，讓他人得以利用該專利。依據「大專校院校務資訊公開平臺」的資料，於2016年至2019年間，臺灣大學校院之專利授權數分別為391件、414件、346件以及398件；除了2018年降幅達前一年度的16%之外，其餘年度均維持在400件上下，無明顯的變化。就專利授權金額來說，除了2018年的授權金額減少了約1億8,000萬元以外，其餘年度均維持在12億左右（圖10-6）[2]，平均每件專利授

---

[2]　圖10-6呈現的是「大專校院校務資訊公開平臺」中「研4.學校各種智慧財產權衍生運用總金額——以『校』統計」表格，其資料源自於各大學校院就「教育部高教司大學校院校務資料庫」以及「教育部技職司技專校院校務資料庫」相關表格之填報內容。

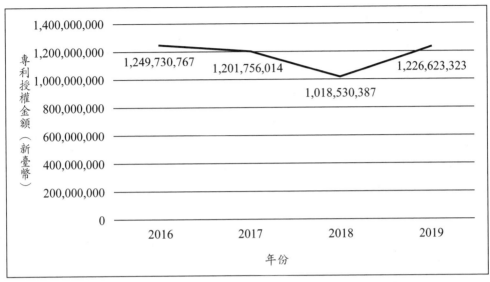

圖10-6　2016年至2019年臺灣大學校院專利授權金額

資料來源：大專校院校務資訊公開平臺。

權可為大學校院帶來約300萬元的收入。

二、政策推動的困難與問題

　　從前述數據可看出，大學校院受到《科學技術基本法》以及相關政策措施的鼓勵，投入科研成果商業化活動的情況，的確有明顯的增加，包括成立技轉中心等專責單位推動相關業務、追求智慧財產權的保護等。然而，前述的活動較侷限於產業創新過程的前端，在研發成果實際的運用以及衍生收益上，似乎仍有不少進步空間。依據「大專校院校務資訊公開平臺」的資料，於2016年至2019年間（《科學技術基本法》公告施行後近二十年），臺灣大學校院專利授權收入占全校研發經費之比例，約介於1.4%至2.1%之間。對照美國2006年AUTM Licensing Survey的調查數據（亦為《拜杜法案》公告施行後二十幾年），大學校院專利授權收入占全校研發經費之比例為3%，顯示在考量研發經費的投入規模後，臺灣大學校院在科研成果的衍生收益上，仍有提升的空間。造成前述情況的原因，主要可從學界與產業界的邊界跨越障礙，以及技轉中心的資源與角色兩個部分來討論。

(一) 邊界跨越障礙

大學科研成果商業化政策的目標，是希望透過專利權下放的方式，提供大學校院及校內師生投入創新活動的誘因，並將科技研發成果與產業需求做進一步的結合。然而，該政策的推動，會同時涉及多個部門（學界、產業界、提供補助的政府單位等）的執行意願與能力。礙於每個部門有不同的目標與制度運作邏輯，在執行過程中，不免會面臨到目標衝突、風險偏好不同等問題，形成邊界跨越的障礙，進而導致大學校院雖然產出許多專利，但這些專利不見得都能產生實質收益或是成功商品化。

受到開放科學（open science）觀念的影響（Merton, 1942），學界的研究人員從事科學研究的目的，是為了發掘新知，並將新知盡可能地透過各種管道加以傳遞和分享，如此一來，後人才能在前人累積的知識上再創新。此一學術社群所持有的規範（the norms of the scientific community），也進一步促成學界以著作發表為主要指標來衡量學術貢獻的升等制度。在傳統的升等制度下，大學教授較缺乏誘因投入科研成果商業化活動（像是專利申請、產品開發、測試等）。再者，在以著作發表為主流的升等制度下，大學教授在研究問題的選擇上，多半以探究事物的本質、結構以及通用律則等理論知識的建構為主要目標，至於研究結果與實務應用之間的連結，不一定會是主要關切的問題。

相反地，對於產業界來說，其主要關切的問題不全然是新知的發掘，即使有些企業亦有投入經費在基礎研究上，但其最終的目的，仍是希望能研發出符合市場（商業化）需求的技術，使企業能夠從中獲利。因此，企業多半對應用導向的研究較為感興趣（Gulbrandsen & Smeby, 2005），對於長期可能帶來獲利但不確定性極高的前沿研究，除了少數資本額較為雄厚的大公司之外，大部分的企業多半不願投入。此外，企業除了會透過專利申請的方式，確保其能在一定期間內壟斷某項技術的使用權利外，也會利用專利權的策略，來阻卻競爭對手開發相關商品（此又稱為阻礙式專利），在這個意義上，科研成果私有化便與學界開放科學的思維大相逕庭（Kumar, 2010）。

從前述的討論可知，學界與產業界在目標以及制度運作邏輯上，存在本質上的差異，因而導致大學對於科研成果商業化的投入容易流於表面（專利數量

增長），卻難以產生實質效益（專利授權及衍生收益相對有限）。甚至，更積極的產學連結，是大學以其科研成果為基礎，進一步衍生新創公司或成立新事業部門。然而，大學校院（尤其是公立大學）礙於法規的限制，在這個部分多半未能給予大學教師足夠的彈性，甚至大學校院對於前述衍生新創的投資也缺乏意願（胡欣怡、吳豐祥，2020），以至於學界與產業界的鏈結受到侷限。

（二）大學技轉中心的資源與角色

　　第二個值得關切的問題，是《科學技術基本法》公告施行後，臺灣許多大學校院雖然紛紛成立技轉中心或有專人負責相關業務，但並非每一所大學校院都有足夠的資源充實相關人力。以2022年本文進行網站檢索之結果來看，即便是有成立專責單位的學校，主管職亦多由校內教師兼任，且保守估計有七成以上的技轉中心，其專責人員數在五人以下，部分學校甚至僅有一人負責相關業務。前述的人員配置情況，並未符合經濟合作暨發展組織（OECD）的標準（王偉霖，2007；張彥輝等，2008）。就私立學校而言，此一情況又更為嚴重，除了專責人力不足之外，還面臨到人員流動率高的問題（王怡潔、黃婉玲，2017）。究其原因，可能是大學校院能提供的薪水無法與產業界相比，導致專業經理人才招聘不易，這也是我國大學校院推動科研成果商業化所面臨的最大問題之一（胡欣怡、吳豐祥，2020；耿筠等，2009）。過去的研究也發現，當技轉中心能力不足時，大學校院科研成果商業化的衍生收益也會受到影響（Swamidass & Vulasa, 2009）。

　　除了人力資源的問題之外，大學校院技轉中心也面臨到雙重代理的角色衝突，以及可能隨之衍生的道德危機（Jensen et al., 2003; O'kane et al., 2015）。校內技轉中心一方面是學校（專利擁有者）的代理人，另一方面也是大學教師（專利發明者）的代理人，因此其必須在兩個委託人的目標之間找到平衡點。當技轉中心無法有效承接多元（甚至衝突）的角色期待時，便可能產生負面影響，像是同時失去校方以及發明人的信任（Huang & Chen, 2020），進而影響到科研成果商業化的表現。以發明揭露（invention disclosure）為例，校方會期待技轉中心能確保所有屬於學校的新發明，都有被發明人（老師）揭露給學校知悉，以確保學校的權益；但對發明人來說，更看重的可能是新發明後續

被商業化的機會，若其認為技轉中心能力不足，透過學校申請專利的預期效益較低，便沒有誘因向學校做新發明的揭露。由於發明人與校方（包括技轉中心）之間，存在著資訊不對稱的問題，學術聲望較高、與業界連結較深者，便能繞過學校，以其他組織或自己的名義來申請專利（Goel & Göktepe-Hultén, 2018）。這些對於大學校院科研成果商業化的表現，都會產生不利的影響。

肆、未來的走向與政策建議

關於前述問題的處理，筆者認為可從三個面向來思考未來的政策走向，包括技專校院科研成果商業化能量的提升、邊界跨越障礙的消弭以及技轉單位運作模式的調整。

一、技專校院科研成果商業化能量的提升

科研成果商業化政策的推動，不需所有大學一起前進，而是應與學校整體的發展定位相互搭配。實務上，技專校院相較於一般大學校院，本來就比較強調實務應用，與產業界的鏈結也更為緊密，邊界跨越障礙應該也會比較低，有潛力成為科研成果商業化政策落實的主力場域。然而，依據「大專校院校務資訊公開平臺」的資料，2016年至2019年間，技專校院在中華民國專利的獲證數、授權數、授權收益金額等指標上，表現均不如一般大學。甚至就承接產學合作計畫的經費來說，於2016年至2020年間，一般大學每位專任教師平均獲得的經費約為37萬元，而技專校院只有18萬元左右。前述情況可能與過去十幾年來，許多技專校院為了要升格或改制而出現技職教育學術化的現象有關。於此趨勢下，技專校院不但在教育內容上出現學用落差，教師帶領研究團隊投入產學合作、甚至進一步將科研成果商業化的努力，也都還有很大的成長空間。

因此，未來在政策方向以及資源配置上，除了要打國際盃的頂尖大學之外，更應該思考的是如何讓技專校院的功能定位更加明確，甚至扮演科研成果商業化領頭羊的角色。科技部雖然於2018年推出「鼓勵技專校院從事實務型研究專案計畫」，希望能引導技專校院的教師投入更多與產業或實務應用有關的

研發活動，然而此類作為仍較偏向單點式的政策。若欲全面提升技專校院科研成果商業化的能量，重點還是在於將技專校院從學術化的軌道拉回至職業教育的本位。德國的技職教育做得非常出色，原因就在於其對技專校院的定位非常清楚，並由學校與企業共同培育企業所需人才，兩者之間是一種相互支援的關係，而此種關係也延伸至科學技術的研發上（林宜玄、張嘉育，2014）。德國的模式，興許是臺灣未來可以努力的方向。

二、邊界跨越障礙的消弭

關於產學邊界跨越障礙的問題，可朝著以下兩個方向來思考。首先，不論是將學界科研成果移轉／授權給產業所用，還是在早期技術發展階段就進行產學合作，學界與產業界之間，是否有一個瞭解雙方目標及制度運作邏輯的人擔任「跨邊界者」（boundary spanner），具有關鍵性的影響。黃婉玲等人（2020）的研究便指出，在產學合作研究的過程中，畢業後至企業擔任要職的學生，對學界與產業界的思維都有一定程度的瞭解，且對雙方的技術領域和條件也相當熟悉，最合適擔任跨邊界者的工作。其不但能在產學合作研究的過程中，協助雙方就技術開發進行溝通，更能在產學合作的媒合階段精準挑選到可能成功的合作夥伴。因此，大學校院的科研成果若欲在授權收入甚至商品化等面向上有更大的突破，便要從科研人才的培育著手，並透過實習、產業導向的培育計畫、產學合作等方式，形塑學生科研成果商業化的思維與能力，讓學生在畢業進入產業任職後，能夠回過頭來擔任學界與產業界之間的鏈結橋梁。臺灣於2021年5月公告施行的《國家重點領域產學合作及人才培育創新條例》（簡稱《創新條例》），便是朝著這個方向在努力。該條例可視為是一個教育沙盒，目的是在人才培育上建立產學夥伴關係，進而強化產學之間的鏈結。《創新條例》通過後，2021年底成功大學、陽明交通大學、臺灣大學和清華大學等四校，也陸續成立了半導體相關的創新學院。

其次，產學之間邊界障礙的跨越，除了正式法規的制定（像是校內科研成果管理與運用辦法的採行）或是相關組織的設置（像是成立技轉專責單位）之外，創業型大學風氣的形塑、學界制度運作邏輯的轉變等，可能扮演著更為重要的角色。Aydemir等人（2022）的研究便指出，大學校院若欲鼓勵科研成

果商業化，便須改變過去以智慧財產權管理為焦點的策略，轉而強調創業家思維的建立。其中一項關鍵做法，便是對學界的升等制度進行調整。教育部雖然從2013年便開始推動多元升等制度，之後也陸續有大學校院試辦多元升等方案，然而依據監察院的報告，至2016年為止，全國參與多元升等試辦計畫的大學校院僅有67所（30所為一般大學，37所為技專校院），且教師帶領研發團隊創業，普遍而言仍被視為是「不務正業」的行為（包宗和等，2018）。此外，依據「大專校院校務資訊公開平臺」的資料，2017年至2020年間，全臺大學校院總共有1,369位教師通過升等（宗教研修學院不納入計算），其中僅有198人是以應用科技（技術報告）的方式升等（57件來自一般大學，141件來自技專校院）。一般大學以應用技術升等的人數，約占總通過人數的9%，技術校院的占比約為19%。雖然以應用技術成功升等的比例已較過去有所增加，但整體而言，學術界對於著作發表的推崇，仍遠高於對於科研成果商業化的重視。因此，鼓勵多元升等制度，積極改變「投入科研成果商業化活動是不務正業」的想法，是另一個未來可以努力的方向。

三、技轉單位運作模式的調整

最後，技轉單位的能力，對於大學科研成果商業化的推動，具有關鍵性的影響。與其他國家相較，臺灣地狹人稠，但大學校院的數量卻高達上百所。各校在科研成果商業化活動上，也是以學校為單位設置技轉中心，除了少數幾個學校之外，均面臨技轉單位資源不足的問題。一個優質技轉中心應該提供的協助，並非僅有專利申請或技術移轉等行政文書的處理而已，還需要對產業的脈動與技術資訊有一定程度的掌握，並具備技術布局、鑑價分析等能力，更重要的是，要能與企業建立長期的合作關係。因此，在各校資源有限的情況下，以跨校聯盟的方式，讓技轉單位的資源能共享，便是其中一個可能的選項。事實上，教育部在2010年便頒布了《教育部推動大專校院產學合作網絡聯盟補助計畫實施要點》，允許國內外各公私立大專校院自組產學合作網絡聯盟，並提供經費補助，但每個聯盟每年最多僅補助新臺幣1,000萬元，且該補助計畫也於2014年終止。科技部（現為國科會）另於2017年至2020年提出「推動國際產學聯盟計畫」，以跨校方式匯集學界研發能量，並與國內外企業進行合作，形成

能與國際產業鏈接軌的產學聯盟。2021年復成立「科研產業化平臺」，將國際產學聯盟轉型為區域跨校整合平臺，並設置「產業聯絡中心」單一窗口，延攬具有產業、創投經驗的專家，協助跨校人才與技術的媒合。

　　除了加入跨校聯盟之外，以更彈性的方式來運作技轉單位，是另外一個可嘗試的做法。以成功大學為例，該校為了讓技轉單位的運作更有效率，於2009年至2010年間，延攬業界專利專業經理人擔任技轉中心的執行長，以企業化的方式經營，進而在智慧財產權的收益上有亮眼的表現（李淑蓮，2012）。目前臺灣的大學校院受限於法規限制，僅能於校內成立技轉中心，且主管職多由校內教授兼任（葉芳瑜等，2017），但此種方式往往缺乏彈性，導致成效不彰。未來臺灣「大學法人化」制度若能成功推動，國立大學在用人、財務上便能有更多彈性，屆時亦可考慮參酌國外大學的做法，於校外成立基金會（像是美國的布朗大學），甚至由大學設置私人公司（如英國的牛津大學），負責協助專利申請與智慧財產權管理等事宜。一旦以企業化的方式來運作，技轉單位便能以合理的薪資延攬優秀的經理人，專責法律諮商、技術布局、市場行銷、創業投資等各項服務（葛孟堯，2015），進而提升研發成果衍生應用的收益。

參考文獻

一、中文部分

王怡潔、黃婉玲（2017）。研發成果商業化政策研究：順服因素之個案分析。**公共行政學報**，**53**，79-119。

王偉霖（2007）。我國學術機構技術移轉機制實施成效與法律制度之檢討。**科技法學評論**，**4**（2），59-96。

包宗和、蔡培村、楊美鈴、王美玉、仉桂美（2018）。**大專校院教師升等多元自主機制及申訴處理之探析通案性案件調查研究報告**。監察院。

李淑蓮（2012）。引進業界專利專業經理人 讓成大技轉金年年破億 發明專利申請量居大學之冠。**北美智權報**，11月2日。

林佳瑩（2019）。我國推動高等教育衍生新創企業之政策省思。**臺灣教育評論月刊**，**8**（12），97-103。

林宜玄、張嘉育（2014）。**調查政府推動產學合作政策之有效性**（編號：(103)038.0803）。國家發展委員會委託計畫。

胡欣怡、吳豐祥（2020）。台灣學術創業之發展與挑戰：科技基本法之省思與期許。**科技管理學刊，25**（2），61-89。

耿筠、張彥輝、陳宥杉、翁順裕（2009）。我國高等教育機構技術移轉業務之調查研究。**商管科技季刊，10**（4），625-646。

張彥輝、林佩芬、翁順裕（2008）。我國學研機構技轉單位與技轉人員之發展概況。**商管科技季刊，9**（4），525-545。

黃婉玲、林殿琪、陳毓蓉（2020）。從實驗室到市場：產學邊界跨越機制分析。**科技管理學刊，25**（2），91-126。

葉芳瑜、許旭昇、楊翔莉、黃郁棻、陳威穎（2017）。**加強產學研合作鏈結之政策研究與規劃**。財團法人國家實驗研究院科技政策研究與資訊中心。

葛孟堯（2015）。**牛津大學與劍橋大學技術移轉模式之簡介**。科技政策觀點。12月30日。https://portal.stpi.narl.org.tw/index/article/10180

二、外文部分

Aydemir, N. Y., Huang, W.-L., & Welch, E. W. (2022). Late-Stage Academic Entrepreneurship: Explaining Why Academic Scientists Collaborate with Industry to Commercialize Their Patents. *Technological Forecasting Social Change*, 176, 121436.

Bush, V. (1945). *Science: The Endless Frontier*. US Government Printing Office.

Etzkowitz, H. (2008). *The Triple Helix: University-Industry-Government Innovation in Action*. Routledge.

Etzkowitz, H. & Leydesdorff, L. (1995). The Triple Helix—University-Industry-Government Relations: A Laboratory for Knowledge Based Economic Development. *Easst Review*, *14*(1), 14-19.

Etzkowitz, H. & Leydesdorff, L. (2000). The Dynamics of Innovation: From National Systems and "Model 2" to a Triple Helix of University-Industry-Government Relations. *Research Policy*, *29*(2), 109-123.

Freeman, C. (1987). *Technology Policy and Economic Performance: Lessons from Japan*. Pinter

Publishers.

Goel, R. K. & Göktepe-Hultén, D. (2018). What Drives Academic Patentees to bypass TTOs? Evidence from a Large Public Research Organisation. *The Journal of Technology Transfer*, *43*(1), 240-258.

Gulbrandsen, M. & Smeby, J.-C. (2005). Industry Funding and University Professors' Research Performance. *Research Policy*, *34*(6), 932-950.

Huang, H. & Chen, S.-H. (2020). Revisiting the Agent Roles of the Technology Transfer Office in University Commercialization. *Journal of Technology Management*, *25*(1), 33-72.

Jensen, R. A., Thursby, J. G., & Thursby, M. C. (2003). Disclosure and Licensing of University Inventions: "The Best We Can Do with the S**t We Get to Work with". *International Journal of Industrial Organization*, *21*(9), 1271-1300.

Kline, S. & Rosenberg, N. (1986). An Overview of Innovation. In R. Landau & N. Rosenberg (Eds.), *The Positive Sum Strategy: Harnessing Technology for Economic Growth* (pp. 275-305). National Academy Press.

Kumar, M. N. (2010). Ethical Conflicts in Commercialization of University Research in the Post-Bayh-Dole Era. *Ethics & Behavior*, *20*(5), 324-351.

Merton, R. (1942). The Normative Structure of Science. In R. Merton (Ed.), *The Sociology of Science* (pp. 267-278). The University of Chicago Press.

O'kane, C., Mangematin, V., Geoghegan, W., & Fitzgerald, C. (2015). University Technology Transfer Offices: The Search for Identity to Build Legitimacy. *Research Policy*, *44*(2), 421-437.

Siegel, D. S., Waldman, D. A., Atwater, L. E., & Link, A. N. (2004). Toward a Model of the Effective Transfer of Scientific Knowledge from Academicians to Practitioners: Qualitative Evidence from the Commercialization of University Technologies. *Journal of Engineering and Technology Management*, *21*(1-2), 115-142.

Swamidass, P. M. & Vulasa, V. (2009). Why University Inventions Rarely Produce Income? Bottlenecks in University Technology Transfer. *The Journal of Technology Transfer*, *34*(4), 343-363.

PART 3

體制運作與效能

● 第 11 章　民主的數位轉型：內容、影響與原則（李仲彬）

● 第 12 章　彌合我國政府施政計畫管理的落差：從審計機關加強考核重要施政計畫績效（張四明）

● 第 13 章　良善政府之績效管理制度再設計（胡龍騰）

● 第 14 章　地方府際合作與合併：概念與實作的再詮釋（呂育誠）

● 第 15 章　司法懲戒與行政懲處雙軌制度權限爭議：兼論憲法法庭 111 年憲判字第 9、10 號判決（劉如慧）

● 第 16 章　台鐵改革的挑戰與機會（林淑馨）

第11章

民主的數位轉型：內容、影響與原則

李仲彬

壹、民主治理的數位轉型：定義與範圍

何謂數位轉型（digital transformation, DT）？由於物聯網（IoT）、大數據（big data）、人工智慧（AI）、5G等先進技術的發展，數位轉型相關研究在近十年期間，頻繁地出現各大領域中，但若仔細比較文獻後不難發現，每篇研究對於數位轉型的界定不盡相同（Wessel et al., 2021），有些學者認為數位轉型就是「科技驅動的組織轉型」（IT-enabled organizational transformation），也就是利用新科技來支持現有組織價值主張的實現，增強現有的組織功能及定位；但也有學者認為數位轉型應該廣泛包含至利用數位科技（重新）定義組織的價值、目標，甚至為了要回應資訊社會下的新常態，產生出新的組織定位或角色。為了整合相關觀點，Hanelt等學者（2021）彙整近300篇數位轉型相關文章的論點之後，綜整提出的數位轉型定義為：一個鑲嵌在資訊通訊科技（ICTs）發展趨勢下，利用資訊通訊科技工具來使組織的設計、運作方式轉變成一個可持續不斷地適應新環境的過程。

依循前述的數位轉型定義，當將焦點放置在政府對於民主價值的維繫範疇上，就變成民主的數位轉型（digital transformation on democracy），則其概念指：**民主的運作目標或工具，主動或被動地依照數位科技社會的發展來進行適性化的改變，以藉此回應數位社會需求的過程**。具體的轉型作為，例如政府因應社群媒體的興起，投入資源訂定數位環境秩序的管制法令，以兼顧社群媒體上言論自由保障與假消息散布抑制這兩項重要政策目標；或是因應行動設備的普及、市內電話使用率降低，政府開始使用網路輿情分析工具來探測民意走向；或是隨著5G及串流媒體的發展，政府開始進行會議（如立法院委員會）或公聽會的直播，以利民主透明程度的提升等，這些政策作為或法規調適都可

以稱為數位民主治理轉型工作的內容。

需要注意的是，數位轉型工作不是單純地引入科技就可以自然地水到渠成。Mergel（2021）就提醒，無論是在行政領域還是在民主領域，科技導入社會運作過程都必須審慎以對，數位科技才可以真的加強行政與民主原則的實踐、滿足民眾的需求和期望，以及最終提升民眾對政府的信任。因為數位轉型過程很可能出現負面效果，例如在民主場域中，可能對個人權利、自由、隱私和個資保護產生侵害，還可能導致民主選舉和決策不透明，從而削弱民主的品質，同時，數位落差問題亦可能造成新的社會分歧。總之，數位轉型需要非常小心才能發揮正面影響，這就如同Barber（1998）早年所提的警告，資訊科技與民主結合之後的劇本不會只有一種，有可能是樂觀的「潘格洛斯」劇情（Pangloss scenario），科技帶來的轉型最終解決民主政治長久以來的困境；也可能是悲觀的「潘朵拉」劇情（Pandora scenario），數位科技進入民主運作之後，就像打開可怕的潘朵拉盒子一般，惡化了民主品質；或者是一個審慎的「傑佛遜」劇情（Jeffersonian scenario），也就是主政者仔細分析科技的特徵，找出最合適與民主制度結合的方式，並策略性地應用，而不是被科技牽著鼻子走。

貳、為何會出現民主的數位轉型？

一、科技發展下自然產生的「新環境」需求

為何民主治理工作需要進行數位轉型？一個核心原因就是傳統代議民主運作的問題不斷，包含民眾政治效能感的降低、對公共事務的冷漠、民眾對政府缺乏信任等，因此當新興資訊科技如5G、AI、行動上網等的發展，帶來了解決這些問題之契機時，自然就出現了各種嘗試與應用。

另一個驅動數位民主轉型的力量其實是基於民眾行為、習慣的改變，也就是數位社會、生活的出現。無庸置疑地，各種數位科技的發展，並不是為了解決民主制度的長期缺陷，而是因為要滿足人類更廣泛的日常生活需求、追求生

活便利舒適、生產效率與經濟發展。以行動設備為例，目前幾乎人手一機的社會，只要連上網，隨時隨地可以與世界上各個角落的親友聯繫，手機同時也是照相機、信用卡、新聞報導來源、車票、小型電腦等，其中在通訊習慣上，民眾的電話使用平臺早已從以往市內電話為主，轉變為目前以手機為大宗，且不管哪一個年齡層都一樣，民眾每天行動上網的時數持續上升，透過線上平臺進行各種交易的比例也不斷增加，而這些改變對於一個政府來說，就是「顧客」的行為與需求的轉換。在此情形之下，政府不能再以和過去相同的方式來回應顧客，而要有一些轉變，例如需要將以往靠紙本信件通知民眾的方式，改成以細胞簡訊來更廣泛地接觸；以往仰賴透過市內電話進行民意調查方式，必須改以行動電話替代；需要開發行動支付的平臺與設立監管機制等，總之，因應數位時代的出現，政府本來就應該有相對應的作為，民主治理也是一樣，否則將無法提升政府的運作效率與品質。

二、突發性事件產生的「新社會常態」迫使

　　除了前述時代趨勢的發展之外，一個突發性的事件也迫使數位民主轉型的加速，那就是從2020年初開始蔓延全球的COVID-19。由於變種病毒一波接一波，許多城市在封城與解封中來回循環，這早已符合法國社會學家Marcel Mauss所稱的一種「總體社會事實」（total social fact），也就是社會上的每一個層面，都因為疫情而產生改變，包含政治、教育、經濟、社會、法律、或宗教等，無一倖免（Alteri et al., 2021），每個領域都出現了屬於自己的「新常態」（the new normal）環境，也就是很多事情都不一樣了、回不去了。

　　民主政治領域當然也不例外，疫情影響下，公共政策發展過程所面對的「新民主社會常態」（the new normal of democratic society）是：需要群聚、面對面的公共政策討論場合，在疫情管制期間不再被允許，所有的公眾參與（public participation）活動（例如公聽會、社會運動等）都沒得選擇，必須移到網路世界完成，變成一個無法群聚的公民社會；而即使在低度管制下可以少數群聚的社會，多數人也因為防疫不鬆懈觀念的影響，降低了現場參加聚會的人數上限，即使人在現場，也都隨時戴著口罩講話，或甚至因為已習慣了線上討論的方便性與效率（例如可以連結世界各地的與會者、可以不用出門、可以

不用換裝、可以不用印出紙本會議資料、可以同時開兩個以上的會議或一心二用等，但忽略了其缺點如討論品質受到改變、無法使用肢體語言等），在法規允許的情況之下，漸漸偏好以線上方式來替代過去的面對面會議；線上參與（online participation）變成公眾參與的主要方式。這個民主社會的「新常態」，有別於Robert Putnam（2000）所描述的「獨自打保齡球」情境，Putnam描述的是一個公眾對公共事務冷漠的社會，但最近出現的新社會常態，則是公眾參與公共事務的「程序」轉變了的社會，變成以在虛擬世界互動、溝通為主的社會。

三、第二波數位民主

在前述的趨勢與事件影響之下，民主治理的方式與工具有了新的樣貌，民主的數位轉型已經是一個現在進行式。事實上，有關數位民主的討論，也不是近幾年因為5G、第三波AI等最新科技的出現才開始，早在1990年代就因為網際網路的普及，電子參與（e-participation）、電子民主（e-democracy）主題已佔據政治公行領域相當多的篇幅。

然而，相對於早期的電子參與、電子民主討論，近幾年因為網路速度的倍增，各種數位化科技的出現，許多傳統受限於技術無法達到的電子民主效果，偏向悲觀論述的第一波數位民主，慢慢地轉為樂觀，因此目前的電子民主被稱為有三個顯著特徵的「第二波的數位民主」。首先，出現了以前沒有的線上決策平臺，也就是觸及了聯合國所說的「決策制定」；其次，新的數位民主工具，開始出現對實務政策約束力，產生了實際的政策影響，不像以前都只是參考性質；第三，2010年代以後的數位民主工具，吸引到的民眾數量，相對於以前有大幅的成長，許多線上民主機制的參與者可以達到數萬甚至數十萬（Deseriis, 2021）。

總之，科技驅動的社會變遷正在以前所未有的速度和規模發生，包含物聯網、大數據、機器學習和人工智能等技術浪潮正在重塑著社會，這個新世界需要完全不同技能的工作與方式，公共管理領域若沒有為這種非漸進或指數型的變化做好準備，過去幾個世紀中發展起來的許多現有政府結構和流程，可能在不久的將來變得毫無用處（Agarwal, 2018）。Coleman（2008）預測，轉型

後的新型數位政府，將會從傳統單一中心的層級體制，轉變成多元的資訊網絡治理結構，原本是擁有特殊資訊的組織容易掌握權力的狀況，變成是那些可以整合地蒐集、分享、使用多種資訊的組織容易成功，而政府也從單純地傳遞訊息，變成是互動性地傳送與接收訊息。總之，遍布新型數位科技、數位原住民的社會，政府所處的環境變了，對應的民眾需求與行為變了，政府的目標、做事方式也都要跟著變了，這就是數位轉型。只是，應該如何轉？目前轉得怎樣？這也都是學界與實務界現階段需要盡快探討的問題。

參、民主數位轉型過程帶來什麼不同？

既然應用數位科技下的民主運作早已不是新聞，那麼轉型下的民主運作有哪些不一樣呢？民主的運作過程涉及到許多不同的利害關係人，包含政府機關、非政府組織、政黨、政治人物、公民甚至整個公民社會，而數位科技所帶來的差異，主要就是在這些利害關係人的生成、互動過程，以及其背後的制度環境特徵上。Mergel（2021）認為，這些改變可以分從以下幾個部分來探討。

一、對利害關係人的組成與互動產生影響

因為數位科技的發展，許多新的溝通媒介、工具產生，政治選舉的候選人的行銷、動員的場域都已移往「天空上」，也就是透過網路世界中話題的塑造、迷因行銷、帶風向的討論等「空戰」方式，來提升自身候選人的知名度與支持度。反過來，公民也透過網路世界來發起連署、動員社會運動等，或是與政府進行互動，甚至在網路上與其他公民進行政策對話、溝通。總之，民主場域上的各種利害關係人取得權力的場域、互動的場域都和以往不同，從陸地轉到「天空」。

在上述的趨勢下，對政黨這個角色來說，數位科技促使了新的行為者，也就是「數位政黨」（digital party）的出現。相對於持續以傳統媒介來招募黨員、政治動員和黨員互動的舊型政黨，不斷地因為黨員人數減少而勢微或甚至消失，新型「數位政黨」利用網路場域來動員支持者、接觸對政治積極有興趣

的民眾、舉辦線上審議，甚至將決策場域搬到網上並向民眾公開[1]，這種做法當然對某些民眾來說是一個很受到歡迎的方式，也確實造就了一些新興政黨力量的出現。但必須注意的是，對整體民主社會來說，也有可能產生負面效果，也就是造成有興趣參與政治的人獲得更多的政治影響權力，Mergel（2021）將其稱之為「有閒者的暴政」（tyranny of people with time），也就是真正參與民主過程的人其實是一群少數網民。Norris（2001, pp. 217-219）也做過類似的討論，反思資訊科技為民主帶來的究竟是一種驅動（mobilization）效果，還是一種強化（reinforcement）效果？很不幸地，從實證上來看，網路科技確實可提升現有政治菁英、現有公共事務參與者、或對公共事務有興趣的民眾一個更多、更方便的參與機會，但終究無法觸動那些對公共議題冷漠的人（Delli Carpini, 2000）；陳敦源等人（2007）對臺灣社會的分析也發現，網路使用程度與網上公民接觸間有正向關係，但是主要是「強化」了原本就有參與熱忱的人士，較少「驅動」低公眾接觸族群。

　　對公民社會這個角色而言，數位轉型過程擴展了其實際的影響力。許多原本被批評為「只會出一張嘴」而沒有實際勞力付出、坐在沙發上的激進主義者（slacktivism activism from the couch）的團體與民眾，開始利用數位科技分享訊息、發起公眾諮詢，甚至動員競選、募資等活動，「鍵盤公民」的興起，讓整個公民社會的樣貌、格局產生變化。

　　最後，私部門參與者的新加入，也是數位轉型過程所帶來的利害關係人改變，最主要的原因是民眾、公民社會與公部門進行溝通來往時，往往透過這些私部門所開發的數位平臺作為溝通管道，隨著公部門愈來愈重視數位轉型，則私部門所握有的資訊與權力則愈大，此時若太多權力集中在少數私部門股東手中，則此新的行為者會間接地威脅到民主。

二、對代議機制形成過程與品質的影響

　　自由公正的選舉是代議民主的基石，運作的過程需要獨立、客觀的社會輿

---

[1] 例如2014年柯文哲贏得臺北市市長選舉之後，開放民眾利用i-Voting的方式來票選市府內閣閣員。

論。但是，數位社會中，公民表達意見、吸收意見的方式改變了，也間接影響社會上「民意」的品質，尤其是在以下幾個部分尤需注意（Mergel, 2021）。

　　首先，網路上的錯誤或假訊息影響了民意與選舉結果，這是一個很明顯有關網路中立性（internet neutrality）疑慮之討論（Turilli et al., 2012; Shapiro, 2018; Miller & Vaccari, 2020），其中最有名的例子，當然就是「劍橋分析」（Cambridge Analytica）於2016年幫助美國總統川普當選的事件，該公司的業務總監Brittany Kaiser就曾經講過「只要Facebook的生意繼續，民主就有危機」（劉致昕，2020）。網路的「不中立」不僅造成公眾接受網路政治訊息時受到引導，這樣的狀況也會表現在政府機關透過網路蒐集公眾「意見資訊」時產生的偏誤上。例如在虛擬世界中獲得的「民意」，包括社群媒體的活動分析或是網民的情緒分析（sentiment analysis），是否可以替代實體社會的輿論？就是一個相當受到關注的爭辯，樂觀主義者認為，負擔得起、且無所不在的網路可以為公民之間的意見形成與交換提供新環境，是公共管理者取得民意的新管道，甚至可以替代掉舊有的方式，例如DiGrazia等人（2013）以美國選舉所做的研究顯示，候選人的推文（tweets）數量，與該候選人後來實際得票數間，具有顯著性的相關，也就是可以從社群媒體的數據資料預測美國公民的政治行為（O'Connor et al., 2010; Beauchamp, 2017）。在德國也是一樣，Sprenger等人（2014）針對網路上10萬多條政治相關的訊息進行情感分析後，也同樣發現推文的情感與選民的政治偏好密切相關，另外Bermingham與Smeaton（2011）、Ceron等人（2014）也分別從愛爾蘭、義大利及法國的網路環境當中有類似的發現。然而，並非所有研究都抱有這種樂觀態度，由於網民是一群無代表性的樣本，Gayo-Avello（2011）警告說，仰賴社群媒體的分析來代表民意，可能會成為另一個《文學文摘》的錯誤民意調查案例，Mislove等人（2011）也發現，社群媒體當中的使用者主要是男性，是高度的非隨機樣本，而這樣的狀況會導致網路上公共議題討論的偏頗。Conover等人（2011）就發現，社群媒體世界中有相當明顯的政治分化趨勢，這不是一個好的現象。

　　第二是投票建議程式（voting advice applications, VAAs）的應用，這種程式是一種線上工具，透過先詢問使用者（民眾）回答一連串政策偏好、政治議題立場問題的方式，最終計算產生出哪一個政黨或候選人的立場最接近該位

民眾偏好的資訊，並提出投票的建議（Garzia & Marschall, 2019）。VAAs的使用，在過去這幾年當中有相當高幅度的成長，目前在歐洲已有數百萬選民使用，包含荷蘭的StemWijzer、瑞士的Smartvote和德國的Wahl-O-Mat，都是類似的平臺（Mergel, 2021）。然而，對於此程式如何運作，其背後演算、優先順序如何排序，以及由誰贊助此程式開發，都不是很透明，因此對於仰賴此結果投票的民眾，實際上是否已經被控制了，或是整個代議系統的產生過程是否被操弄了，都是一個值得探討的議題。

　　第三就是「政治的微型標定」（political microtargeting）出現。政治競選活動中，政黨通常會透過大數據進行分析，將不同特質、行為的選民區分為不同群體，並針對不同群體投放各種客製化資訊，而非過往傳統方式對於所有民眾都投放相同資訊，只是必須注意的是，將民眾劃分為不同群體是否為一種有害的行為？人們是否瞭解並知道資訊來源已經被篩選過了？民眾是否有權利選擇或拒絕接收這些資訊等？由於目前對於網路平臺沒有獨立的監督機構，因此包括在Facebook與YouTube等背後究竟是怎樣的演算法？對民眾幾乎沒有透明度可言（Mergel, 2021）。

三、對公共審議、諮商與討論品質的影響

　　近幾年因為疫情的影響，民主參與活動當中有關討論、審議的活動幾乎都停辦或是移往線上，但是線上公眾參與活動的參與者之間，往往無法面對面並接觸到彼此，導致交流受阻（Bastick, 2017），並且因參與者往往缺乏線上討論的經驗而對其提案與交流產生「互動限制」（Royo et al., 2020）；或因無法面對面交流，不利於關係網絡形成，造成「社會網絡限制」（Bastick, 2017）；或因無法接觸並實際見到彼此，參與者間「討論對象信任」降低（Bastick, 2017），致使「不理性討論產生」（Hennen, 2020），侵害公共審議的品質。舉例來說：根據台灣人權促進會等八個民間團體的描述：「……疫情緊張下，……市政府仍堅持舉辦20場的『……公聽會』，現場嚴格限制實體參與人數。人數額滿時就請其餘民眾改至其他空間觀看直播，並鼓勵民眾線上觀看……臉書直播。但直播品質卻不夠穩定，因此許多民眾在……粉專留言抱

怨『聽不清楚』、『簡報畫面看不清楚』……」[2]。

因為頻繁出現缺乏配套而致使線上公民審議活動品質受到侵害的現象，讓我國超過八個公民團體發起聯合聲明，彙整近期中央各部會各審議會議在缺乏配套的前提下就貿然改為改線上的狀況（表11-1），呼籲進行線上審議會議應有以下配套措施[3]：（一）事前應提供一定期間及所有必要資料，給予民眾表

表11-1　我國中央部會各審議會議以線上進行後之配套狀況

	是否於公開平臺直播	是否提供民眾電話陳述意見	會議資料是否於七天前公開	數位落差若無法克服，是否可暫緩審議	線上審議是否法制化
環保署環評會議	○ 會後於公開平臺可重複觀看	○	▲ 報告書七天前已公開，但會議簡報未公開	✗	✗
內政部土徵小組	✗	✗	✗ 徵收計畫書部分公開，會議簡報均未公開	▲ 有陳情的案件原則上暫不排線上審議	✗
內政部都委會	✗	✗	✗ 第911次大會線上召開，會議議程未公開	▲ 有陳情的案件原則上暫不排線上審議	✗

資料來源：林志鴻（2021）。

---

[2] 台灣人權促進會等八個團體的聯合聲明內容。請見台灣人權促進會（2021）。

[3] 這八個團體包含：台灣人權促進會、環境權保障基金會、環境法律人協會、台灣反迫遷連線、彰化縣環境保護聯盟、台灣蠻野心足生態協會、地球公民基金會、綠色公民行動聯盟。

示意見之機會（包含書面、口頭、電話等方式），並於會前將民眾意見及主管機關或相關權責單位處理方式回覆彙整提供予審查委員，且公布於網路上供民眾參考；（二）會議應採取直播方式進行，並提供民眾以電話通訊方式即時表示意見，以消弭不擅長使用電子設備之弱勢群體參與會議之障礙；（三）直播影片及會議資料應於網路公開，供民眾事後表示意見；（四）上述民眾事前及事後所提供之意見，開發單位或主管機關應具體回覆，並彙整於會議紀錄中；（五）利害關係人仍無法有效參與會議者，得說明理由提出異議，主管機關如無法處理，應暫緩線上會議。

移往線上舉辦的公共參與活動產生了什麼樣的影響，除了在我國引發討論之外，國外也有一些類似的觀察。例如，在英國，自2020年4月開始，英國上議院為了防疫，容許議員依照本身意願使用線上或傳統方式出席會議，而經過了一年多，國會圖書館（House of Lords Library）於2021年2月針對線上國會的運作狀況進行了影響評估分析（Scott, 2021），結果發現，純線上的會議模式，每天發言的成員人數雖然都在增加，每天的平均發言人數比前三年同期增加了29人，但是每天的平均發言次數比前三年的同期減少了35次，這意味著雖然有更多成員發言，但他們平均每天發言的次數較少，研究認為這可能是因為當其他成員發言時，其他人失去發言的自發性（spontaneity），辯論情境受到限制所致；另外，每個人在網路會議發言的時間也受到限制，這些都導致對話效果的降低（House of Lords, 2021）。除了討論政策議題效果之外，甚至有些地區政府趁著疫情之便，「簡化」（或可稱「偷渡」）了一些政策討論程序。例如，在紐西蘭，政府利用COVID-19帶來的社會不方便，在這段時間將一些重大方案（"Think Big" projects）提交議會審議，除了少部分方案可以容許五十日內決定外，大部分限制於二十五日內需要有討論成果，這樣的進行方式不但讓民眾無法清楚瞭解，更讓議員無所適從，踐踏了民主程序[4]。

總之，近期研究顯示，在數位環境下的新興民主參與工具成為主流之後，出現了許多負面效果，包括傳統和虛擬參與產出之間的差距、缺乏虛擬參與的應變程序與方法、線上參與者很少、僵化的討論結構、匿名、缺乏非正式討

---

[4] 相關新聞報導請參考Voxy.co.nz. (2020).

論、「自助會議」所產生的困擾、肢體語言失去效果、中途離席的問題（突然離開電腦前）、駭客問題等，都是以前沒注意過的狀況，包含一個最簡單的視訊與麥克風是否開啟的問題，都可能對民主審議品質產生限制，因為視訊會議或許可能讓人更容易出席，但不一定會增強參與的程度，尤其是一些參與者傾向於將麥克風靜音和關掉視訊鏡頭，會議主持人往往會在討論期間跳過此類參與者，導致參與的意義受限（Pantić et al., 2021）。

四、對課責方式與課責內容的影響

數位轉型後，民眾獲取、分享資訊的能力提高了，這有助於民眾監督政府的能力，進而加強政府的課責（accountability），例如德國的FragDenStaat是一個非營利的網站，在《資訊自由法》的基礎上，民眾可以透過此平臺向政府查詢相關資訊，促進政府與民眾間資訊的交流，提升政府的公開透明程度；在英國，「What Do They Know」網站幫助公民從政府獲得答案；在歐盟則有「ask The EU」平臺可以讓民眾直接向歐盟機構發送文件調閱需求（Mergel, 2021）；或是我國《政府資訊公開法》的施行、「政府資料開放」（open data）工作的推動，也都是數位民主轉型工作的重要項目。

除了政府機關在數位科技發展趨勢下，增加了來自數位社會的監督力量外，數位轉型過程也因為AI的應用，出現了對AI的監管需求，而目前已經有少數的公民團體在從事這樣的工作，例如AlgorithmWatch就是一家非營利性研究和倡導組織，它致力於評估具有社會相關性之演算法，希望更好地確保演算法符合而不是侵犯人權和民主。AlgorithmWatch建議政府在使用演算法的過程，必須建立演算法本身的監督機制。以歐盟為例，目前已經設立了人工智慧委員會（Committee on Artificial Intelligence, CAI）來做這樣的工作，CAI根據歐洲委員會之人權、民主和法治的標準，致力於審查AI開發、設計和應用的法律，CAI指出，政府應採取充分措施以打擊使用或濫用AI系統非法干預選舉的作為，避免透明、課責等民主原則被侵害。

肆、轉型過程應依循的原則

當數位環境已經變成新的民主運作環境時，以最基本、最原始的民主原則來檢視這些新興機制是否正面有效，是一個非常重要的工作。而這些基本的原則，至少可以從公民參與理論，或是民主原則中找到。例如陳敦源（2012，頁305-306）所提的平等參與原則、對話學習原則、審議判斷原則、效率平衡原則以及透明課責原則，或是美國環境保護署（EPA）或國際公眾參與協會（IAPP）在討論「有效的」（effective）公眾參與時所用的一些面向指標，都應該被用來隨時檢視數位民主環境。

此外，程序民主的基礎價值原則也很重要。當數位民主參與被視為主要的民主機制，而非僅是一個配角時，評估民主數位轉型成效的標準應該回到程序民主的核心價值原則上，例如Shapiro（2018）以1789年《人權和公民權利宣言》當中的民主核心價值為基礎，轉化提出七點對現有數位民主違反民主核心價值特徵的觀察，並提出一些改善的建議，讓數位民主參與可以符合民主價值原則的基本要求，舉例而言，主權（sovereignty）喪失的問題就是需要去檢視的，因為網路上的所有平臺，包含簡單的資訊公告區或是Facebook，都是獨裁的，有一個無所不能的「管理者」可以決定誰可以進入討論，誰該被趕出去，以及每個成員可以採取什麼行動，管理員還可以隨意關閉平臺並消除所有討論紀錄，這一切顯然違反了民主的所有核心價值觀：主權、平等、自由、透明、財產、隱私和正義。因此，Shapiro（2018）建議可以採用民主加密貨幣或區塊鏈技術，確保數位民主的成員是其主權者和所有者；另外，平等（equality）的問題也需要被關注，因為平等需要一人一票，然而，電子民主參與由數位身分組成，而不是人，目前大多數現有系統允許一個人創建任意數量的數位身分，因此為了支持電子民主中的平等，必須設計一個新的數位身分概念，它是真實的、獨特的、持久的並且由它所代表的人所有。總之，數位民主參與的評估指標，應該回到這些最基本的民主原則來進行檢視。

伍、結語：公共管理者必須審慎應對民主的數位轉型工作

　　數位民主轉型雖然是一個無法抵擋的時代趨勢，但若不謹慎應對、設計做法，這個過程很容易就會造成民主社會中人民政治權利、自由上的損害，例如在公共諮商的部分，透過數位平臺進行的遠距會議，在缺乏相對應配套與過往經驗的狀況之下，出現了許多程序瑕疵。為了避免數位環境下的民主運作產生瑕疵，世界上許多地方都已推出了數位環境下的民主推動方針或相關配套，例如紐約市政府特別建置了線上公聽會的指引網站「NYC Engage」，提供線上公聽會的相關訊息，並且提供參與者在軟硬體上的使用指引。網站內表示「……舉行遠距會議時，城市規劃委員會將遵循與疫情前完全相同的規則，包括形式、法定人數、日程安排、參與者的登記方式、證詞長度等……」[5]；德國在2021年受到疫情的影響，許多選區的公民參與活動改為線上辦理，其中在施特格利茨—策倫多夫（Berlin Steglitz-Zehlendorf）選區，特地在線上會議之前為當地民眾準備「物資箱」，並寄送給所有參與者，物資箱當中包含了完整的數位會議資訊、零食以及驚喜小物，供使用者在線上公民參與前，可以對數位會議的內容有良好的認識[6]；歐盟發布聲明警示，需謹慎處理線上會議，因為並非所有人都能使用這類工具[7]；奧地利頒布特別法保障無法線上參與之民眾之權利[8]；我國的新北市也制定了都市更新案件「線上會議作業規範」[9]、行政院針對《行政程序法》中增訂「視訊聽證」與「視訊公聽」程序[10]、法務部

---

[5] 相關資料請參考Media Contact（2020）。

[6] 相關資料請見Es geht LOS' tweets, June 7, 2021. https://twitter.com/esgeht_los/status/1401886595800764417?s=21

[7] 相關資料請參考UNECE（2021）。

[8] 相關報導資料請參考Schoenherr（2020）。

[9] 請參見新北市政府都市更新處（2021）。

[10] 請參見中華民國法務部（2021）。

也函示了視訊會議相關規定等[11]。

總之，在數位時代的趨勢下，公民的行為、民主運作所處的社會環境都不同了，為了維持並進而提升民主的品質，數位轉型是一個無法抵擋的趨勢。從社會科技主義的觀點來看，包含組織制度、領導人思維都會影響科技的應用方式，當然也就影響著數位轉型到底是「轉」到哪裡？是轉到一個理想世界，還是愈轉愈量？這兩者之間的區別就在於制度的設計與因應作為。如同前述「傑佛遜」劇情，一個負責任的公共管理者，在這個數位轉型的十字路口，必須結合各方資源之後仔細分析科技所帶來的各面向影響，去蕪存菁，留下最合適與民主制度結合的方式並策略性地應用，絕不能完全不加思索就跟著科技走，步入科技決定論的劇本。

參考文獻

一、中文部分

中華民國法務部（2021）。**行政院院會通過「行政程序法部分條文修正草案」「擴大人民參與」、「貼近人民生活」、「便利人民查閱」**。8月19日。https://www.moj.gov.tw/2204/2795/2796/117981/post

台灣人權促進會（2021）。**公民參與不該因疫情倒退：法令未完備、數位落差未克服，不應召開各項線上審議會議**。6月16日。https://www.tahr.org.tw/news/2968

林志鴻（2021）。數位落差妨礙民眾參與 民團籲線上審議應立即暫緩。**報呱**，6月18日。2021年12月18日檢索，取自 https://www.pourquoi.tw/2021/06/18/taiwan-20210618-1/

陳敦源（2012）。**民主治理：公共行政與民主政治的制度性調和**。五南圖書。

陳敦源、李仲彬、黃東益（2007）。應用資訊通訊科技可以改善「公眾接觸」嗎？台灣個案的分析。**東吳政治學報**，25（3），51-92。

新北市政府都市更新處（2021）。**新北都更因應疫情配套作法 推動都更不中斷**。新北市政府，6月16日。https://www.ntpc.gov.tw/ch/home.jsp?id=e8ca970cde5c00e1&dataserno=bcb8516c09c8c7994792475b39516e58

---

[11] 內政部110年8月18日內授營更字第1100813249號函。

劉致昕（2020）。《操弄：劍橋分析事件大揭祕》作者現身說法 專訪前「劍橋分析」業務總監：只要臉書的生意繼續，民主就有危機。**報導者**，1月6日。https://www.twreporter.org/a/information-warfare-business-interview-cambridge-analytica-brittany-kaiser

二、英文部分

Agarwal, P. K. (2018). Public Administration Challenges in the World of AI and Bots. *Public Administration Review*, *78*(6), 917-921.

Alteri, C., Cento, V., Piralla, A., Costabile, V., Tallarita, M., Colagrossi, L., Renica, S., Giardina, F., Novazzi, F., Gaiarsa, S., Matarazzo, E., Antonello, M., Vismara, C., Fumagalli, R., Massimiliano Epis, O., Puoti, M., Federico Perno, C., & Baldanti, F. (2021). Genomic Epidemiology of SARS-CoV-2 Reveals Multiple Lineages and Early Spread of SARSCov-2 Infections in Lombardy, Italy. *Nature Communications*, *12*(1), 1-13.

Barber, B. R. (1998). Three Scenarios for the Future of Technology and Strong Democracy. *Political Science Quarterly*, *113*(4), 573-589.

Bastick, Z. (2017). Digital Limits of Government: The Failure of E-democracy. In *Beyond Bureaucracy* (pp. 3-14). Springer.

Beauchamp, N. (2017). Predicting and Interpolating State level Polls Using Twitter Textual Data. *American Journal of Political Science*, *61*(2), 490-503.

Bermingham, A. & Smeaton, A. (2011). On Using Twitter to Monitor Political Sentiment and Predict Election Results. In Sivaji Bandyopadhyay & Manabu Okumura (Ed.), *Proceedings of the Workshop on Sentiment Analysis Where AI Meets Psychology (SAAIP 2011)* (pp. 2-10). Asian Federation of Natural Language Processing.

Ceron, A., Curini, L., Iacus, S. M., & Porro, G. (2014). Every Tweet Counts? How Sentiment Analysis of Social Media Can Improve Our Knowledge of Citizens' Political Preferences with an Application to Italy and France. *New Media & Society*, *16*(2), 340-358.

Coleman, S. (2008). Foundations of Digital Government. In Hsinchn Chen et al. (Eds.), *Digital Government: E-government Research, Case Studies, and Implementation* (chap. 1, pp. 3-20). Springer.

Conover, M., Ratkiewicz, J., Francisco, M., Goncalves, B., Menczer, F., & Flammini, A. (2011). Political Polarization on Twitter. *ICWSM, 133*, 89-96.

Delli Carpini, M. X. (2000). Gen. Com: Youth, Civic Engagement, and the New Information Environment. *Political Communication, 17*(4), 341-349.

Deseriis, M. (2021). Rethinking the Digital Democratic Affordance and Its Impact on Political Representation: Toward a New Framework. *New Media & Society, 23*(8), 2452-2473.

DiGrazia, J., McKelvey, K., Bollen, J., & Rojas, F. (2013). More Tweets, More Votes: Social Media as a Quantitative Indicator of Political Behavior. *PloS one, 8*(11), e79449.

Edward S. (2021). House of Lords: Impact of Virtual and Hybrid Sittings in 2020. Retrieved December 16, 2021, from https://lordslibrary.parliament.uk/house-of-lords-impact-of-virtual-and-hybrid-sittingsin-2020/

Garzia, D. & Marschall, S. (2019). Voting Advice Applications. Oxford Research Encyclopedia of Politics. Retrieved July 19, 2022, from https://oxfordre.com/politics/view/10.1093/acrefore/9780190228637.001.0001/acrefore-9780190228637-e-620

Gayo-Avello, D. (2011). Don't Turn Social Media into Another 'literary Digest' poll. *Communications of the ACM, 54*(10), 121-128.

Hanelt, A., Bohnsack, R., Marz, D., & Antunes Marante, C. (2021). A Systematic Review of the Literature on Digital Transformation: Insights and Implications for Strategy and Organizational Change. *Journal of Management Studies, 58*(5), 1159-1197.

Hennen, L. 2020. E-democracy and the European Public Sphere. In *European E-democracy in Practice* (pp. 47-91). Springer, Cham

House of Lords. (2021). *Covid-19 and Parliament.* Retrieved December 16, 2021, from https://publications.parliament.uk/pa/ld5802/ldselect/ldconst/4/4.pdf

Media Contact. (2020). *Mayor de Blasio Announces City Planning Commission Meetings to Resume in August.* July 15. https://www1.nyc.gov/office-of-the-mayor/news/520-20/mayor-de-blasio-city-planning-commission-meetings-resume-august

Mergel, I. (2021). Study on the Impact of Digital Transformation on Democracy and Good Governance. Retrieved July 20, 2022, from https://rm.coe.int/study-on-the-impact-of-digital-transformation-ondemocracy-and-good-go/1680a3b9f9

Miller, M. L. & Vaccari, C. (2020). Digital Threats to Democracy: Comparative Lessons and Possible Remedies. *The International Journal of Press/Politics*, *25*(3), 333-356.

Mislove, A., Lehmann, S., Ahn, Y.-Y., Onnela, J.-P., & Rosenquist, J. (2011). Understanding the Demographics of Twitter Users. *Proceedings of the International AAAI Conference on Web and Social Media*, *5*(1), 554-557.

Norris, P. (2001). *Digital Divide: Civic Engagement, Information Poverty, and the Internet Worldwide*. Cambridge University Press.

O'Connor, B, Balasubramanyan, R., Routledge, B. R., & Smith, N. A. (2010). From Tweets to Polls: Linking Text Sentiment to Public Opinion Time Series. In *Fourth International AAAI Conference on Weblogs and Social Media*.

Pantić, M, Cilliers, J., Cimadomo, G., Montaño, F., Olufemi, O., Mallma, S., & Berg J. (2021). Challenges and Opportunities for Public Participation in Urban and Regional Planning During the COVID-19 Pandemic—Lessons Learned for the Future. *Land*, *10*(12), 1-19.

Putnam, R. D. (2000). *Bowling Alone: The Collapse and Revival of American Community*. Simon and Schuster.

Royo, S., Pina, V., & Garcia-Rayado, J. (2020). Decide Madrid: A Critical Analysis of an Award-winning E-participation Initiative. *Sustainability*, *12*(4), 1674.

Schoenherr. (2020). *COVID-19 Phase 2 and Environmental Procedural Law*. July 6. https://www.lexology.com/commentary/environment-climate-change/austria/schoenherr/covid-19-phase-2-and-environmental-procedural-law

Shapiro, B. T. (2018). Positive Spillovers and Free Riding in Advertising of Prescription Pharmaceuticals: The Case of Antidepressants. *Journal of Political Economy*, *126*(1), 381-437.

Sprenger, T. O., Tumasjan, A., Sandner, P. G., & Welpe, I. M. (2014). Tweets and Trades: The Information Content of Stock Microblogs. *European Financial Management*, *20*(5), 926-957.

Turilli, M., Vaccaro, A., & Taddeo, M. (2012). Internet Neutrality: Ethical Issues in the Internet Environment. *Philosophy & Technology*, *25*(2), 133-151.

UNECE. (2021). *Effective and Efficient Public Participation to Leave No One Behind*. March

31. https://unece.org/media/news/354613

Voxy.co.nz. (2020). *Fast Track on the Wrong Track with Democracy Heist—ECO*. May 5. http://www.voxy.co.nz/politics/5/364006

Wessel, L., Baiyere, A., Ologeanu-Taddei, R., Cha, J., & Jensen, T. B. (2021). Unpacking the Difference Between Digital Transformation and IT-enabled Organizational Transformation. *Journal of the Association for Information Systems*, *22*(1), 102-129.

第12章

彌合我國政府施政計畫管理的落差：從審計機關加強考核重要施政計畫績效

張四明

壹、前言

　　政府推行公共政策都需藉助各類的施政計畫，例如中長程個案計畫或中程施政計畫、年度個案計畫或年度施政計畫等加以付諸實現，並展現計畫預期的成果。然而，我國中央政府施政計畫管理的權責分工自始傾向於「分散制」，再轉型為現行國家發展委員會（簡稱「國發會」）和國家科學及技術委員會（簡稱「國科會」）的雙元管理機制，政府施政計畫管理素來面臨先天不足與後天失調的雙重困境。此外，重視政府施政計畫的績效與預算整合（performance-budget integration, PBI），是一個國家公共政策運行重要的治理邏輯之一；亦即，透過各類政府施政計畫投入必要的預算和資源需求，再評核這些施政計畫執行以後的績效，以回饋作為未來年度預算決策的參考。美國重視PBI的治理邏輯可追溯至1949年胡佛委員會（Hoover Commission）將績效預算（performance budgeting）引進聯邦政府施行，首創聯邦預算編製須先對應不同類型的施政計畫，開啟目前政府預算書表常見「計畫—預算」相互對應的作業型態（Schick, 1966; 張四明，2003）。PBI對於納稅人資源的健全管理尤其重要，不過兩者的整合一直很難達成，儘管許多國家的政府已投入龐大的努力行動（張四明，2003；黃榮源，2009；Whitley, 2014; Ho, 2018）。

　　本文綜合運用文獻分析、深度訪談與焦點座談等多元的方法，並聚焦於我國中央政府施政計畫管理的落差分析，以及如何從強化審計機關考核重要施政計畫績效來彌合這道隱而未現的缺口。根據績效審計與成果導向方法的理論前提（promise），及美國推動聯邦政府施政計畫管理之經驗啟發，第貳節先梳

理我國政府施政績效管理的制度設計與變遷情形，以及審計機關目前踐行成果導向策略、加強考核重要施政計畫的概況；第參節盤點討論中央政府施政計畫管理素來存在先天條件不足與後天失調的問題；第肆節從審計機關加強考核重要施政計畫之績效著手，在未涉及組織變革與預算大幅增加的前提下，綜整提出本文對於如何縮短中央政府施政計畫管理落差之解決建議。

貳、政府施政計畫管理與成果導向方法

一、政府施政計畫管理

我國政府施政績效管理制度採行雙軌併行制，包括「機關施政績效評估」和「個案計畫績效評核」兩軌併行運作。「機關施政績效評估」係參考美國《政府績效與成果法》（Government Performance and Result Act, GPRA）之實施經驗，行政院自2002年起開始推動機關施政績效評估制度，強調以目標管理及結果導向為原則來評估中央機關整體的施政績效，各部會應每年依據機關願景、總統治國理念與院長施政主軸，檢討修正未來四年中程施政計畫及年度施政計畫，擬定施政策略目標及績效衡量指標，評估重點分成「業務」及「內部管理」（含人力及經費）面向等（張四明等，2012，頁28-29）。

另有關「個案計畫績效評核」制度，各部會於年度終了時，應就年度列管之重要施政計畫[1]，依行政院列管計畫、各部會列管計畫及部會所屬機關自行列管計畫，分別辦理績效評核。其中，行政院列管計畫之評核指標由行政院定之，評核程序分為主辦機關自評、主管機關評核及評核結果公告；部會列管計畫之評核作業區分為主辦機關（單位）自評、主管機關評核二程序，並由各部會依機關特性及業務性質，自行研訂評核指標及作業模式，或參照由行政院列管計畫之評核指標、衡量標準及資料格式辦理評核；至於自行列管計畫評核作

---

[1] 重要施政計畫係以「計畫別」作為政策規劃與管考之對象，目前依性質區分為社會發展、公共建設、科技發展等三種計畫類別，採取三級列管選項，管考一元化做法，分別由行政院列管、各部會列管或部會所屬機關自行列管。

業，則由各計畫主辦機關自行辦理評核（張四明等，2012，頁29-30）。

　　惟「機關施政績效評估」的制度運作，歷經臺灣政黨輪替，及行政院組織改造也牽動數度的制度修正與變遷。2009年行政院參酌的平衡計分卡（balanced scorecard, BSC）架構試圖新建構一個中程施政管理體系，要求中央部會依業務成果、行政效率、財務管理及組織學習等四面向聚焦於各部會施政重點，分別訂定「關鍵策略目標」及「關鍵績效指標」，以作為年終機關整體績效考評之依據。其後，2015年行政院函頒《國家發展計畫編擬要點》取代原來的《行政院所屬各機關施政績效管理要點》，希望各部會改就中長程個案計畫辦理施政績效評估，以落實國家發展計畫目標，2020年並開始校準四年一編的「國家發展計畫」及年度施政計畫。此外，為確保行政運作之效率及避免資源浪費，2016年行政院會議通過「行政機關管考作業簡化原則」，由國發會輔導各部會簡化機關內部管考作業，「機關施政績效評估」逐步轉型由各部會自主管理；自2019年起各部會年度績效報告由機關辦理自評及公告作業，亦即行政院（及國發會）不再辦理複核作業，改由各部會自行以重點成果展現績效。

　　「機關施政績效評估」和「個案計畫績效評核」兩者之關聯性與權責分工，前者之評估標準與內容是根據國家發展計畫及年度施政計畫，稱之為機關施政績效管理，已改由各部會自行辦理，期待能落實部會自我負責的精神；而後者「個案計畫績效評核」則持續由國發會負責管考，亦稱為個案計畫績效管理，其評核標準與內容是根據中長程個案計畫及年度個案計畫來訂定，參見圖12-1。

　　根據國發會訪談發現[2]，目前中央政府施政績效管理仍重視雙軌和計畫之間的相互校準，分別透過中程國家發展計畫（或中長程個案計畫），來引領年度施政計畫（或年度個案計畫）的作業審議、管制與考核。有關中長程個案計畫和年度個案計畫的管理，國發會強調計畫全生命週期觀點，由綜合規劃處主責計畫審議，再依計畫性質分由綜合規劃處、國土區域離島發展處、產業發展處等負責審議各類個案計畫，管制考核處職司後端的計畫管考及計畫屆期後的總結評估，另依全生命週期觀點，管制考核處也參與前端的計畫審議會議。除

2　以下的討論意見摘錄自2022年4月25日國發會訪談文本紀錄。

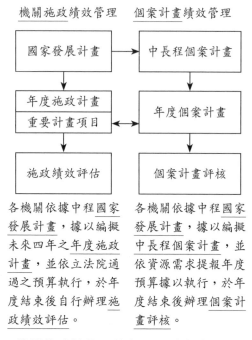

機關施政績效管理　　　個案計畫績效管理

各機關依據中程國家發展計畫，據以編擬未來四年之年度施政計畫，並依立法院通過之預算執行，於年度結束後自行辦理施政績效評估。

各機關依據中程國家發展計畫，據以編擬中長程個案計畫，並依資源需求提報年度預算據以執行，於年度結束後辦理個案計畫評核。

圖12-1　機關施政績效評估與個案計畫績效評核關係圖

資料來源：國家發展委員會提供。

了原有三級列管選項係針對所有計畫，管制考核處另推動一項公共建設計畫審議、預警及退場機制，挑選一些較大型、有爭議或窒礙難行的公共建設計畫，導入期中預警機制以強化「公建計畫」的管制與輔導作為（曾冠球，2016；張益銘，2019）。

二、成果導向方法

審計部於2020年2月訂頒「審計機關踐行成果導向策略與落實監督、強化洞察及邁向前瞻審計功能實施方案」，要求審計人員秉持外部課責的角色能具體落實成果導向策略，加強考核政府重要施政計畫之績效；而成果導向策略審計主要係在評核政策或計畫目標之結果或產出是否如期如質達成，計畫及服務是否如期運作等。本文將成果導向策略審計簡稱為「成果導向方法」（result-oriented approach, ROA），此種ROA係屬績效審計（performance auditing, PA）推動方法的一環，其餘尚包含問題導向（problem-oriented）和系統導向（system-oriented）兩種PA的推動方法，詳如後所述；而PA是以經濟性（economy）、效率性（efficiency）與效能性（effectiveness）等3E為核心的公共政策或方案評估活動（Pollitt, 2003; Put, 2011; INTOSAI, 2016）。

依據ISSAI的定義，PA係由最高審計機關所執行，針對政府的施政運作、政策方案、行動或組織等，所進行之獨立、客觀及可靠性的查核（examination），以確定其是否符合經濟、效率及效能的原則，並判斷其中是否有改善的可能（Rosa et al., 2014; INTOSAI, 2016）。一般來說，審計機關推動PA的主要目標包括促進公共課責、提出建議來改善政府施政績效。除以3E評估為核心，績效審計可採行下列三種方法之一或其中的組合來推動：其一是ROA，用於評估施政計畫的結果或產出目標是否已按預期實現，或施政計畫和公共服務是否按預期運行；其二是問題導向的方法（problem-oriented approach），主要檢查、驗證和分析特定問題，以及偏離審計標準（audit criteria）的原因；以及最後是系統導向的方法（system-oriented approach），主要檢查管理系統（management system）是否有正常運行，用來決定該組織是否有適當的控制系統，確保政府施政計畫預期的結果得以達成（INTOSAI, 2016, ISSAI 3000/40）。

參、政府施政計畫管理現存的挑戰與缺憾

我國政府施政計畫管理既面臨先天條件不足的挑戰，也存在後天運作失調的問題。就先天條件不足而言，中央政府施政計畫管理的權責分工自始即傾向「分散制」，多頭馬車的管理機制若缺乏有效的統合協調，難免會出現「各自為政、分進但難以合擊」的窘境。2014年1月國發會正式成立之前，政府施政計畫管理的分工，依其專業性質分別由行政院經濟建設委員會主管經濟建設計畫、行政院研究發展考核委員會負責社會發展計畫、公共工程委員會職司公共建設計畫，以及行政院科技會報辦公室與國家科學委員會（其後升格為科技部）分工負責科技發展計畫，中央施政計畫管理的事權自始就呈現高度分散的狀態。

　　隨著行政院組織改造第一波啟動，國發會掛牌運作不僅代表的是國家未來發展規劃的最高主管機關，中央政府施政計畫管理亦大幅收斂為三個權責單位：國發會是「社發計畫」和「公建計畫」的主管機關，然而「科發計畫」的編審作業仍由行政院科技會報辦公室與科技部分工協調。以迄於2022年7月科技部轉型為國家科學及技術委員會（簡稱為國科會），「科發計畫」轉為單獨由「國科會」主責科學發展政策之綜合規劃、協調、審議及資源分配，組織位階上看似降級了，但有關「科發計畫」的管理事權其實是趨向於統一。從歷次行政院組織改造與權責調整方向，都趨向於收斂中央政府施政計畫管理的事權，顯示主導行政院組織改革者亦唯恐「分散制」的隱憂可能浮上檯面。然而，從過去的「分散制」到逐步集中計畫管理的事權，分由國發會與國科會的雙元計畫管理機制運作效能為何，仍待未來進一步觀察確認。

　　我國中央政府預算與施政計畫管理亦呈現事權分立和分散狀態，恐更不利於落實政府施政計畫的績效與預算整合。行政院主計總處是中央政府預算主管機關，但主計機關無法直接管到計畫，實務上只能由主計總處專門委員帶隊參與國發會或國科會主導的計畫先期審議會議，發表主計機關的意見。雖然受訪主計人員認同預算與計畫管理分立是一種專業分工，也認為其意見有受到會議主席重視[3]，但目前仍欠缺PBI的有效統合機制。再則，雙頭馬車的計畫主管機關透過行政院三級列管機制，分頭執行「社發計畫」和「公建計畫」及「科發計畫」的管考作業，並依規定提出管考月報和季報，所有三類的計畫屆期後亦需選案實施總結評估[4]；國發會管制考核處另針對「公建計畫」建立一個期中預警機制，著重於預算執行與政策目標達成情形之追蹤管制，每月並向國發會委員會議提供計畫執行情形的管考報告與建議。然而，囿限於政府的專業評估人力不足及其他因素，受訪管考人員指出：「目前行政面的量非常大，我們一年只能管到20幾個社發加公建計畫；預警的話，我們今年就從70項公建調到80項，80項裡面不重行政程序，就是你的評核分數如何不重要，而著重你實

---

[3]　以上意見參見2022年6月15日主計總處訪談文本紀錄。

[4]　總結評估係針對所有的中長程個案計畫屆期以後，國發會管制考核處先選案交由主辦機關初評並提出總結評估報告，複評作業再由國發會與相關會審機關召開會議討論總結評估報告，複評結果包括退回提報機關修正和行政院同意備查。

際上預算有沒有達成、政策目標有沒有達到，但是這些資訊僅供國發會內部參考。[5]」若是如此，只憑藉所有計畫選案的總結評估、「公建計畫」的期中預警、國發會委員會議審議及由國發會主任委員擔任主席，這樣鬆散的機制及主政者往往缺乏政治上的高權地位與影響力，能否有效統合充滿挑戰的各類中央施政計畫管理和預算整合工作，有待未來研究釐清回答。

相較來說，美國預算管理局（Office of Management and Budget, OMB）既是聯邦政府預算的主管機關，同時也主責聯邦施政計畫的管理，預算與計畫管理集中統合的組織設計顯然較有利於OMB實現PBI的功能。此外，為了進一步強化績效與預算的整合，1990年OMB透過內部的組織調整增設資源管理辦公室（Resource Management Offices）來統合事權，將原本計畫與預算管理雙元分工的模式，改由五大領域分別指定的「計畫審查官」全權處理，目前聯邦政府計畫區分為：一、自然資源計畫；二、教育、收入維持和勞工計畫；三、健康計畫；四、一般政府計畫；以及五、國家安全計畫等五大領域[6]。於是，這些「計畫審查官」形同是連針人（linking-pin），成為各類型聯邦計畫與預算鏈結的樞紐角色。

關於施政計畫管理後天運作失調的問題，原有的雙軌併行制的運作發生重大變革，「機關施政績效評估」和「個案計畫績效評核」過去皆由國發會主責運行，但後來基於管考作業簡化，「機關施政績效評估」轉型由各部會自行管考，並將年度績效報告公布於該機關之官方網站，現在僅有「個案計畫績效評核」仍由國發會主導運作。原有的雙軌併行制及過去雙軌皆由國發會主責運行的輝煌歲月不在，「機關施政績效評估」轉型為各部會自主管理，或許正突顯國發會統合政府施政績效管理力有未逮的情況下，只好期許各部會自我負責、自求多福，但目前又未積極建立替代的監督輔導機制，實則是放任「機關施政績效評估」制度的運作形同是自生自滅。

再者，現行實務對於政府施政計畫的管考作為，仍偏重於施工階段與預算執行情形，相較忽視完工後的使用情形和營運評估。從強化外部課責的角度出

5　以上的陳述參見2022年4月25日國發會訪談文本紀錄。

6　參見 *Office of Management and Budget.* Wikipedia. Retrieved May 26, 2022, from https://en.wikipedia.org/wiki/Office_of_Management_and_Budget

發，審計機關近年來運用成果導向方法或查核，加強考評「被審核機關」重要施政計畫、公共建設完成後使用情形，有無低度利用或閒置情事，或投入資源產生成果之3E等。然而，審計機關對行政部門與政府施政計畫進行查核時，可能遭遇行政管考資料取得上的阻礙、行政機關「本位主義」與防禦心理的問題；公共服務難以用量化衡量表達、計畫成果短期不易展現具體效益等；以及審計查核過程受限於多元專業人力不足與查核時間限制，以致影響查核成果等挑戰[7]。

此外，我國現行中央施政計畫與預算的連結多數僅以規範性原則來呈現；例如，總預算籌編時各機關「應在中程歲出概算額度內進行計畫編擬」、「應併同提出該機關執行中或審議中之計畫及預算清冊」，另在中長程個案計畫內容中「期程與資源需求」，須說明經費需求（含分年經費）及中程歲出概算額度配合情形等，但仍欠缺具體落實PBI的運作機制[8]，以至於我國政府施政計畫管理與預算整合存在更大的失落連結（missing linkage）。

肆、彌合政府施政計畫管理落差之解決建議

首先，考量我國國情的差異及推動行政院組改的工程龐大、不確定性過高，本文不擬參照美國模式經驗提出中央政府組織再造與變革策略之建議，相對地基於強化外部課責與跨院合作的角度出發，主張從審計機關加強考核重要施政計畫之績效著手，研提相關的解決建議來彌合現行政府施政計畫管理的落差問題。對於審計機關積極朝向3E的績效審計和ROA發展，並加強考核政府重要施政計畫之績效，國發會與主計總處的受訪者均表示樂觀其成，主計總處亦認為此種努力符合國際審計的發展趨勢；國發會受訪者另指出：審計機關查

---

[7]　參見2022年5月23日成果導向合作研究腦力激盪會議文本紀錄。

[8]　例如，小布希總統管理議程不僅將PBI列入五大改革議題，OMB並發展一套方案評估排序工具（Program Assessment and Rating Tool, PART）的問卷，針對聯邦政府七大類的計畫或方案進行定期評估，以強化政府施政績效與預算的連結關係。參見胡龍騰、張國偉（2010，頁25）。

核具有相對的優勢，因為《審計法》規定各機關必須要提供資料，也樂於在總結評估報告引用審計的查核結果。

　　再者，基於總體的計畫評估資源有限，加強考核政府重要施政計畫在策略上應屬於選擇性、掌握重點，而非企圖全面覆蓋，因此審計機關的選案策略宜結合現行的中長程個案計畫管制，包括行政院管制、部會管制和主辦機關自行管制等三種，依序選擇重要施政計畫：一、對國計民生具重大、關鍵影響者；二、民意機關或輿情關注（通常有工安事件、工程品質不佳或執行進度落後等問題）；以及三、業務風險高、內控欠佳或出現弊端等案例為優先查核對象；審計機關運用ROA加強評核重要施政計畫之績效，其選案的考量條件應包括：施政計畫的重要性、預算規模龐鉅及屬性是否為特別預算，以及社會關注度等因素有所關聯[9]。

　　為了擴大成果導向查核與研究的能量，補充目前多元專業人力不足的缺憾，除了審計例行性查核外，審計部應研議推動成果導向專案調查研究，如從「對國計民生具重大、關鍵影響者」中挑選社會高關注的計畫，委託優質研究團隊執行評估的研究設計，並揀選富有研究能力的審計官參與合作研究，以六至十二個月期程完成審計專案調查或評估報告。此種兼顧理論與實務整合的委託合作研究強調「重質不重量」，但研究成果的CP值要高、具有公信力及社會影響力、且能獲得立法院與行政機關重視；如此勢必能對現行雙頭馬車的計畫管理機關（亦即國發會和國科會）帶來良性的競爭壓力，進而強化政府施政績效管理監督的效能。合作研究的形式包含委託審計、參與審計、專家諮詢等三種，但受限於《審計法》第9條[10]，目前只有引進學者專家諮詢的制度，

9　近二十餘年來行政院在年度總預算外，另提出特別預算的情況愈來愈趨於普遍化，通常預算規模龐鉅但計畫作業與審議相當粗糙簡化，值得審計機關優先給予關注查核。選案策略亦可能結合關鍵審計議題之設計，但目前關鍵審計議題的數量太多、議題分散、缺乏整體性及策略性的考量，因此暫不列入選案的考量條件。然而，關鍵審計議題是一種指導性的建議，透過環境趨勢的掃描可引導審計查核資源能夠聚焦與整合，建議未來審計部先研訂長期的關鍵審計議題，列出台灣未來面臨的關鍵挑戰議題，以指導選案與查核規劃之參考。

10　《審計法》第9條：「審計機關對於審計上涉及特殊技術及監視、鑑定等事項，得諮詢其他機關、團體或專門技術人員，或委託辦理，其結果仍由原委託之審計機關決定之。」

或將「審計上涉及特殊技術及監視、鑑定等事項」局部委託外部專家辦理，審計查核全案委託給學者專家仍缺乏可行性。因此，建議審計機關應突破傳統上「審計限定」的觀念，修法放寬委託審計現行的法規限制，讓成果導向的專案調查合作研究邁開大步向前行。

最後，審計機關樹立對重要施政計畫評估的公信力以後，為了強化中央政府施政計畫管理及預算管理之監督，可參照美國實施PA當中系統導向方法的啟示，年度的查核選案以優先確認國發會是否建立良善的政府施政計畫管理與評估機制，或者行政院主計總處是否建立良善的政府預算管理機制，分別提出審計查核與建議以供國發會和主計總處之參考改進。審計機關本於外部課責的角色，透過系統導向方法向國發會和主計總處傳遞提醒及輔助功能，大有助益於落實施政計畫管理及預算管理回歸行政自主管理，以及部會自我負責的精神。這項建議實務上的可行性極高，大致獲得參與腦力激盪會議的審計官全體一致認同[11]。

伍、結語

中央政府施政計畫管理素來就存在先天條件不足與後天失調的問題，加上政府施政計畫的管考作為目前多數側重於計畫作業與審議、預算編製與執行議題等，相對忽略了政府施政計畫完成（工）後的使用營運情形或結果與影響評估，暴露出我國政府計畫管理的理想與現實之間落差問題至為嚴重。所幸在績效審計國際趨勢的啟發，審計機關近年來積極運用ROA加強考核政府重要施政計畫之績效，代表著彌合現行施政計畫管理落差的契機已然開啟；從政府預算過程的後端來強化其外部課責的角色與功能，更是契合長期以來政府施政計畫與預算缺乏有效整合的問題需求。

然而，審計機關針對行政機關與政府施政計畫進行查核時，可能遭遇機關本位主義和防禦心理的干擾、公共服務難以用量化衡量表達、施政計畫的成

---

[11] 參見2022年7月18日成果導向合作研究腦力激盪會議文本紀錄。

果短期不易展現具體效益，以及審計查核過程受限於多元專業人力不足與查核時間限制等諸多的挑戰。在無涉組織變革與預算大幅增加的前提下，本文綜整提出縮短中央政府施政計畫管理落差之解決建議，包括：其一，考量總體的計畫評估資源有限，加強考核政府重要施政計畫在策略上應屬於選擇性、掌握重點，而非企圖全面覆蓋；其二，選案的考量條件依序為施政計畫的重要性、預算規模龐鉅及屬性是否為特別預算，以及社會關注度等三大因素；其三，為擴大成果導向查核與研究的能量，補充目前多元專業人力不足的缺憾，審計部應研議推動成果導向專案調查研究，並修法放寬委託審計現行的法規限制，讓成果導向的專案調查合作研究儘快向前行；最後，參照美國實施PA系統導向方法的啟示，年度的查核以確認國發會是否建立良善的政府施政計畫管理與評估機制，或者行政院主計總處是否建立良善的政府預算管理機制，分別提出審計機關查核與建議，希冀能落實計畫管理及預算管理回歸行政自主管理與自我負責的精神。

參考文獻

一、中文部分

胡龍騰、張國偉（2010）。美國績效管理改革作法。**研考雙月刊，34**（3），24-36。

張四明（2003）。**績效衡量與政府預算之研究**。時英出版社。

張四明、施能傑、胡龍騰（2012）。**我國政府績效管理制度檢討與創新之研究**。行政院研考會委託研究成果報告。

張益銘（2019）。政府個案計畫績效評估研析。**國土及公共治理季刊，7**（3），38-49。

曾冠球（2016）。從政策評估觀點精進我國個案計畫之審議機制。**國土及公共治理季刊，4**（3），58-68。

黃榮源（2009）。政府的績效管理：「公共服務協議」制度。載於**英國政府治理：歷史制度的分析**（第五章，113-142頁）。韋伯文化。

二、外文部分

Ho, A. T. K. (2018). From Performance Budgeting to Performance Budget Management: Theory and Practice. *Public Administration Review*, *78*(5), 748-758.

International Organization of Supreme Audit Institutions (INTOSAI). (2016). *ISSAI 3100— Guidelines on Central Concepts for Performance Auditing*. INTOSAI Professional Standards Committee.

Pollitt, C. (2003). Performance Audit in Western Europe: Trends and Choices. *Critical Perspectives on Accounting*, *14*(1-2), 157-170.

Put, V. (2011). Norms Used: Some Strategic Considerations from the Netherlands and the UK. In *Performance Auditing*. Edward Elgar Publishing.

Rosa, C. P., Morote, R. P., & Prowle, M. J. (2014). Developing Performance Audit in Spanish Local Government: An Empirical Study of a Way Forward. *Public Money & Management*, *34*(3), 189-196.

Schick, A. (1966). The Road to PPB: The Stages of Budget Reform. *Public Administration Review*, *26*(4), 243-258.

Whitley, J. (2014). *Four Actions to Integrate Performance Information with Budget Formulation*. Improving Performance Series. IBM Center for The Business of Government.

第**13**章

良善政府之績效管理制度再設計

胡龍騰

壹、前言

　　自進入工業革命時代，「效率」便是所有公、私部門所追求的目標；績效管理（performance management）的概念種子也就由此埋下。時至1990年代新公共管理風潮興起，績效管理概念亦隨之廣受重視，甚有學者認為，績效管理幾乎與公共管理改革畫上等號（Bouckaert & Halligan, 2008）；足見在新公共管理倡議師法企業的口號下，「績效管理」可說是滲透與深化至公部門中，最具影響力的代表性概念之一。即便進入2000年後，「治理」漸已取代管理觀點的今日，績效管理一詞亦然轉型而為績效治理（performance governance）（Bouckaert & Halligan, 2008），由此顯見，重視和展現「績效」已成為當代組織日常運作中無可避免的一項重要元素，甚至昇華成為一種核心精神。

　　什麼是績效？就公部門而言，吾人可將「績效」定義為：在兼顧公平正義的原則下，以有效率的方式達成預期的施政目標，並創造公共價值（胡龍騰，2018）。為能獲致令人滿意的施政成果和公共價值，先進國家投注極高心力在發展有效的績效管理制度，時至今日，已有多次階段性的革新創建，我國亦然。然而弔詭的是，如果這些理念和制度能得其效果，為何需要制度革新？因此，本文將從績效管理制度的核心病象——績效悖理（performance paradox）現象切入，從而探討其成因並構思績效管理制度再設計時的變革建議。

貳、績效管理中的理想期待

　　政府部門為何需要重視績效管理呢？主要期望藉由相關制度的設計使行

政機關具體指認並說明施政的進展和成果，並持續提升施政品質，以維民眾福祉；同時也透過此些制度，得以使民選或政務首長、立法機關、社會大眾具有監督行政機關施政、對其施以問責的能力，使其施政作為能夠對得起人民所繳納的稅金（Hatry, 2015）。故究實而論，在民主制度運作邏輯下，為確保文官體系能如實執行民選首長的政見，並據以展現執政成效，而所導入的績效管理制度，就其理論基礎而言，當以委託人／代理人理論（principal-agent theory）最為核心（Heinrich & Marschke, 2010），並以此設計其控制、誘因機制。

為了使基於代理人理論所發展出的控制和誘因機制能發揮效果，必須仰賴以獲取和分析評價重要績效資訊為目的之「績效評核」，以及彙集並運用績效資訊以供決策之「績效管理」等配套，從而達到引導和控制行政機關施政作為、使其為績效成果當責，以及進一步績效學習之功能與目的（Van Dooren et al., 2015）。

雖然政府績效管理制度表面看來富有理論意涵及可操作性，但由於過度強調理性主義和線性邏輯，亦即前者相信只要有完善的制度和評核標準，必能公平客觀地評價組織績效，及後者之樂觀看待「建立績效管理制度→設定績效指標→蒐集績效資訊→進行決策與改善品質」的邏輯效果；但在實務運作上，卻非如此單純易致。其中，最顯著的問題，便是機關中隨處可見的績效悖理現象，下一節中將就此深入探究。

參、績效管理實務上的挑戰

社會大眾對於政府施政績效的觀感可能是：我們看似有完備的績效管理制度，同時也有不少機關負責監督行政部門施政，但政府的績效真的有變好嗎？從委託代理人觀點來看，委託人期望透過管理和制度來控制代理人的行為，但代理人也想掙脫這些枷鎖，追求自己的利益目標，因此，委託人到底有沒有辦法管理好代理人？乃是當代諸多管理理論的關鍵議題。坦白說，績效管理制度被賦予了過多不切實際、過於樂觀的想像和期待，在實際上卻常常端出無法貼合期待的「象徵性措施」（symbolic practices），同時衍生諸多病徵。本節將

針對這些績效管理病象（pathology of performance management）加以介紹，並就其背後成因予以探析。

一、績效管理病象：績效悖理

　　學術和實務界對於績效管理實務，曾提出相當多的批評，直指許多績效管理制度，尤其是關鍵績效指標（key performance indicator, KPI）管理手法，並無法實際為組織帶來績效改善。申言之，儘管公、私部門推行績效管理已久，卻普遍存在一種績效管理病象，即績效悖理。簡單地說，所謂「績效悖理」係指表面上組織投入了相當程度的資源，也推動了相關績效管理措施，但是卻無法實際測量或感受到組織績效的改善，或是無法體驗績效管理制度所帶來的積極性成果；抑或是儘管有績效評核制度的存在與運作，但仍無法區辨不同部門間績效的好壞（胡龍騰，2016）。爰此，Bouckaert與Halligan（2008）曾歸結10項在績效管理制度下所出現的弔詭現象：

（一）**雖見改善，卻未能獲致更好的整體績效**：公部門本身就是一個多元價值衝突的場域；在績效管理的大旗下，行政機關以展現漂亮的績效數字為職志，但這背後卻可能斲傷諸如人權、公平、民主參與等，基本但極其重要的憲政或民主價值。比方說，在經濟蕭條時期，政府為拯救失業，期能帶頭協助失業民眾先獲得短期就業機會，以爭取謀職或轉職機會；但受限於政府員額的總量管制，僅能以非典型僱用方式來提供契約性工作，以解燃眉之急。中央政策一出，各級機關戮力配合，從短期就業KPI來看，也能獲得部分成果；但於此同時，卻也可能惡化了基層勞動條件，使更多民眾必須屈就勞動條件不佳的臨時性工作。申言之，從政策價值層面來看，有時亮眼的績效數字背後，所隱藏的代價可能是基本價值的喪失。

（二）**愈是聚焦於績效，愈少成果值得期待**：在績效管理風潮下，行政機關多有一項通病，即特別看重KPI是否達標，但未必在意更重要的策略或施政目標是否達成，形成目標錯置的現象。此外，Bouckaert與Halligan（2008）特別提到，在績效導向預算制度的引導下，績效表現愈好的機關，將於次年度獲得更多的預算；而表現差的機關，次年度將被懲罰

性地刪減預算。在此邏輯下，績效差又被刪減預算的機關，注定績效難以翻身；同時，對績效好且獲得更高預算的機關來說，這樣的「獎勵」意謂著更多的壓力，因此機關未必樂意投入更多，甚至期望降低績效表現。另由於績效評核制度的反功能（dysfunction），行政機關可能操弄績效指標與目標，以致數據失真，尤其當行政機關或地方政府感受到中央機關欲以評核結果作為控制手段時，此一反功能現象特別明顯。

（三）**愈多績效管理措施並未帶來更好的管理**：龐大政府體系中，不同機關有其相異的特質和業務屬性，因此，能否以一套放諸四海而皆準的原則來管理或評核不同機關的績效，便是一大難題。惟在績效管理全盛時期，各類機關瘋狂追逐各種管理工具，在囫圇吞棗中，不僅可能產生錯誤引導（misleading）的結果，更可能造成管理失當（mismanagement）（Radin, 2006; Bouckaert & Halligan, 2008），發展至最終，多箭齊發的績效管理措施遂成為官僚組織中的官樣文章（red tape）（Bouckaert & Halligan, 2008），而無法發揮預期效果。

（四）**愈多績效資訊在手，愈少績效資訊被運用**：在政府日常運作中，時時刻刻都在產生績效資訊；透過各級機關的累積，績效資訊的產出更是不可計數。然而，坐擁無以計數績效資訊的政府部門未能使之善加運用，已成為全球公部門推行績效管理累積多年經驗後，最受抨擊的弔詭現象。

（五）**更好的績效並不等於更好的成果**：在績效管理制度要求下，諸多政府部門皆會定期公布績效報告，也竭盡心力地將最好的一面展現出來。而一個普遍現象是，各級機關多以「過程型指標」（process），例如說明會或公聽會場次，或「產出型指標」（outputs），例如參與人次、服務人次、停車場興建棟數等，作為展現方式，但因缺乏結果面（outcomes）或成果面（results）的資訊，無以說明或說服民眾實質獲致的成果。

（六）**最核心的成果反多無法具體衡量**：由於公部門在本質上異於私部門，不以獲利為目的，且如前述定義，核心宗旨在於提供和創造公共價值。誠然，許多公共價值難以衡量（unmeasurable），諸如：民主、透明、廉潔、公平正義、公益和福祉；因此，若欲以績效指標來衡量政府績效表現，甚少能以最理想的指標來表述施政的「結果」、「成果」或

「價值」；許多常見的指標如普及率、涵蓋率等，都只是「替代物」
（proxy），以中介結果型指標（intermediate outcomes）來做取代。是
以，無法直指核心地測量那些難以衡量的施政成果和價值，遂成為公部
門績效管理中必然的弔詭。

（七）**績效表現愈好，民眾滿意度卻愈差**：常可發現的現象是，政府所公布的
績效報告中，絕大多數的指標項目都是達標、甚至超標，但對比民眾滿
意度調查結果，民眾對該機關的滿意度卻未必成正比，甚至可能是不滿
意政府的反差現象。

（八）**績效管理是項屢敗屢戰的制度**：由美國聯邦政府的經驗來看，從
PPBS、ZBB、MBO、GPRA，甚至其後的PART、GPRAMA，每隔一段
時間便會提出提振施政績效的新興措施，但也等同宣告了先前改革努力
的失敗，形成了屢敗屢戰的現象。是以，學者提醒，欠缺有效的管理能
力，僅仰賴績效評核，以及未能考慮國情與傳統制度體系特質和績效管
理內涵間是否相容，乃值得深究之處（Bouckaert & Halligan, 2008）。

（九）**微觀績效無法匯聚成中觀績效**：微觀（micro）績效係指單一機關的
績效表現，而中觀（meso）績效則是指政策或施政計畫層面的具體成
果。以我國政府體系的運作方式為例，國家重大施政必然承接總統的競
選政見，以及行政院院長的重大施政指示，據以形成國家發展計畫，再
由國家發展計畫衍生成為中長程個案計畫及年度施政計畫，並由相對應
的部會、或多個部會，來負責執行。然而在這當中，施政計畫的落實和
執行，以及績效的匯聚和展現，並非是單純的線性邏輯或拼圖式的組
合。以2050淨零排放政策為例，當中涉及國發會、環保署、經濟部、科
技部、交通部及內政部等多個部會；在績效管理實務運作上，這可能僅
化約成前述機關各自績效報告中的一項或數項指標；可以想像，即便各
部會各自指標皆可達標，但是否意謂我國淨零排放目標亦隨之達成？這
即是難以從微觀層次的績效以線性方式彙整成中觀層次績效的困境。

（十）**愈是要求績效責任，愈無法帶來績效課責**：文官在官僚體系中必須面
對法律、政治、行政及專業等四類課責（Romzek & Dubnick, 1987）；
同時，在朝向績效目標的過程中，文官也被要求必須撙節成本，遵守

廉潔規範，謹守程序正義以確保正當性，並做出符合公平正義的決策等基本責任（Dubnick & Yang, 2011）。看似各自合理的要求或期待，落實在運作實務中，便形成「績效責任」（performance responsibility）vs.「績效課責」（performance accountability）之間的矛盾（Bouckaert & Halligan, 2008）。舉例而言，若被長官要求盡早完成一項重大公共工程，最有效的方法可能是以較高的利潤誘因、簡便的招標流程，透過委外的方式由外包商以快速、彈性方式招聘工人，投入工程並予以完成。但這中間隱藏了諸多責任風險；即便承辦人員願意承擔這些風險，也順利完成此項重大工程，但當中潛藏的課責問題可能也將油然而生。

二、績效悖理病象的成因

上述績效悖理現象早已成為包含我國在內的世界各國政府部門於推動績效管理制度過程中的普遍現象（胡龍騰，2016），也是學術與實務界亟待解決的問題。然上述績效悖理現象的形成，有其結構性因素；以下將從體制結構、制度運作、目標設定、組織管理、社會認知等層面加以剖析，作為後續解決建議的基礎。

（一）體制結構：競爭性制度邏輯

從制度結構來剖析績效悖理現象，最關鍵的問題即是政府體制設計中存在著多元且相互競爭的制度邏輯（competing institutional logics）（胡龍騰，2016）。所謂「制度邏輯」，綜合學者們的觀點，係指組織或組織體系中所存在的制度、文化、價值，對組織成員所形成的「規範性期待」，繼而使人員受其驅導並展現與之相符的行為（Garrow & Grusky, 2013; Meyer et al., 2014; van den Broek et al., 2014）。而一個組織中，甚少僅有一項制度邏輯，當組織內不同制度邏輯都企圖影響組織成員的行為時，便形成了衝突性或競爭性制度邏輯的現象。

舉例而言，對實際負責政策與計畫執行的中央三級機關來說，總統、行政院院長、國發會、上級部會機關，都會期待渠等能發揮創新思維，並戮力完成計畫，展現施政績效，故可將這些期待歸為「績效展現邏輯」；然而，來自主

計總處、人事行政總處、公共工程委員會，甚至是監察院的審計部，分別從不同面向提出遵循法規與管制查核的「法遵管制邏輯」。甚者，從績效管考角度來看細節，國發會、主計總處、人事行政總處、公共工程委員會、審計部分別都有不同的管考邏輯。是以，如何能期待行政機關在這交織且競爭衝突的多個制度邏輯中，同時滿足要求卻又能積極展現績效？究實而言，在這些彼此衝突競爭的制度邏輯相互拉扯下，依照官僚體系的慣性，難以樂觀期待行政機關能偏向選擇「績效展現邏輯」，應多傾向選擇遵循「法遵管制邏輯」的安全牌，所得結果就是，多僅能達成「次佳績效」，而非最佳績效。

(二) 制度運作

1. 績效管理制度的形式化

我國中央政府的績效管理制度，自2001年開始，參考美國聯邦政府GPRA制度，採取結果導向績效管理制度，迄今已有二十餘年的歷史；雖然推行過程中，也陸續參採西方國家做法有所精進，同時也將這套制度理念擴散至地方政府，促使各地方政府普遍採行績效管理措施；然不僅有學者曾直指績效管理制度已流於形式（張四明，2008；胡龍騰，2017），更有媒體批評政府的績效指標呈現「不K、不P、不I」的扭曲現象（田習如，2015），質言之，政府績效管理制度在我國，已有成為官樣文章的趨勢。

趨於形式化後的績效管理制度，一方面將導致機關成員將之視為冗事，少予理會或重視，且為將公務量能投注於其他更關鍵處，可能將來自管考單位的要求予以象徵性對待（胡龍騰，2016），更不會在乎評核結果，繼而無法驅動深層的管理作為。另從上位者角度觀之，若將此現象歸因於當前績效管理制度失靈，勢將啟動新一波制度改革；然而在不希罕效應下，這樣的戲碼恐將反覆輪迴上演。

2. 對績效資訊運用的消極態度

儘管學者們認為，可將政府是否善加利用手中的績效資訊用以強化決策品質和改善績效，作為檢視績效管理制度落實與否的核心指標（Van Dooren, 2008; Moynihan & Hawes, 2010），但不得不承認，在欠缺制度性誘因的情況下，公務人員對於績效資訊的運用大多是抱持消極態度，即便運用，可能也是

為特定目的而選擇性地或扭曲地使用（Moynihan, 2009）。對部分願意嘗試運用績效資訊的文官而言，一方面公部門具有目標模糊的特質，另方面運用屬於監測功能的績效指標與依此所得的資訊，只回答了「目前執行情況如何？」的問題，卻無法回答「為何是這樣的情況？」的疑問，因此難以從績效資訊中轉化為有效行動（de Lancer Julnes, 2004）。因此，雖然政府掌握諸多績效資訊在手，但仍未能有效運用；也無法從中進行有效的績效學習，績效提升的成效自然有限。

（三）目標設定

1. 績效管理制度下的策略性回應行為：目標棘輪、棘輪效應

　　如前所述，績效管理制度在本質上是一種委託人對代理人所施行的行政控制手段；在制度約束下，文官自然會發展出相對應的策略性回應行為。其中最明顯且普遍的就是所謂的棘輪效應（ratchet effect）（Bouckaert & Halligan, 2008; Van Dooren et al., 2015）；而棘輪效應又是相對於目標棘輪（target ratcheting）現象而來。簡單地說，「目標棘輪」係指主管習於將部屬目前已達成的績效表現，視為下一階段目標設定時的最低水準，並期望部屬未來能有更好的表現；而「棘輪效應」則是指，當部屬發現主管以目標棘輪方式設定下階段目標時，為了避免績效目標值不斷被拉高，部屬會策略性地降低努力的投入和付出（Ahn et al., 2018）。質言之，就是一種在績效管理制度下所產生「上有政策，下有對策」的策略回應行為，尤其當機關所採用的績效指標與目標設定缺乏長期歷史性資料時，目標棘輪與棘輪效應的發生機率更為明顯（Ahn et al., 2018）。

　　在部屬刻意減少投入或隱藏實力的情況下，儘管報表上的指標看起來都有達標，但這卻可能只是真實水準打折過後的「虛假績效」，為未來保留「創造佳績」的空間，也因此，就算看起來有好的績效達成，卻未必是真實的績效成果。

2. KPI管理的侷限性：短視近利、碎片化、易於操弄、目標錯置

　　不可諱言地，當前許多政府機關的績效管理制度，或是企業、醫療機構採用多年的平衡計分卡或策略地圖，在監測上運用的核心工具仍是KPI。實務上

大多發現並承認以KPI進行管理容易產生以下的侷限性：

(1) 短視近利：係指組織在訂定KPI時，容易將目光僅放在短期內可以達到、可量化的效果；至於中長程策略目標所期望的成果，則無法顧及。

(2) 碎片化：在缺乏足夠的績效管理專業訓練的情況下，行政機關經常處於「知其然，而不知其所以然」和「為了做而做」的狀態；因此，為配合上級指令，多數同仁經常在欠缺系統性概念，以及缺乏策略管理觀念的情形下，為求處室間的平衡，武斷地挑選未必合適的績效指標，但綜整起來卻是碎片、無法展現機關綜效的指標架構。

(3) 易於操弄：為求易於展現績效，許多行政機關偏好採用「過程型」或「產出型」的績效指標，僅呈現了「業績」而不是「成果」。另方面，除前述因棘輪效應，組織成員可能刻意減少投入或努力以降低目標值，同時也可能因欠缺循證式目標設定（evidence-based goal setting）的能力，無法以有力證據佐證目標值設定的基礎，而流於武斷式的目標決定。

(4) 目標錯置：理論上，KPI的設定是為了衡量策略目標的達成程度；但是在公務機關的文化中，普遍僅看重KPI達標與否，將策略目標視為聊備一格、可有可無的內容。這樣的公務文化造成績效管理制度陷入目標錯置的現象；尤其，若是機關將考績或獎酬制度與單位KPI是否達標做扣合，且KPI又多選擇過程型或產出型指標，更是會造成前述「愈是聚焦於績效，愈少成果值得期待」的績效悖理現象。

(四) 組織管理

1. 跨機關績效管理難以落實

政府中許多政績涉及政策或施政計畫層次的執行表現，這類施政多需藉由跨機關協調與合作，來達成政策或計畫目標。學者也主張，比起個別機關的績效，此一層次的績效管理，更應受重視（Bouckaert & Halligan, 2008）。在美國的《GPRA現代化法》（GPRA Modernization Act）中，特別強調聯邦跨部會優先目標的重要性（張四明等，2013），我國行政院同樣針對重大政策訂定

跨機關績效目標與KPI[1]；惟在跨機關績效管理中，雖有預先分野主責與協辦機關，但一方面因為綜整性指標的達成很難明確劃分彼此分工和責任，另方面一旦劃分了主／協辦機關，從文官的角度，協辦機關仍只是配合辦理或提供資料的角色，績效達成任務仍須仰賴主責機關擔負全責；亦有可能主責機關只扮演資料彙整的角色，實質的績效則由其他機關負責擔綱。無論是哪種情況，在此公務文化下，檢視個別機關績效容易，但欲評核跨機關計畫績效、甚至加以課責，從實務運作的角度，實有難度。

2. 忽略了非例行性績效業務的存在

本文至此所討論的，大多都是行政機關例行性的績效管理措施及其所產生的績效資訊，而這些例行性管理作為及其績效資訊，事實上，僅是公務機關運作中的一小片拼圖，若細細觀察每個機關的日常運作，可以發現，仍有一大塊屬於長久被忽略的「非例行性績效業務」（non-routine performance tasks）與「非例行性績效資訊」（non-routine performance information）（Kroll, 2013；張佳璇、胡龍騰，2018）。

經常可以察覺，公務人員對於機關的績效指標並不瞭解、無從知悉、並不關心或是缺乏認同感，其中主要原因都來自於學術上或中階主管所關心的KPI制度脫離公務人員日常太遠，眾多文官終日疲於應付來自主管機關、民選首長、政務首長、議會、人民投訴或派工電話的臨時性要求，而這些臨時要求的績效，又受長官所監督重視，而形成所謂的「非例行性績效業務」（張佳璇、胡龍騰，2018）。

由於這些占據公務人員龐大時間和心力的非例行性績效業務從未受到關注，也未納入系統性制度研究中，亦終造成歷史上多次績效管理改革難以掌握問題核心，因而屢次面臨改革失敗的下場。

(五)社會認知：社會大眾的負面偏見

前述績效悖理現象之一「績效表現愈好，民眾滿意度卻愈差」，其背後

---

[1] 重大政策KPI制度自2021年起，已整併至個案計畫管考機制，可參考以下網址之說明：https://data.gov.tw/dataset/80994

的可能成因有二：1.直接來自政府施政方向與民眾期待有所落差，自然做得再努力，也很難得到民眾的肯定；2.來自於社會大眾對於政府的「負面偏見」（negativity bias），亦即民眾習於忽略政府所發布的正面訊息，但又對政府有關的負面報導特別關注或印象深刻，或是打從心底否定政府的作為，而形成的一種選擇性認知偏見（James, 2011; Marvel, 2015; George et al., 2018）。社會大眾對政府的認知偏見並不容易處理，僅靠政策行銷、社群網路行銷等手法，也不易有根本性的成效。

　　綜上，本文將績效悖理之現象與成因，歸納如表13-1，從中可以發現，雖然績效悖理現象多肇因於目標設定不良，但是體制結構、制度運作、組織管理等層面所產生的影響卻是更為深層。

表13-1　績效悖理之現象與成因

績效悖理現象	悖理成因	成因層面
雖見改善，但卻未能獲致更好的整體績效	■ KPI侷限性：短視近利	■ 目標設定
愈是聚焦於績效，愈少成果值得期待	■ KPI侷限性：目標錯置 ■ KPI侷限性：碎片化 ■ KPI侷限性：易於操弄	■ 目標設定
愈多績效管理措施並未帶來更好的管理	■ 績效管理制度形式化	■ 制度運作
愈多績效資訊在手，愈少績效資訊被運用	■ 對績效資訊運用的消極態度	■ 制度運作
更好的績效並不等於更好的成果	■ KPI侷限性：易於操弄 ■ 目標棘輪、棘輪效應	■ 目標設定
最核心的成果反而大多無法具體衡量	■ KPI管理的侷限性	■ 目標設定
績效表現愈好，民眾滿意度卻愈差	■ 社會大眾的負面偏見	■ 社會認知
績效管理是項屢敗屢戰的制度	■ 績效管理制度形式化 ■ 忽略非例行性績效業務的存在	■ 制度運作 ■ 組織管理

表13-1 績效悖理之現象與成因（續）

績效悖理現象	悖理成因	成因層面
微觀績效無法匯聚成為中觀績效	■ 跨機關績效管理難以落實	■ 組織管理
愈是要求績效責任，愈無法帶來績效課責	■ 競爭性制度邏輯	■ 體制結構

資料來源：筆者自行歸納。

肆、政府績效管理制度再設計的構思方向

由前述討論可以發現，當前政府績效管理制度在實際運作中，存有諸多績效悖理的病象。當然，世上不可能有完美的制度；但在績效管理制度的討論上，最首要的任務，即需能避免或降低績效悖理現象發生的機率。是以，本文提出「多維平衡之政府績效管理」（multi-dimensional balanced government performance management）觀點，作為相關制度再設計時之構思基礎。以下就此觀點之重要面向分述之：

一、在集權與分權中取得平衡

基於績效管理概念中強調委託人對代理人的控制本質，包含我國在內的各國政府績效管理制度，大多具有集權式的色彩。以我國為例，在中央層次以國發會為主體、在地方政府則是以研考會或綜合計畫處為主，搭配主計等機關，研訂績效管理制度，並由各級行政機關配合執行。另在諸如KPI的訂定與實際運作上，包含國家重大政策或跨機關施政計畫，以及各級中央機關或地方政府，多有機關首長主導或高度參採議會意見之色彩，扮演執行者的基層文官的意見參與成分不高。這樣的運作模式，經常會衍生前述的棘輪效應，而為導正組織成員的棘輪效應行為，學者們建議應採取參與式管理的方式，授與基層執行人員參與績效指標和目標值訂定的機會，藉以提升其對績效目標的認同感（Ahn et al., 2018）。

同樣的邏輯亦可適用於跨機關績效管理上，管考機關應避免只緊盯績效目標達成與否，相反地，應協助主責機關充分扮演協調者的角色和功能，而非僅著重於執行進度的管考和監督。

二、在績效與課責間取得平衡

雖然我們期望「藉由事前的課責要求來促成績效」，同時也希望「對未達績效標準者施以課責」，利用「績效」vs.「課責」間的相互作用來促成預期績效成果的達成。但如前所述，「追求卓越績效」和「遵守框架規範」常是相互競爭的制度邏輯，雖不至於魚與熊掌不可兼得，有時卻可能造成彼此掣肘的困境；是以，如何透過適度的法規鬆綁和制度彈性，並授與願嘗試創新追求績效的文官衡情免責的空間，應該是值得思考的制度改革方向。

三、在策略目標與績效指標間取得平衡

如前所述，公務人員經常只將目光放在績效目標值是否達標一事上，而明顯忽略了追求策略目標的達成才是重點。但是，衡諸無論是公部門研究學者（Hatry, 2015），或是愈來愈多私部門所採用的OKR（objective and key results）工具（許瑞宋譯，2019），皆不約而同地強調當前績效管理作為的兩項趨勢，即：（一）精準的目標設定、（二）即時檢視和重新設定；並透過這兩種方法逐步朝向策略目標邁進。

基此，翻轉我國文官長久以來以達標、超標為榮的扭曲文化，重新以循證方式講求目標設定的精準性，針對過度的超標成果加以檢討，並強調目標的挑戰性；同時，至少以「季」為單位，檢討目標達成進度，並檢視是否偏離策略目標核心，申言之，需以「**精準設定，即時評估**」來導正「有績效，卻無成果」的悖理現象。

四、例行與非例行性績效業務間的關注平衡

前已述及，學術與實務界過往所討論的政府績效管理制度，僅偏頗地關注例行性、納入管考的業務面向，但卻忽略占據公務人員甚多心力與時間的非例行性績效業務。除需要更多學術研究投入這項領域外，現階段，至少應從制度

上肯認各級人員在此類業務上投注的心力，給予適當的獎酬，讓組織成員的貢獻與所得獲得衡平（張佳璇、胡龍騰，2018）。

五、在官僚體系監督與民間社會監督間取得平衡

最後，為能導正社會大眾對於公部門的負面偏見，不應將政府績效管考狹隘地視為只是政府的責任和功能之一，建議除了由國發會、審計部等主要政府績效監督機關給予行政機關績效考核外，亦應依據各主要部會核心業務相對應民間社會團體，一同參與政府機關績效指標的訂定，一起承擔監督績效達成的任務，且將民間的期待納入政策與施政計畫中，以此落實「社會課責」（social accountability）（Malena et al., 2004），由根本翻轉社會大眾對公部門的認知和觀感。

伍、結語

過去，由於績效悖理現象十分普遍，許多理想性的期待變得遙不可及，而使績效管理在實質上變成一門「在現實中追逐虛幻的藝術」，此處的「虛幻」指的是那些美好的理論想像，以及組織自我構築出來「自以為理想的績效目標」。或許績效悖理現象不容易一夕瓦解，本文期盼透過悖理現象的成因剖析，從實務現象中找尋突破點，並嘗試提出「多維平衡之政府績效管理」觀點，希冀政府績效管理制度的設計，能從多面向衡平中找出兼顧理性和實務的精進基礎。

參考文獻

一、中文部分

田習如（2015）。**政府荒謬KPI全揭露**。商業周刊，2017年5月檢索，取自http://magazine.businessweekly.com.tw/Article_page.aspx?id=25331

約翰‧杜爾（Doerr, J.）（2019）。**OKR做最重要的事**（許瑞宋譯）。天下文化。（原

著出版於1994）

胡龍騰（2016）。績效悖理之潛因探析：制度邏輯與心理帳戶觀點。**東吳政治學報**，**34**（1），209-268。

胡龍騰（2017）。**公僕管家心：制度環境、任事態度與績效行為**。五南圖書。

胡龍騰（2018）。**國家文官學院107年度薦升簡訓練〈策略績效管理〉教材**。國家文官學院。

張四明（2008）。政府實施績效管理的困境與突破。**T&D飛訊季刊**，**7**，14-25。

張四明、施能傑、胡龍騰（2013）。**我國政府績效管理制度檢討與創新之研究**（編號：RDEC-RES-101-003）。行政院研究發展考核委員會委託研究計畫。

張佳璇、胡龍騰（2018）。非例行性績效業務重要性之研究：公部門管理中失落的拼圖。**行政暨政策學報**，**67**，79-125。

二、外文部分

Ahn, T.-S., Choi, Y.-S., Hwang, I., & Hyeon, J. (2018). The Effect of Information Asymmetry and Participative Target Setting on Target Ratcheting and Incentives. *Public Performance & Management Review*, *41*(3), 439-468.

Bouckaert, G. & Halligan, J. (2008). *Managing Performance: International Comparisons*. Routledge.

de Lancer Julnes, P. (2004). The Utilization of Performance Measurement Information: Adopting, Implementing, and Sustaining. In M. Holzer & S.-H. Lee (Eds.), *Public Productivity Handbook* (2nd ed., pp. 353-375). Marcel Dekker.

Dubnick, M. J. & Yang, K. (2011). The Pursuit of Accountability: Promises, Problems, and Prospects. In Menzel, D. C. & White, H. L. (Eds.), *The State of Public Administration: Issues, Challenges, and Opportunities* (pp. 171-186). M. E. Sharpe.

Garrow, E. E. & Grusky, O. (2013). Institutional Logic and Street-level Discretion: The Case of HIV Test Counseling. *Journal of Public Administration Research and Theory*, *23*(1), 103-131.

George, B., Baekgaard, M., Decramer, A., Audenaert, M., & Goeminne, S. (2018). Institutional Isomorphism, Negativity Bias and Performance Information Use by Politicians: A Survey

Experiment. *Public Administration, 98*(1), 14-28.

Hatry, H. P. (2015). Tracking the Quality of Services. In James L. Perry & Robert K. Christensen (Eds.), *Handbook of Public Administration* (3rd ed., pp. 312-332). Wiley.

Heinrich, C. J. & Marschke, G. (2010). Incentives and Their Dynamics in Public Sector Performance Management Systems. *Journal of Policy Analysis and Management, 29*(1), 183-208.

James, O. (2011). Managing Citizens' Expectations of Public Service Performance: Evidence from Observation and Experimentation in Local Government. *Public Administration, 89*(4), 1419-1435.

Kroll, A. (2013). The Other Type of Performance Information: Nonroutine Feedback, Its Relevance and Use. *Public Administration Review, 73*(2), 265-276.

Malena, C., Forster, R., & Singh, J. (2004). *Social Accountability: An Introduction to the Concept and Emerging Practice*. World Bank.

Marvel, J. D. (2015). Unconscious Bias in Citizens' Evaluation of Public Sector Performance. *Journal of Public Administration Research and Theory, 26*(1), 143-158.

Meyer, R. E., Egger-Peitler, I., Höllerer, M. A., & Hammerschmid, G. (2014). Of Bureaucrats and Passionate Public Managers: Institutional Logics, Executive Identities, and Public Service Motivation. *Public Administration, 92*(4), 861-885.

Moynihan, D. P. (2009). Through a Glass, Darkly: Understanding the Effects of Performance Regimes. *Public Performance & Management Review, 32*(4), 592-603.

Moynihan, D. P. & Hawes, D. P. (September 2010). *The Organizational Environment and Performance Information Use* [Conference presentation]. European Group of Public Administration Meeting, Toulouse, France.

Radin, B. A. (2006). *Challenging the Performance Movement: Accountability Complexity and Democratic Values*. Georgetown University Press.

Romzek, B. & Dubnick, M. J. (1987). Accountability in the Public Sector: Lessons from the Challenger Tragedy. *Public Administration Review, 47*(3), 227-238.

van den Broek, J. J. C., Boselie, J. P. P. E. F., & Paauwe, J. (2014). Multiple Institutional Logics in Health Care: Productive Ward: Releasing Time to Care. *Public Management Review,*

16(1), 1-20.

Van Dooren, W. (2008). Nothing New under the Sun? Change and Continuity in Twentieth Century Performance Movements. In Steven Van de Walle & Wouter Van Dooren (Eds.), *Performance Information in the Public Sector: How It Is Used* (pp. 11-23). Palgrave.

Van Dooren, W., Bouckaert, G., & Halligan, J. (2015). *Performance Management in the Public Sector*. Routledge.

第14章

地方府際合作與合併：概念與實作的再詮釋

呂育誠

壹、前言

隨著1997年「精省」，以及2010年「五都」與2014年桃園市改制，地方政府間進行合作似乎已成為辦理地方事務或因應環境需求的普遍共識，而地方政府合併，更是每隔一段時間，當地方發展遭遇瓶頸而尋求突破時，便成為各方熱列關切的主題，但當討論熱潮一過，則又煙消雲散。這些現象顯示各界對相關概念的重要性多普遍接受並肯定，但如何落實與應用則仍有模糊空間。

本文內容即針對此現象，分別從概念與實作兩層面分析對地方政府間合作或合併的內涵、相關影響條件，以及運用或施行過程中應考量的因素，筆者認為儘管字義上合作與合併提供美好的期待，但實際上卻是包含了正反兩類變數，而需要整體評估的策略選擇，同時，在落實過程除了不能「為合作而合作」外，更要針對國家憲政體制與地方自治權限等宏觀與微觀因素進行綜合權衡。

貳、理論基礎

當個別地方自治團體憑己之力，難以大幅改變轄區內自然條件、經濟社會的限制，但同時又要受制於中央政府在人、權、錢等各方面的監督控制壓力時，推動府際合作甚至於倡導合併，以產生「1+1>2」的效益，自然就成了實務界或學術界突破現有框架或是創造全新發展契機的合理選擇。然而若從實際成果來看，目前各地方政府間雖然有個別的合作案例或協調機制[1]，然而卻未

---

[1] 以臺北市與新北市而言，自2015年成立「雙北合作交流平臺」，自2022年3月止，雙北共

成為地方政府運作或發展的制度化或普遍性設計，至於合併，則自臺中縣市與高雄縣市合併改制後，尚未有實際成功案例。簡言之，今日府際合作或合併，呈現出「曲高和寡」的奇特現象，對於此情形，除歸因於政治力量或傳統地方社會文化的影響外，具體釐清概念意涵與特性，實為關鍵基礎工作。以下分述之：

一、單一制與聯邦制的府際關係內涵差異

就字面意涵而言，「府際」就是指政府與政府間的關係，因而「地方府際合作」自然就是指地方政府間（如雙北）的合作。此種簡化思考除了混淆地方自治團體與地方行政機關的法制[2]外，更忽略了單一制與聯邦制國家體制下，上下層級政府聯繫的基本差異。就聯邦制國家言，府際合作基本上指「州際合作」，同時各州基於憲法獨立地位，以及主導內政權的憲政權利，故不論州與州間或州與聯邦間的合作均是基於平等地位來協商並訂約，參與各方均不能行使強制權利；相對地，單一制國家強調「政府一體」、「層級節制」，故府際合作基本上是不對等的，亦即參與各方不能任意訂約，而是要以中央政府設定的法制與行政架構為前提，甚至必要時，中央可直接干預地方運作（如我國《地方制度法》規定的代執行權）。

二、合作與合併的多重選擇

同樣地，「合作」兩字看似簡單美好，然而置於不同國體、不同層級地方制度中，就呈現複雜多樣的形式。就聯邦制而言，雖然各州具有憲政地位之平等協商彼此關係，乃至於聯邦政府的內政事務[3]，但是州以下地方政府間的合作，則類似單一制國家中央與地方關係，要受到州政府的監督控制，從而基於不同參與者、合作事務、目標等因素下，合作呈現出多元的樣態，如圖14-1所示：

同合作162案，其中136案已完成。請見楊心慧（2022）。

[2]　例如新北市與臺北市推動合作，需要接受臺北市議會與新北市議會的監督與把關。

[3]　國防、外交、國家安全等聯邦專屬事項，基本上非屬府際合作範圍，也無平等協商的問題。

正式	聯邦／省／區域進行制度整合	藉由制度整合以重新檢討合作目標、政策、法令以及各項服務	宏觀
	聯邦機關組織重構	聯邦機關功能變革以因應府際合作需求	
	成立府際合作部門與專屬機關	設置府際合作行政管理專責機關	
	既有機關或單位變革	針對特定政策領域進行制度或功能調整	
	地方政府間訂定協議	各參與合作機關訂定合作協議	
非正式	官員間建立聯繫網絡或進行非正式互動	純粹人際互動	微觀

圖14-1　加拿大府際合作的制度選擇

資料來源：Johns et al. (2006, p. 631).

　　圖14-1為加拿大聯邦與各省、區域進行合作的基本考量與制度選擇，合作關係除了因參與對象是個人、機關，或政府等不同，而有微觀（micro）或宏觀（macro）的層次差異外，合作方式也有非正式與正式的選擇。由此可見，聯邦體制下的合作乃是「因地制宜」的策略選擇。

　　至於單一制國家，府際合作的基本考量，主要就是中央政府的主導程度，其內容如下（Popescu, 2011, pp. 56-57）：

（一）基於不同政策或需求採行多重型式（multi-form）：府際合作不是固定的，而是配合政策或需求或目標，採行適當的運作型式，例如提供公共服務與興建跨區道路，就會有不同合作機制。

（二）個別參與者的地位與資源是區隔（isolation）的：雖然針對某項議題進行合作，但參與各方的地位、對資源的支配，基本上是獨立且區隔的，基本上彼此不能相互干預影響。

（三）仍然維持與中央政府的互賴（interdependence）：由於中央政府居於主導地位，且掌握法制與全國資源支配權限，故合作各方自然要接受中央主導，甚至要依賴中央挹注資源才能確保合作關係順利進行。

　　由上述三點可知，單一制國家地方政府間的合作，基本上以依據法律規定或中央授權為前提，於是各參與者進行橫向聯繫互動過程，仍要受到縱向中央

與地方隸屬關係，以及地方法定地位與權責等既有體制上的因素所節制。

　　綜上聯邦制與單一制國家府際合作的比較可知：「合作」不僅受到國家憲政體制影響，更涉及個別參與地方政府的地位、資源，以及合作目標、效益與代價等因素的權衡。

三、民間力量的影響

　　除了機關地位、權責等基本考量外，近年民間力量蓬勃發展，各類團體或個人積極參與公共事務，更讓地方政府合作概念超越了國家憲政體制，以及政府本位的思考，而有下列巨大轉變：第一，民間除了扮演參與者外，更常主導或倡議合作關係內容與運作；第二，合作除了達成特定政策目標外，合作關係的建立與維持也可以作為實踐目標；第三，合作內涵更議題導向、需求導向，政府不必然是主導者或主要利害關係人。上述變化可用表14-1說明如下：

表14-1　今日地方府際合作的內涵

研究途徑	政府主導或直接影響	基於協力契約的合作	公私夥伴（public private partnership）	網絡治理	獨立團體或組織的互動
一般概念分析（general approach）	提供人力	政府進用民間契約人力	訂定契約	基於個別參與者知能	個別組織自主性高
與政府關係（R. to government）	提供人或資源	多元意涵的契約	政府與各參與者間有權責關係	執行契約內容	各組織可參與契約外的事項
與公民關係（R. to citizen）	政府直接提供服務或資源	以直接服務或補助為原則的契約	除執行契約，也重視公眾參與或影響	分散而多元互動關係	第三方團體直接接觸各利害關係人
成員間信任（trust required among actors）	基於監督或制衡	強調履約與執行	基於法令規定或上級授權	成員彼此自律，政府干預少	成員高度自主，排除政府介入
關注焦點（key issues/ tension）	效率、政府能力、政府失能	契約設計與執行	公益與夥伴利益間的競合	多元利害的匯聚與結合	確保個別利益的獨立行使與保障

資料來源：Forrer et al. (2014, p. 45).

　　表14-1除顯示民間力量的高度影響外，也說明了今日府際合作的多元性與動態性，亦即除了更多樣化的參與者、合作方式外，合作的基本考量、合作目標，乃至於參與者的權責關係，都較傳統的府際關係有更大自範圍與運作空間。

　　綜合此處對府際合作概念分析，便可以瞭解到一個推動地方政府間合作的「簡單主張」，事實上則是包括了下列「不簡單」的考量：

(一) 地方政府的法定地位與權責

　　國家憲政體制與上下層級政府的基本法制，自然是推動一切合作的基本前提，也是決定合作是「對等」或「中央主導」等基本樣態的先決條件。除此之外，地方政府既有的條件與權責，也是不能忽略的因素，包括：

1. 地方政府本身法定地位與組織架構。
2. 首長與官僚體系的隸屬關係。
3. 機關內部各單位分工與職掌。
4. 各別地方立法機關的監督。
5. 來自中央或上級政府的監督。

(二) 合作的內涵、目標以及配套考量

　　推動合作固然希望「共謀其利」，但「天下也沒有白吃的午餐」，因此不論是何種合作型式，必然將牽動下列考量：

1. 效益的評估。也就是「雞首／牛後」的考量，即推動合作固然可望產生效益，然而其規模大小、分享（配）方式，乃至於與其他做法的優先性等，自然都會影響對合作的支持強度。
2. 成本的權衡。合作除了要付出相對的人力、財力等資源外，包括機關間協調的時間、既有行政程序的改變，乃至於合作過程可能產生的不確定性因素（非本身可監控）等，也將影響合作內容與執行。

　　上述正向與負向考量，若再加上今日高度變動的府會關係，則將更為複雜，例如特定雙北合作方案，除了新北市政府與臺北市政府本身的評估外，更要納入兩市議會的監督，從而形成多面向的折衝與互動關係。

(三) 民間力量擴大與影響

今日的「民間力量」，除了地方轄區內的公民（民眾）外，在便利的網路與資訊交換技術下，事實上早已涵蓋了跨區域，乃至於跨國界不同個人或團體的影響，簡言之，任何一個合作方案，可能是「全世界都在看」，從而必然要承受巨量的指教、批評，甚至惡意的攻擊與引導（帶風向）。故民間力量除了突破傳統府際合作的政府本位考量外，也至少改變了下列內涵：

1. 合作內容需要更公開且透明。
2. 合作需要更能包容不同利益或本位。
3. 合作要容留更多參與及協商空間。
4. 合作的影響評估是跨地方、跨政府，乃至於跨生態環境的。

參、地方府際合作或合併的重要議題

一、我國地方府際合作與合併現況

我國地方政府合作與合併，主要呈現兩項特色：第一，中央立法提供框架式的規定；第二，地方自治團體基於議題與意願來執行。以下分述之：

(一) 法制規定

基於我國單一制的特色，地方政府間合作或合併主要是依據於《地方制度法》的規定（2022年5月25日修正公布）：

1. 跨地方自治事項。主要指公共事務跨越地方轄區，由各該地方自治團體協商辦理；必要時，由共同上級業務主管機關協調各相關地方自治團體共同辦理或指定其中一地方自治團體限期辦理。（§21）
2. 地方合辦事業。須經地方立法機關通過後，設組織經營之。
   對於上述合作情形，地方制度法不僅規定了合作方式、程序，也訂定爭議發生時，得報請共同上級業務主管機關協調或依司法程序處理（§23～§24-3），簡言之，地方政府間進行合作，須依循《地方制度法》相關規定凡內

容與程序辦理。

　　而除了《地方制度法》，行政院為了整合各地方資源以達成特定政策目標，也常在各法律中規定府際關係，例如《國土計畫法》（2020年4月21日修正公布）第2條規定：「本法所稱主管機關：在中央為內政部；在直轄市為直轄市政府；在縣（市）為縣（市）政府」。本條雖然只是簡要規定中央與地方主管機關，但實質上也等於界定出辦理國土計畫業務時，中央與地方，以及地方與地方的基本地位，此部分在《國土計畫法》第4條有更具體的規定：

1. 中央主管機關辦理：對直轄市、縣（市）政府推動國土計畫之核定及監督；⋯⋯其他全國性國土計畫之策劃及督導。
2. 地方政府辦理：轄區國土計畫之擬訂、公告、變更及執行；⋯⋯轄區其他國土計畫之執行。

　　至於地方政府合併，則是規定於《地方制度法》第7條、第7條之1、第7條之2以及第7條之3。主要內容有下：

1. 基本上以縣（市）為主體，即縣（市）間的合併。至於直轄市合併，或是鄉鎮市合併，或是不同層級地方自治團體的合併，則無規定。
2. 參與合併者須符合實質要年與程序要件。前者指有實質需求或意願並且擬具改制計畫；後者指取得相關地方議會之同意。
3. 改制計畫須呈內政部報請行政院核定之。

　　綜上法制歸納，不論是合作或合併，地方政府間可採行的型式、程序，乃至於內容，都要遵守法律規定，以及中央主管機關的裁決。

（二）實際現況

　　由上述法令規定可知，啟動地方政府間合作或合併，實為複雜又耗時的業務負擔，因此《地方制度法》第24條規定的地方合辦事業，迄今尚未有實際案例，從而目前最普遍的合作方式，主要是基於辦理跨地方共同業務需要，或是滿足民眾生活需求所採行的業務協調，較具體的案例有下：

1. 北臺區域發展推動委員會[4]

該委員會成立於2001年，成員包括宜蘭縣、基隆市、臺北市、新北市、桃園市、新竹縣、新竹市、苗栗縣，各參與方就休閒遊憩、交通運輸、產業發展、環境資源、防災治安、文化教育、健康社福、原住民客家族群與新移民等八大議題分別主政，並負責協調其他縣市，並設有發展推動組擔任委員會辦理幕僚作業。各項議題主要由各負責主政縣市提出，採會報方式來協調彼此行動，委員會本身並無強制力。

2. 雙北合作交流平臺[5]

即臺北市與新北市為辦理跨市業務所設置之協商機制，該平臺設有市長層級會議、副市長層級會議，以及「交通組」、「產業民生組」、「環境資源組」、「都會發展組」、「教育文化組」、「災防組」、「衛生社福組」及「觀光文創組」等八個議題小組，各項議題分別依業務性質與重要性由各不同層級會議協商，幕僚作業則由兩市之研究發展考核委員會共同辦理。正如此機制名稱，該平臺主要也是意見交流為主，協商結果對彼此並無強制力。

從上述兩案例內容可知，採行府際合作除了宣示首長宏觀的發展願景或施政理念外，主要還是由各參與政府的業務主管局處為主要承辦者，亦即針對辦理本身業務所產生跨區域行政協調事項，尋求建立各方一致性的執行標準或程序，同時合作執行仍基於彼此共識與善意。簡言之，現行合作機制主要就是建立各方表達意見的溝通或對話管道。

至於地方政府間的合併，自「五都」改制過程的臺中縣市與臺南縣市合併案後，最令人矚目者，應屬新竹縣市合併案了[6]，本議題首先出現於2021年9月，由時任市長林志堅提出[7]，隨即引發各界熱烈討論，正反雙方各有不同的意見與主張，然而到了2022年3月以後，隨著其他熱門議題的相繼出現，此議

---

[4] 北臺區域發展推動委員會：https://twntdc.org.tw/。

[5] 雙北合作交流平臺，臺北市政府研究發展考核委員會：https://rdec.gov.taipei/cp.aspx?n=158BEA41FF245CE0。

[6] 亦有主張新竹市、新竹縣、苗栗縣三者合併。

[7] 根據筆者以「新竹」、「合併」兩關鍵字查詢聯合報系UDN資料庫，第一則相關新聞請見鄭瑋（2021）。

題似乎逐漸淡出社會關注範圍。綜言之，地方政府合作或合併，並非我國地方政府辦理跨地方事務的普遍方式，相對地，由中央政府直接「拍板定案」，並提供相關法制規範或財政補助的決策與執行方式，依然是最直接且有效率的途徑。

二、地方府際合作應有的理解

　　根據前文分析，筆者認為不論基於實務問題解決或學術研究，實不應將地方府際合作或合併視為「理所當然」的策略選擇或「宣示」，相反地，通盤理解相關議題並評估與現狀的契合度，方能真正落實並達成合作目標。以下便從概念聚焦、執行過程，以及成果影響三層面分述之。

(一) 概念聚焦

　　正如表14-1所示，府際合作內涵會隨參與者、合作目標，乃至於問題系絡等因素不同而有不同策略選擇；同時，北臺區域發展推動委員會與雙北合作交流平臺的運作經驗，也說明了合作應是目標導向或需求導向的，基於此，筆者認為今日地方政府間合作或合併應是一個光譜的概念，如圖14-2所示：

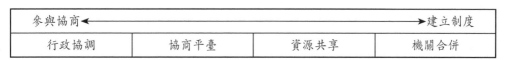

圖14-2　地方政府間合作或合併的光譜

資料來源：筆者繪製。

　　圖14-2表示合作與合併均可說是地方政府間處理共同問題的不同選擇，亦即基於個別條件與整體需求，在強調法制化（建立制度）與強調彈性溝通（參與協商）兩端點間決定各方可接受的合作方式，至於具體的做法可概分為下列四種：

1. 行政協調：主要指合作是以個別參與者為主體的，彼此基於自身需求或考量，進行不定期的、不拘型式的協調。
2. 協商平臺：指參與者間對合作均有需求或共識，故建立固定機制協調彼此意

見。

3. 資源共享：指各參與間高度依賴合作解決問題，故願意依一定程序分享資源或自我限制來達成合作目標。

4. 機關合併：當參與者需要以合作為主要業務推動途徑，則便可進行機關合併以統合權責。

　　上述四項做法雖然呈現光譜排列，但各參與政府可依不同情境或需求，同時採行多種方式，甚至單一業務推動的不同階段，也可分別採行不同做法，總之，合作或合併不是「為做而做」，更是需求導向的策略選擇。

(二) 執行過程

　　儘管合作或合併字面上給合「善意／互惠」的想像，但在政府機關「依法行政」基本原則上，事實上都意味著是「啟動複雜程序、排擠既有資源、增加人員負擔」的額外工作，故即便各參與政府根據圖14-2光譜凝聚出共識，但後續執行過程的配套設計也將直接影響合作成敗。具體而言，執行過程需考量下列因素：

1. 個別政府內部調整：指個別政府機關在合作過程中，既有組織、人員、業務，以及工作流程等各面向的配合調整。今日政府運作可謂「牽一髮而動全身」，故配合進行各項機關內部因素調整，方可避免產生「未見其利，先見其弊」的問題。

2. 整體權責的配置：不論是彈性化的協商，或是制度建立，對參與政府所屬單位與人員而言，都是執行行政程序，故各方權責界定，特別是出現意見分歧時的解決方式，將是確保合作順利推動並永續發展的基本保證。

　　而除了上述技術性的問題外，合作要納入哪些利害關係人參與，更是執行過程必須審慎評估的重要議題，因為在開放社會下，包括中央機關、地方立法機關、標的團體，乃至於一般社會大眾，雖然不是合作的直接關係人，但卻仍可自由表達對合作的看法，因此決定參與利害關係人及參與範圍便極為重要：廣納各方參與，固然可營造公開透明的優良形象，但卻必然增加業務推動的複雜度；反之，限縮參與者雖有助於提升效率，但卻要承受更多質疑或挑戰。

(三) 成果影響

合作固然希望追求「1+1>2」的成果，但是事實上也等於改變政府既有施政模式或標準，乃至於權責與功能，因此在期望美好願景的同時，可能須先權衡下列因素：

1. 產出與影響

就合作項目本身或合作目標達成而言，參與各方基本上若能依前述策略定位與執行過程因素進行整體設計，便可獲得一定產出或成果，然而若從業務持續辦理與權責歸屬而言，則可能須評估下列影響：

(1) 原有機關資源、程序，乃至於習慣的變更，對機關內部人員與外部民眾的影響。

(2) 與地方議會、中央主管機關互動關係的改變。

(3) 合作業務執行責任歸屬，以及成果（成本）的分攤方式。

2. 後續效應的評估

即便只是針對個案進行協調，而不改變既有業務處理方式，地方政府間採行合作或合併，仍然意味原先地方自治權行使受到外部因素（其他地方自治團體）影響，因此若此關係是長期而固定的，勢必改變地方自治團體的角色、功能，以及轄區民眾的課責及信任。例如傳統地方自治事項只要行政機關與立法機關依職權決定，並提中央主管機關備查後即可施行，但在合作機制介入後，將增加額外的機制與行政流程，就短期而言，將增加業務辦理的時間與複雜度，就長期而言，則可能影響機關對業務的主導地位，甚至自治權的行使。

綜合本文對合作或合併的現況與內容分析，讀者或許會認為若將單純合作的期望與想像過度複雜化，將可能會限制地方政府運作的彈性或發展空間。筆者認為若只是將地方政府間合作視為如前述行政協調的作用，亦即只是臨時性、任務性的對話，則此顧慮應屬正確，但是若吾人將合作或合併視為是正式且長期性的策略選項，則各參與方除了前述因素外，實更應深入評估更多元的政治、社會、文化等影響變數，因為當進行多元評估後仍然選擇採行合作或合併，則後續不論是策略選擇或落實執行，相信應更能確保各方在堅定的共識下，共同達成合作目標。

肆、未來展望

本文從概念分析與策略選擇與執行等角度，探討地方政府間合作或合併的特性與意涵，除了希望釐清相關概念外，更認為相關考量或設計應緊密結合國家憲政體制，以及地方自治體制與功能範圍，方能在消極面避免「未見其利，先見其弊」的適應困難，並發揮「1+1>2」的效益。展望未來，鑑於地方事務日趨多元複雜，而可用資源卻相對受限的環境特性，地方政府間採行合作或進行合併，可望仍會持續獲得學術與實務界關注，若此趨勢推論合理，則下列因素或可作為長期發展或運用的參考：

一、手段與目標的定位

就辦理跨地方公共事務，或是提供更佳服務品質而言，採行合作或合併作為只是達成預期施政目標的過程或手段；相對地，若從制度建立或營造常態性的資源共享機制而言，則合作或合併本身就是努力目標。於是具體界定其功能定位，不僅是營造各參與者共識的起點，也能適度配置相應的資源與投入努力。

二、效益與成本的權衡

合作或合併除了字面上美好的想像外，更需付出相對的成本代價，故除了前述法制化與彈性溝通策略定位外，亦應同時評估採行合作或合併策略的優先性，特別是在單一制中央政府主導的政府體制下的我國：合作或合併雖然是重要選擇，但卻非唯一選擇。

三、短期與長期的規劃

建立制度、永續經營固然是一般行政作為的基本規劃原則，但合作或合併並非屬於地方自治團體自治事項，加上民選首長任期與議會屆期的限制，以及前文所需支付的成本，似乎也不必然要朝長期方向規劃，相反地，若能及時解決問題、順利運作，短期或彈性設計也不失為務實且可行的策略選擇。

四、個別與整體的思考

　　筆者認為評估合作或合併問題的最終極挑戰，可能在於設定採行此策略所希望處理的基本立場。若從地方自治本位而言，各項合作或合併不論是目的或手段定位，或是各項內容設計，都不能影響個別自治團體的權益與職能；相對地，若從區域發展或國家整體利益而言，則不僅個別自治團體職權可以改變，甚至可以降低或取消其自治地位。兩基本立場自然互有利弊，礙於篇幅，筆者將不深入討論，但可以預期的是，若吾人希望地方政府間合作或合併能產生積極而建設性的影響，並避免陷入「口水戰」的泥淖，則釐清其中個別性與整體性的權重，將是難以迴避的核心課題。

參考文獻

一、中文部分

楊心慧（2022）。雙北8年合作162案 柯文哲、侯友宜感觸最深是防疫。**自由時報**，3月18日。https://news.ltn.com.tw/news/politics/breakingnews/3864269

鄭媁（2021）。內政部說法 新竹合併 人口還不夠升格。**聯合報**，9月7日，B1。

二、外文部分

Forrer, J. J., Kee, J. E., & Boyer, E. (2014). Managing Cross-sector Collaboration. *The Public Manager*, *43*(4), 42-46.

Johns, C. M., O'Reilly, P., & Inwood, G. J. (2006). Intergovernmental Innovation and the Administrative State in Canada. *Governance: An International Journal of Policy, Administration, and Institutions*, *19*(4), 627-649.

Popescu, L.G. (2011). Structural Dynamic of the Public Sector and Multilevel Governance: Between Hierarchies, Market and Network Forms. *Administration and Public Management*, *17*, 47-63.

第15章

司法懲戒與行政懲處雙軌制度權限爭議：
兼論憲法法庭111年憲判字第9、10號判決

劉如慧

壹、前言

　　公務員司法懲戒與行政懲處雙軌併行，為我國獨有之制度。我國《憲法》第77條規定：「司法院為國家最高司法機關，掌理民事、刑事、行政訴訟之審判及公務員之懲戒。」我國爰訂有《公務員懲戒法》（簡稱《懲戒法》），由司法院所屬懲戒法院審理之。依《懲戒法》規定，公務員有「違法執行職務、怠於執行職務或其他失職行為」或「非執行職務之違法行為，致嚴重損害政府之信譽」，有懲戒之必要者，應受懲戒。懲戒法院得做成免除職務、撤職、剝奪或減少退休（職、伍）金、休職、降級、減俸、罰款、記過、申誡等懲戒處分之判決。

　　另《憲法》第83條規定，考試院掌理考績事項，及依《憲法增修條文》第6條第1項規定，考試院掌理公務人員考績之法制事項，我國乃訂有《公務人員考績法》（簡稱《考績法》）。依該法，行政機關得對所屬公務人員做成懲處處分，包括平時考核之懲處、年終考績懲處、另予考績懲處、專案考績懲處等。平時考核之懲處分為申誡、記過、記大過。年終考績則以平時考核為依據，分為甲、乙、丙、丁四等，丁等予以免職。此外，於同一考績年度內，任職不滿一年，而連續任職已達六個月者，則辦理另予考績，考列丁等者，同樣予以免職。又公務人員平時有重大功過時，隨時辦理專業考績，其懲處為一次記二大過，免職。

　　司法懲戒與行政懲處雙軌制度，長久以來即存在《憲法》權限爭議。包括：《憲法》第77條規定是否意指司法獨占公務員懲戒權？行政懲處是否也

是該條所稱之懲戒？行政之人事權中是否亦隱含懲戒權？行政懲處規定有無牴觸《憲法》第77條規定？均為爭論不休的議題。司法院過去陸續做成釋字第243、298、491及583號解釋，對於司法懲戒與行政懲處之關係建立了基本論述架構，但也留下若干待解問題。《憲法訴訟法》施行後，憲法法庭取代原先之大法官會議。2022年6月24日，憲法法庭就此一問題做成111年憲判字第9、10號判決，大幅翻轉先前司法院解釋建立之基本論述，從完全不同的觀點出發，形成鮮明的對比。本文以下首先以過去司法院解釋與剛出爐之憲法法庭判決內容為對象，就其學理上之觀點進行比較與分析，其次析述憲法法庭判決留下之待解問題，最後就司法懲戒與行政懲處權限之解釋與劃分標準，提出個人之治理政策建議，祈就教於各方先進。

貳、學理上的觀點爭辯

一、司法院釋字第243、298、491及583號解釋之基本論述及評析

釋字第243號解釋理由書指出：「公務員之懲戒，依憲法第77條規定，屬於司法院職權範圍，司法院設有公務員懲戒委員會，為主管懲戒事項之司法機關。對於公務員所為具有懲戒性質之免職處分，不論其形式上用語如何，實質上仍屬懲戒處分。」

為補充上開解釋，釋字第298號解釋表示：「憲法第77條規定，公務員之懲戒屬司法院掌理事項。此項懲戒得視其性質於合理範圍內以法律規定由其長官為之。但關於足以改變公務員身分或對於公務員有重大影響之懲戒處分，受處分人得向掌理懲戒事項之司法機關聲明不服，由該司法機關就原處分是否違法或不當加以審查，以資救濟。」理由書並指出：「……司法院為公務員懲戒之最高機關，非指國家對公務員懲戒權之行使，一律均應由司法院直接掌理。公務員之懲戒乃國家對其違法、失職行為之制裁，此項懲戒為維持長官監督權所必要，自得視懲戒處分之性質，於合理範圍內，以法律規定由長官為之。」

針對《考績法》專案考績一次記二大過免職之懲處處分，司法院釋字第

491號解釋重申上開兩號解釋意旨。其表示「公務人員之懲戒乃國家對其違法、失職行為之制裁。此項懲戒得視處分之性質，於合理範圍內，以法律規定由其長官為之。中央或地方機關依公務人員考績法或相關法規之規定對公務人員所為免職之懲處處分，為限制人民服公職之權利，實質上屬於懲戒處分」。司法院釋字第583號解釋延續釋字第491解釋之意旨，亦認為「公務人員考績法第12條第1項第2款規定所為免職之懲處處分，實質上屬於懲戒處分」。

　　綜合上述內容，司法院上開解釋可整理出以下的基本論述：

（一）公務員之懲戒乃國家對其違法、失職行為之制裁；具有懲戒性質之懲處處分，實質上屬於懲戒處分；《考績法》專案考績免職之懲處處分，實質上屬於懲戒處分。

（二）釋字第298號及第491號解釋均表示，依《憲法》第77條規定，司法院掌理公務員懲戒，惟基於維持長官監督權所必要，此項懲戒得視處分之性質，於合理範圍內，以法律規定由長官為之。惟釋字第583號解釋未再提及此段論述。

（三）足以改變公務員身分或對於公務員有重大影響之實質懲戒處分，受處分人得向掌理懲戒事項之司法機關——公務員懲戒委員會（簡稱「公懲會」）——聲明不服。

（四）《考績法》之專案考績免職之懲處處分，實質上屬於懲戒處分，未牴觸《憲法》第77條規定。

　　依第（一）、（二）點之論述，《憲法》第77條蘊含「懲戒一元化」原則，亦即對於公務員違法失職行為之制裁，均屬此條文之規範範圍內。懲戒權原則上由司法掌理，然於合理範圍內得由行政權分享，呈現所謂「懲戒一元、機關二元」之結構（詹鎮榮，2016，頁4-8）。雖然何謂「合理範圍」尚待釐清，但上述觀點已指出一個解決問題的明確方向：亦即具懲戒性質之行政懲處處分，若非屬得由行政權行使之「合理範圍」，則牴觸《憲法》第77條規定。此一解釋方向若能貫徹，可將具有懲戒性質之行政懲處規定納入懲戒制度下觀察，有助於懲戒法制之梳理，並釐清司法懲戒與行政懲處兩者間之分際，解決司法懲戒行政懲處雙軌併行產生之問題。

　　然而，第（三）、（四）點之論述即未能貫徹先前之論述方向，見解互

有矛盾。釋字第298號、第491號、第583號解釋共通之處，都是默認免職之實質懲戒處分之合憲性。釋字第298號解釋先是指出，「懲戒得視其性質於合理範圍內以法律規定由其長官為之」，緊接著表示「但關於足以改變公務員身分或對於公務員有重大影響之懲戒處分，受處分人得向掌理懲戒事項之司法機關聲明不服，由該司法機關就原處分是否違法或不當加以審查，以資救濟」。前後文實在難以銜接。後面這段話固然是為了呼應聲請補充解釋之聲請人（公懲會）之訴求，亦即實質懲戒處分之事後救濟應由公懲會負責審查，而非行政法院。然而，釋字第298號解釋卻未質疑其前提問題：足以改變公務員身分（即免職處分）或對於公務員有重大影響之實質懲戒處分，是否屬於得由行政權行使之「合理範圍」？釋字第491號及第583號解釋雖重申，《考績法》之專案考績免職懲處處分，實質上屬於懲戒處分，亦同樣未檢驗其是否屬於得由行政權行使之「合理範圍」，引發不少質疑聲浪。蓋專案考績免職之懲處處分，係針對單一違法失職行為剝奪公務員之身分，影響公務人員服公職權利至為嚴重，上開解釋既然已認定其實質上屬於懲戒處分，卻仍肯認得由行政長官為之，不無侵犯司法懲戒權核心範圍之嫌。如此一來，舉重以明輕，其他較為輕微之懲戒處分亦非不得由行政長官為之，已無法以「合理範圍」為標準劃定行政權之懲戒權行使，《憲法》第77條司法掌理懲戒權之規定恐將淪為具文（董翔飛，1999；劉鐵錚，1999；許宗力，2004；詹鎮榮，2016，2022）。

　　惟從司法院上開解釋一再默認《考績法》上專案考績免職處分合憲性之情形看來，大法官多數意見似認為現行考績懲處制度屬於行政權行使懲戒權之合理範圍。然而，如此一來，司法懲戒與行政懲處間之分際究竟如何劃分？肯認現狀即表示容許權限重疊，無助於解決雙軌制度下衍生之諸多問題。

二、憲法法庭111年憲判字第9、10號判決之基本論述及評析

　　延續上開司法懲戒行政懲處雙軌制度之權限爭議，臺北高等行政法院第五庭因審理免職事件，認應適用之年終及另予考績免職之懲處規定，有違憲疑義，經裁定停止訴訟程序後，向司法院大法官聲請解釋。此外，另有高雄市消防局隊員於2014年考績年度中，平時考核獎懲互相抵銷後，累積已達二大過，經高雄市政府依《警察人員人事條例》第31條第1項第11款核布免職，依法定

程序提起訴訟，認確定終局裁判所適用之法律有牴觸《憲法》之疑義，向司法院大法官聲請解釋。嗣2022年1月4日《憲法訴訟法》正式施行，取代原有的《司法院大法官審理案件法》。新制由15位大法官組成「憲法法庭」，取代原有的「大法官會議」，審理程序全面司法化、裁判化及法庭化，以訴訟程序與法院性質的運作模式審理憲法訴訟案件。對於上開兩個釋憲聲請案，憲法法庭嗣於2022年6月24以111年憲判字第9號及第10號判決做出裁判。

（一）憲法法庭111年憲判字第9、10號判決之基本論述

憲法法庭111年憲判字第9號判決主文認為，《考績法》系爭年終考績及另予考績免職規定[1]與《憲法》第77條及第18條保障人民服公職權之意旨，均尚無牴觸。就本文研究主題之《憲法》第77條部分，本號判決認為不牴觸之主要理由略為：

1. 由行政機關行使免職權，符合《憲法》權力分立原則。蓋免職權之性質屬行政權，且為行政機關人事權之固有核心權限；考績免職權適合由行政機關行使並為第一次決定；完全剝奪行政機關對所屬公務員之免職權，並由司法權取而代之，已逾越權力制衡之界限。

2. 由行政機關行使懲處權做成免職處分，並未牴觸《憲法》第77條規定。蓋《憲法》第77條規定並無「懲戒一元化」之意旨或效果；《憲法增修條文》第6條第1項第3款規定將《憲法》第83條所定「任用」修正為「任免」，明白確認公務員之任命及免職俱屬行政權之範圍；向來司法院解釋亦承認行政懲處及司法懲戒之雙軌併行。判決理由表示：

「查懲戒與懲處兩種制度，係承繼中華民國訓政時期法制，自始即為不同制度，且於憲法施行後繼續雙軌併行。不論是依制憲意旨或修憲規定，均無從認定憲法第77條規定蘊含『懲戒一元化』原則，且不容許行政機關行使具有免職效果之行政懲處權」（判決理由第34段）

「考諸制憲過程，當時制憲國民大會係為避免由監察院同時掌理彈劾案之提出及審理（即懲戒），故將彈劾案提出後之懲戒自監察院移列為司法院之職

---

[1] 系爭規定有三：《考績法》第6條第3項第4款、第7條第1項第4款及第8條後段。

權，而於憲法第77條明定公務員懲戒為司法院職權（……）。究其意旨，僅係要以司法懲戒作為監察院彈劾權之外部制衡機制，避免監察院於彈劾案扮演球員兼裁判之雙重角色，而與制憲當時即已存在、併行之行政懲處制度無關。」（判決理由第37段）

「憲法第77條所定『公務員之懲戒』，在解釋上，應不包括行政懲處，亦非要求必須由法院擔任公務員懲戒及懲處之第一次決定機關。」（判決理由第39段）

憲法法庭111年憲判字第10號判決主文亦認為，《警察人員人事條例》系爭獎懲累績達二大過免職之懲處規定[2]，於警察人員累積已達二大過者，不待年終，即予免職，與《憲法》第7條、第18條保障人民平等服公職權及第77條司法院掌理公務員懲戒之規定，均尚無牴觸。就本文研究主題之《憲法》第77條部分，本號判決認為不牴觸之主要理由與111年憲判字第9號判決相同，亦即由行政機關行使免職權，符合《憲法》權力分立原則；由行政機關行使懲處權做成免職處分，並未牴觸《憲法》第77條規定。

(二) 綜合評析

憲法法庭此兩號判決令人驚異之處，在於其反轉過去司法院解釋建立之基本論述架構：

第一，相較於上開司法院解釋強調司法院掌理懲戒權，惟得於合理範圍內由行政權分享，憲法法庭此兩號判決從光譜的另一端出發，強調免職權之性質屬行政權，且為行政機關人事權之固有核心權限，若完全剝奪行政機關對所屬公務員之免職權，並由司法權取而代之，已逾越權力制衡之界限。申言之，其主張免職權為行政權之核心領域，制憲或修憲者雖得將之部分交由其他憲政機關分享行使，但不得完全取代，否則即違反權力分立原則。

第二，過去司法院解釋一再重申，具懲戒性質之免職懲處處分，實質上屬於懲戒處分，憲法法庭此兩號判決亦未依循。渠等主張，懲戒與懲處兩自始即

---

[2] 《警察人員人事條例》第31條第1項第11款規定：「警察人員有下列各款情形之一者，遴任機關或其授權之機關、學校應予以免職：……十一、同一考績年度中，其平時考核獎懲互相抵銷後累積已達二大過。」

為不同制度，《憲法》第77條規定並未蘊含「懲戒一元化」原則，解釋上不包括行政懲處。《憲法增修條文》第6條第1項第3款規定將《憲法》第83條所定「任用」修正為「任免」，更明白確認公務員之任命及免職俱屬行政權之固有範圍。

綜上，憲法法庭此兩號判決主張免職權為行政權之固有核心權限，則年終及另予考績免職處分、累績達二大過之免職處分，由行政長官為之，即順理成章，自然推導出合憲的結論。然而這是否為正確的《憲法》解釋方向？憲法法庭翻轉過去司法院解釋的基本論述架構，改從免職權為行政權的核心領域出發，重塑對於我國懲戒制度之《憲法》定位，似有意將之侷限於監察院所提彈劾案件之後續審理範疇，而將公務員免職權大幅回歸行政權。此一解釋方式，是否確實符合制憲意旨？或僅是符合釋憲者對於理想憲政秩序的想像？容有斟酌餘地（黃虹霞，2022）。

參、實務上的問題與挑戰：權限重疊之亂象無解？

如前所述，憲法法庭上開兩號判決認為懲戒與懲處兩自始即為不同制度，《憲法》第77條規定並未蘊含「懲戒一元化」原則，解釋上不包括行政懲處在內；公務員之任命及免職俱屬行政權之範圍。惟如此一來，無異承認雙軌併行之現況合憲，無助於現制下所生制度扞格與公務員權益保障等問題之解決。目前雙軌併行所生之問題如下：

一、公務人員之違失行為，由各機關裁量自行懲處或移送司法懲戒，造成相同類型之違失行為執法標準寬嚴不一、法律效果不同之亂象。

二、司法懲戒係被動受理。行政機關為強化長官之領導統御、講求便捷快速，往往以《考績法》之行政懲處機制取代移送司法懲戒。長久以往，《懲戒法》未能發揮其應有之功能。

三、公務人員同一違法失職行為，經行政機關依《考績法》做成懲處處分後，事後仍有遭監察院主動調查，移付懲戒法院懲戒之可能。亦即公務人員受有重複追究責任之程序風險（彭鳳至，2014）。

四、《懲戒法》第22條第3項雖規定：「同一行為經主管機關或其他權責機關
　　為行政懲處處分後，復移送懲戒，懲戒法院為懲戒處分、不受懲戒或免議
　　之判決確定者，原行政懲處處分失其效力。」惟原行政懲處處分是否溯
　　及失效？則無明文。銓敘部向來見解認為，行政懲處處分自懲戒處分判
　　決確定時起，向後失其效力，並非溯及失效（103年11月10日部銓四字第
　　1033872417號書函參照）[3]。如此一來，同一違失行為將先後受到行政懲
　　處及司法懲戒之接力處罰，例如先免職，後降級改敘。雖然時間點未重
　　疊，但仍然有違反一行為不二罰之疑慮。

五、如果同一違失事件，經監察院提案彈劾，送由懲戒法院審理，而受行政機
　　關免職處分之公務員又向行政法院提起行政訴訟，同時繫屬於不同之司法
　　機關時，究應如何處理？倘懲戒法院之裁判與行政訴訟之裁判兩歧，又以
　　何者為準（公務員懲戒委員會，1990）？

　　凡此種種，均突顯司法懲戒及行政懲處雙軌併行有權限重疊、標準不一、
重複行使、裁判衝突等問題，徒然浪費國家資源，並使公務人員在程序上及
實體上均有遭受重複究責之危險。雖然憲法法庭111年憲判字第9號判決在理由
書最末一句要求：「是就上述公務員權益保障或有不夠完整之處，有關機關宜
適時檢討修正相關法令，適切區別懲戒與懲處事由；或就同時該當司法懲戒及
行政懲處事由之情形，明定此二程序之關係，以避免或減少用人機關恣意選擇
程序及受懲處公務員之雙重程序負擔。併此敘明。」惟並未提出具體可行之標
準，徒留疑義。本文以下乃針對司法懲戒與行政懲處權限之解釋與劃分標準，
提出個人淺見。

---

[3]　銓敘部100年9月20日部法二字第10034725212號函略以，歷來函釋對於受考人之懲戒、
　　行政懲處競合時，原懲處處分失效之時點，基於行政處分之安定性，均明定原行政懲處
　　應於公懲會為實體議決後失其效力。再查銓敘部101年6月11日部銓四字第1013568472號
　　書函略以，懲處處分如屬合法之行政處分，並無溯及失效之疑義；又懲處處分與懲戒
　　處分競合，於懲戒處分實體議決後，懲處處分則失其效力。103年11月10日部銓四字第
　　1033872417號書函重申上開意旨。

肆、治理上的政策建議：司法懲戒與行政懲處權限之解釋與劃分標準

一、《憲法》第77條是否蘊含懲戒一元化之憲法原則？

　　憲法法庭此兩號判決認為，《憲法》第77條規定並未蘊含「懲戒一元化」原則，該條文所稱之公務員懲戒，解釋上不包括行政懲處，業如前述。惟何謂「懲戒一元化」？容有不少解讀空間，溝通上易生誤解。依憲法法庭此兩號判決之上下文脈絡判斷，本文認為，其應指稱「對於公務員違法失職行為之制裁，均屬《憲法》第77條之規範範圍內，包括實質之懲戒處分在內」。

　　惟如前所述，過去司法院解釋認為，公務員違法失職行為之制裁，不論形式上用語如何，均為實質懲戒處分；懲戒事項由司法權掌理，但在合理範圍內得交由行政權行使之。換言之，公務員違法失職行為之制裁，不論司法懲戒或行政懲處，均屬《憲法》第77條之規範範圍，並在此前提下展開出原則與例外關係。依本文所見，在過去司法院解釋架構下，《憲法》第77條確實蘊含「懲戒一元化」之憲法原則。然而憲法法庭此兩號判決推翻此一觀點，認為懲戒與懲處兩自始即為不同制度，行政懲處不在《憲法》第77條之規範範圍內，並有意將該條文所稱之懲戒侷限於監察院所提彈劾案件之後續審理範疇。此一解讀是否符合制憲當時之實際狀況？本文以下將藉由我國公務員懲戒制度發展沿革之探討，釐清此一爭議。

　　我國公務員懲戒制度，始於北京政府於1913年1月9日、20日，先後公布「文官懲戒法草案」及「文官懲戒委員會編制法草案」，並咨送參議院審議，且頒布《臨時大總統令》，在各法案未經正式公布前，暫行適用各該草案辦理文官懲戒事宜。文官懲戒法草案明定文官非據本法不受懲戒，且須由合議制的懲戒委員會議決之，始得處以褫職（撤職）等處分。該懲戒法草案不單具內部紀律維持之目的，亦具有公務員不受非法處分之權益保障功能（馮惠平，2017）。其後幾經變革，包括：1914年1月20日公布施行《文官委員會編制令》；1914年3月21日公布施行《平政院編制令》；1915年10月15日公布施

行《司法官懲戒法》；1918年1月17日公布施行《文官懲戒條例》，分三章共26條。整體而言，我國公務員懲戒機關自1915年10月15日起至1926年2月26日止，係由文官懲戒委員會、平政院、平政院懲戒委員會、司法官懲戒委員會分別審議懲戒案件。一般文官之違失事件由文官懲戒委員會審議，受肅政史糾彈之懲戒事件則由平政院審理，並另由平政院懲戒委員會專辦平政院評事及肅政史之懲戒處分；司法官懲戒則由司法官懲戒委員會審議。

　　1926年2月17日國民政府公布施行《懲治官吏法》，分三章共19條，同樣規定官吏非據本法不受懲治；監察院對於官吏認為應付懲戒者，應備文聲敘事由，連同證據諮送懲吏院懲戒之；各監督長官對於官吏認為應付懲戒者，應備文聲敘事由，連同證據，請監察院諮送懲吏院懲戒之。但記過申誡處分，國民政府或該管長官得逕予行之，不必移送懲吏院懲戒。此時係依五權分立理論，另成立監察院，將原平政院肅政廳之糾彈職權劃歸監察院行使，另設國民政府懲吏院，掌理懲治官吏事件。嗣因懲吏院績效不彰，旋予裁撤，將該院一切掌理懲戒業務劃歸審政院辦理。1926年10月，國民政府修正公布《監察院組織法》，裁撤審政院，將官吏之懲戒併歸監察院辦理。懲治官吏法仍沿用之。1928年7月，國民革命軍完成北伐，全國統一。同年10月，國民政府修正公布《中華民國國民政府組織法》，其33條即規定：「司法院為國民政府最高司法機關，掌理司法審判、司法行政、官吏懲戒及行政審判之職權。」旋於司法院設官吏懲戒委員會掌理文官、法官之懲戒。《懲治官吏法》亦仍沿用之（王廷懋，1997，頁11-25）。

　　1931年6月8日國民政府同時公布《公務員懲戒法》及《公務員懲戒委員會組織法》。《懲戒法》分五章共28條，按之，經監察院彈劾者，由監察院依被彈劾人身分，分別移送各特設之懲戒機關。各院部會長官或地方最高行政長官，認所屬公務員有應付懲戒事由者，應備文聲敘事由連同證據送請監察院審查，但對所屬薦任職以下公務員，得逕送公懲會審議。薦任職以下公務員之記過或申誡，得逕由主管長官行之（§10～§12）（王廷懋，1997，頁25-26；楊坤樵，2016，頁5-6）。次依《公務員懲戒委員會組織法》，懲戒機關之規定係參照北京政府時期之文官懲戒委員會，改分為中央及地方懲戒機關，即於中央設中央公懲會，掌理全國薦任職以上公務員及中央各官署委任職公務員之懲

戒事宜；於各省設地方公懲會，掌管各該省委任職公務員之懲戒事宜。其後該法歷經多次修正。

1947年1月1日《中華民國憲法》公布，同年12月25日施行。配合《憲法》第77條司法院掌理公務員懲戒之規定，《懲戒法》及《公務員懲戒委員會組織法》於1948年4月15日修正公布，同年7月1日施行。依新法規定，僅於中央政府所在地設置公懲會，掌理所有公務員懲戒案件；此與行憲前之懲戒機關，分中央與地方兩級，復設政務官、法官、軍事長官等懲戒委員會者不同（王廷懋，1997，頁26-35）。

由上述發展沿革以觀，我國《懲戒法》體例係沿襲民國初年之文官懲戒法草案而來，一脈相承，無論如何修法，均明定公務員非依本法不受懲戒，自始即建立「懲戒一元化」制度，自制度發軔時起，均非由行政長官自行為之，而是交由特設之文官（官吏或公務員）懲戒委員會、懲吏院或審政院審議，蘊含公務員權益保障功能。北洋政府期間，另設置平政院專責審理受糾彈之懲戒事件，文官懲戒委員會仍審議由行政長官移送之懲戒事件。至國民政府公布施行《懲治官吏法》後，兩者併歸懲吏院審議。自此，無論是懲吏院、審政院、監察院、官吏懲戒委員會，或公懲會，其審議之公務員懲戒案件，均包含監察院彈劾之案件、行政長官送請監察院審查後移付懲戒、或行政長官逕送懲戒之案件。換言之，我國公務員懲戒機關審議之懲戒案件，向來包含行政長官發動之案件，非以監察院彈劾者為限。嗣於制憲時，雖有將懲戒權劃歸監察院之倡議，然多數制憲者認為懲戒權歸屬監察院有球員兼裁判之嫌，乃將懲戒權劃歸司法院。惟若單憑此一爭議，即斷言懲戒權僅是彈劾權行使後之審理階段，顯然罔顧過去歷史發展。實則我國公務員懲戒制度自文官懲戒法草案以來，均採懲戒一元化制度，由特設之中立機構審議懲戒事件，目的即在保障公務人員權益不受行政長官恣意侵犯，雖與世界各主要國家多由行政機關行使懲戒權之情形有所不同，仍屬制憲者對於憲政制度之選擇，凡憲法機關均有遵守之義務。

縱使制憲時即存在考績法之行政懲處制度，然存在不等於合憲，過去中華民國訓政時期沿襲下來之法制，不乏遭司法院解釋宣告違憲之例證[4]。況且制

---

[4]　例如我國制憲當時之法院組織法規定，司法行政部部長監督高等法院以下各級法院及分

憲當時《考績法》規定之行政懲處，至少未含有年終考績累積達二大過免職、專案考績一次記二大過免職等規定，而是分別於1962年及1978年所增設（蔡震榮，2000）。行政懲處權一再擴張，亦非「制憲當時已存在」所能解釋。

二、行政機關是否及在何種範圍內有行政懲處權？

《憲法》第83條規定，考試院掌理任用、考績事項；《憲法增修條文》第6條停止《憲法》83條規定之適用，規定考試院掌理公務人員任免、考績之法制事項。所謂「考績」亦稱績效考評（performance appraisal）或效率考評（efficiency rating, service rating）（許南雄，2012，頁217-220），乃是藉由對公務人員的考評，達到獎優汰劣，規正公務人員有不利組織目標達成之行為，並作為升遷、考核、訓練、培育設計之目的，即《考績法》第2條規定「公務人員之考績，應本綜覈名實、信賞必罰之旨，作準確客觀之考核」。考績有三大功能：（一）行政性功能：作為調薪、升遷、獎懲、工作調整、解僱等依據；（二）發展性功能：增進員工工作潛能與滿足感、協助員工職業生涯規劃、人事諮詢、訓練需求規劃；（三）綜合性功能：設定員工將來工作目標、促進組織與員工共同對責任之瞭解、確認管理者責任履行程度（張瓊玲，2009，頁173、178）。是以考績制度需有獎懲之配套措施以竟其功。依《憲法增修條文》上開規定，考試院掌理公務人員之任免及考績之法制事項，有關考績制度及相關獎懲措施（包含免職）之法制建立，乃由考試院掌理，行政院負責實際執行。準此，考試院得基於績效考核之需要，訂定行政懲處規定，包含汰劣措施即免職權在內，由行政長官行使；此與《憲法》第77條規定之司法懲戒權，旨在制裁公務人員違法失職行為，以整飭官箴，維護公務人員紀律者，有所不同。

基於上述理由，《考績法》各項行政懲處處分，是否合憲，須分別以觀。依《憲法增修條文》第6條規定，行政機關於考績權限範圍內有行政懲處權，包含汰劣之免職權在內，因此基於績效評估考核結果之懲處，為行政之固有權

院，以及制憲後仍依訓政時期之司法舊制，於司法院下設最高法院、行政法院及公務員懲戒委員會，凡此均遭司法院釋字第86號及第530號解釋宣告違憲（董保城、法治斌，2021，頁544-549）。

限。反之，倘若行政懲處事由已涉及違法失職行為之制裁，則具有懲戒性質，為實質之懲戒處分，為《憲法》第77條規定之範疇，應以其性質是否屬於「得由行政機關行使之合理範圍」判斷其合憲性。

參考文獻

公務員懲戒委員會（1990）。**中華民國七十九年七月三日七十九臺會議字第○九○一號函**。憲法法庭，6月12日。https://cons.judicial.gov.tw/docdata.aspx?fid=100&id=310479

王廷懋（1997）。**我國公務員懲戒問題之研究**。公務員懲戒委員會。

張瓊玲（2009）。改進公務人員考績制度的議題探討：公平原則觀點。**文官制度季刊，1**（2），171-197。

許宗力（2004）。**司法院釋字第583號解釋部分不同意見書**。憲法法庭，9月17日。https://cons.judicial.gov.tw/docdata.aspx?fid=100&id=310764&rn=9258

許南雄（2012）。**現行考銓制度**。商鼎數位。

彭鳳至（2014）。消失中的司法懲戒權——淺論公務員懲戒法歷次修正草案中的二個問題（上）。**司法周刊，1695**，2-3。

馮惠平（2017）。民國初年人事行政法制的形成與演變（1912～1928）。**文官制度季刊，9**（1），25-60。

黃虹霞（2022）。**憲法法庭111年憲判字第9號判決不同意見書 本件判決只是釋憲嗎？還是踩到制憲、修憲紅線？**。憲法法庭，6月24日。https://cons.judicial.gov.tw/docdata.aspx?fid=38&id=339757

楊坤樵（2016）。公務員懲戒法之沿革與開展。**司法周刊，1797**，4-31。

董保城、法治斌（2021）。**憲法新論**。元照。

董翔飛（1999）。**司法院釋字第491號解釋不同意見書**。憲法法庭，10月15日。https://cons.judicial.gov.tw/docdata.aspx?fid=100&id=310672

詹鎮榮（2016）。公務員懲戒權之捍衛或棄守？——評新修正公務員懲戒法刪除主管長官懲戒權之規定。**公務員懲戒制度相關論文彙編第6輯**（1-31頁）。

詹鎮榮（2022）。（**憲法法庭111年憲判字第9號判決**）**專家諮詢意見書**。憲法法庭，6月24日。https://cons.judicial.gov.tw/docdata.aspx?fid=38&id=339757

劉鐵錚（1999）。司法院釋字第491號解釋不同意見書。憲法法庭，10月15日。https://

cons.judicial.gov.tw/docdata.aspx?fid=100&id=310672

蔡震榮（2000）。由專案考績免職評論釋字第491號。**中央警察大學學報**，**36**，159-
180。

第16章

台鐵改革的挑戰與機會

林淑馨

壹、前言

　　鐵路運輸可以說是各國國內產業發展與近代化不可或缺的重要手段。尤其是19世紀的交通體系，更是以鐵路為中心而發展成的。由於鐵路事業被定位成大眾運輸，而課以大量、普及、廉價、便捷、安全之責任，故早期各國的鐵路事業都是由國家經營，以確保國民的交通權，但卻也因此普遍容易產生缺乏成本意識、經營效率不彰的弊病。加上後來自用車的普及和航空運輸的發展，衝擊到原本鐵路事業在交通市場上所維持的獨占地位，進而影響該事業的經營。

　　以我國而言，在高速公路通車以前，台鐵可以說是貫穿南北的重要大眾運輸工具，尤其逢年過節，台鐵車票一位難求。即便後來高速公路和高鐵陸續通車後，台鐵雖曾短暫失去優勢，發生客源流失的情形，但由於鐵路不像公路般容易遇到塞車問題，加上台鐵票價低廉且停靠月臺站數多，因此載客人數不減反增，從1971年的1億3,421萬人，增加到2020年的2億3,615萬人。然而弔詭的是，載客人數雖多，但營運狀況卻始終未見好轉，虧損日益增多，至2020年底，累計債務高達4,097億元。因此，長期以來台鐵民營化的改革呼聲始終未曾間斷。只不過一旦遇到改革議題時，台鐵沉重的債務負擔與工會抗爭問題被視為是燙手山芋，在互推皮球的情況下，改革始終是雷聲大雨點小，最後不了了之。

　　回顧國內外公營事業民營化的案例可知，改革要能成功，除非執政當局有強烈的執行意志，並將此視為重要政績，如英國鐵路、自來水民營化、日本國鐵民營化、我國台汽民營化，或是國外的壓力，如台日電信事業民營化、歐盟各國郵政事業民營化，否則民營化政策很難推行。以台鐵而言，執政當局在考量選票的壓力下，對推動台鐵民營化始終抱持消極的態度，再加上缺乏來自國

外的壓力，致使台鐵改革一再拖延，錯失最佳機會。

　　然而，自從2018年普悠瑪列車脫軌翻覆奪走18條人命，造成215人受傷，2021年又發生工安疏失，再次釀成49死、216人輕重傷的悲劇後，似乎又引發社會各界對台鐵改革議題的關切與重視。為了平息民怨與憤怒，針對這次事故，雖然交通部和輿論希望台鐵能公司化，但行政院卻提出「台鐵未來將朝企業化經營模式，循中華郵政營運模式改革」之方案。然而，2022年3月台鐵公司化草案被送進立法院，5月27日立法院三讀通過《國營臺灣鐵路股份有限公司設置條例》（簡稱《台鐵公司設置條例》），預計在2024年1月完成公司掛牌，效率之快令人感到驚奇。若檢視《台鐵公司設置條例》可發現，由於交通部為經營者，台鐵公司由政府獨資經營（§1、§9），因此可以預期未來台鐵公司的經營依然缺乏自主性，加上不裁員，既有員工的年資、薪資等福利待遇維持不變（§13），不禁令人質疑，這樣的變革會產生哪些作用？是否真能改變台鐵長期以來的組織文化？事實上，究竟何謂公司化？企業化？民營化？三者之間有何不同？又分別會帶來哪些成效？一般民眾應該無從分辨，也很難釐清其中之差異，當然也就無法理解這項改革所代表意義。

　　基於上述，為能確切找出台鐵改革的問題與方向，本文首先簡單整理民營化的相關理論；其次回顧台鐵改革歷程並目前的營運現況；接著分析台鐵改革面臨的挑戰；最後嘗試提出建議以作為今後台鐵改革時之參考。

貳、民營化的相關理論

一、國（公）營事業的問題

　　在介紹民營化理論之前，首先應先說明國（公）營事業的問題點。事實上，國（公）營事業存在於戰後百廢待興的時代，對於促進國家經濟繁榮和豐富國家財政上扮演著重要的角色，並承擔公共責任。但卻也因其官僚體制的事業特質，受到過多法令的束縛與政治力的介入，經營缺乏自主性，且組織成員多有鐵飯碗的意識，心態保守，欠缺憂患意識，再加上事業體多擁有獨占、壟

斷的優勢，成本效益觀念不足（林淑馨，2013，頁29），致使多數的國（公）營事業都面臨著組織僵化、冗員過多、嚴重虧損與效率不彰等問題，連帶成為國家沉重的財政負擔。在政府財政情況尚稱良好的時候，國（公）營事業的問題可能並不顯著，但隨著政府財政日益惡化、對事業進行補助有困難的情況下便浮出檯面。如何提升國（公）事業的經營績效，以減輕國家的財政負擔等改革的呼聲乃因而產生（林淑馨，2003，頁6）。

二、民營化理論

(一) 定義與類型

各國學者對民營化（privatization）一詞雖沒有一致的共識，但簡言之，可將民營化視為是「私有化」或「非國有化」（denationalization）的同義語。若從狹義、廣義和最廣義三個面向來分析民營化的內容，遠山嘉博（1995，頁7）認為：狹義的民營化應是解除國有化或私有化。具體而言，乃是至少將公營企業過半數（50%）的資產移轉給民間，英國柴契爾政策中所使用的「民營化」一詞，即為此義。因之，遠山所指稱的狹義的民營化，乃「公營事業所有權的移轉」，意即「解除國有化」。

至於廣義的民營化則不再將民營化的概念限制在「所有權的移轉」，而將其擴大到市場加入自由化、導入競爭、解除管制等概念，引申為除了自由化或解除國有化外，即使未解除國有化，藉由民間參與，或是導入民間部門的管理方式、技術等做法也都涵蓋在民營化的範圍，亦即目前我國盛行的公私協力概念。而最廣義的民營化則是指將包含醫療、衛生或教育等原本由國家所提供之服務的全部或部分開放給民間來參與。根據遠山的說法，最廣義的民營化意味著政府在公共服務供給職能後退的同時，希望藉由民間參與、民間委託來擴大民間供給（遠山嘉博，1987，1995）。

根據Savas（1992；引自詹中原，1993，頁15-19）的分類，民營化可以分為撤資（divestment）、委託授權（delegation）、替代（displacement）三種類型。撤資是指公營事業或資產之移轉民間，意味著政府透過出售、無償移轉或清理結算等整體一次性的方式，完成去國有化。委託授權乃是部分民營化，政

府部門委託部分或全部財貨與服務的生產活動給民間部門，但仍繼續承擔責任，常見如簽約外包、特許、補助、抵用券等做法。至於替代乃是一種消極和間接的過程，意味著政府在服務的供給上逐漸被民間部門取代，例如社會治安不良，警力明顯不足，民間保全公司乃應蘊而生。

（二）目的

關於推行民營化政策的目的，各國雖有些許差異，但檢視英國和我國的民營化政策之後，發現基本上都脫離不了1.提高事業效率。亦即打破原本獨占壟斷的市場機制，開放競爭並解除管制；2.增加政府財政收入。民營化的目的之一在於藉由將公營事業移轉民營，以減輕政府的財政負擔，或是透過釋股來減少政府舉債壓力和降低民眾稅賦負擔；3.擴大分散股權，促使社會大眾參與投資；4.爭取國內外政治支持，強化執政的正當性等幾項目標。換言之，各國實施民營化的主要目的在於提升經營績效，解決政府財政赤字，降低公權力對經濟事務之直接干預，開發中國家的反對黨甚至期望藉由民營化的實施，來達到避免政黨與企業掛鉤之目的。民營化所象徵的並非單純將公營事業股權或資產移轉民間，更重要的意義在於經濟自由化之體現及活化市場結構。也就是說，民營化實際上是一種手段而不是目的，其真正代表的是一個更廣義的公共經濟活絡化，更有效地採取民間的活性管理制度。也因此，多數國家在推行民營化政策時多強調民營化所帶來的經濟效益，或許是受此影響之故，國內民營化的相關論述也多偏重民營化經濟性目的之探討。

三、民營化的爭辯

國（公）營事業具有公共性和企業性的特質，因此在推行民營化的過程中容易引發爭辯，以下分述之：（一）交通權保障的爭議。研究指出，反對者認為民營化政策必定與社會正義和公平原則相衝突，其效率是經由犧牲弱勢團體在社會中原本獲得的資源分配之比例而完成（詹中原，1993，頁94）。以鐵路來說，民營化後的業者可能會因為成本考量，而廢除偏遠地區的路線或虧損小站，犧牲民眾的交通權；（二）工作權受損的爭議。民營化因牽涉事業組織與人力調整，員工擔心工作權缺乏保障，既有權益受到損失，故容易遭遇來

自員工的阻力，引發抗爭（鄭溫清，1999，頁37-38；張晉芬，2001，頁123-128）；（三）安全性確保的爭議。民營化反對者認為，民營化後業者在追求利潤的情況下，有可能會抑制老舊設備的更新，或削減對安全設備的投資，而引起安全性的疑慮（真鍋繁樹，1985；鎌倉孝夫，1986）。

　　然而，值得注意的是，檢閱國內有關台鐵民營化文獻發現，無論是報章雜誌或期刊論文，關注的焦點多集中在改革方式、債務處理、工會反對與工作權保障等面向，卻鮮少對於民營化後可能對交通權和安全性帶來衝擊進行深度探討。直到近期台鐵因重大事故引發改革爭議，安全性問題才受到重視。

參、台鐵的營運現況與問題

　　行政院自1989年開始積極推動民營化政策，致使公營事業在我國整體經濟所占之比重逐漸下降，其占國內生產毛額比重，在1995年甚至降到10.8%。但嚴格來說，臺灣國（公）營事業民營化進行得並不順利，除極少數事業外，多數國（公）營事業移轉民營的時程一再拖延，過程也都一波三折。以台鐵為例，雖名列我國虧損國（公）營事業之首，且三十、四十年來陸陸續續進行多次內部改革，但經營績效始終未見好轉，至今為止尚未有確切的改革方向。以下，筆者先回顧台鐵的營運情形，進而歸納台鐵的問題。

一、台鐵的營運概述

　　台鐵是我國西部主要的大眾運輸工具，在高速公路通車之前，每年都負擔1億人以上的旅客輸送量，在我國運輸系統中占有極重要的地位。然而，隨著交通市場結構的改變，在其他替代性交通工具出現後，台鐵逐漸喪失營運優勢。除此之外，造成台鐵營運惡化的原因還有公營事業體制的限制、人力老化等多項因素。

　　首先，從台鐵員工的年齡分布來看，如表16-1所示，目前台鐵員工40歲以上者占全體員工數的56%，有三成以上的員工超過50歲，老化情形相當嚴重。同時，這樣的數據也顯示：台鐵未來的退撫人員將持續增加，而在職人員所負

表16-1 台鐵員工年齡分布及其百分比（至2020年底）

	19歲以下	20-29歲	30-39歲	40-50歲	51-59歲	60-65歲	65歲以上	總計
人數（人）	1	2,407	4,561	3,804	3,769	1,249	76	15,867
百分比（%）	0.01	15.17	28.75	23.98	23.75	7.87	0.48	**100.0**

資料來源：台鐵統計資訊。2022年2月18日檢索，取自https://www.railway.gov.tw/tra-tip-web/adr/about-public-info-3

擔退撫人員之費用也日益沉重。

其次從台鐵的營收來分析，其客運量除了高速公路剛通車時流失部分旅客外，由於自用車普及，塞車情形嚴重，旅客為節省時間自然又回流到台鐵，並呈現穩定成長。整體而言，如表16-2所示，其客運量從1981年的1億3,073萬人，持續維持成長，到了2019年2億3,615萬人，足足成長1.8倍。倒是貨運量隨著貨運和物流業的發展，從1994年高峰期的1億9,605萬公噸，逐年下滑，到了2019年僅有7,313公噸，減少37%，將近四成。

表16-2 台鐵客運和貨運的營業情形

	1971年	1976年	1981年	1986年	1991年	1992年	1993年
客運營業里程（公里）	963.5	957.4	1,035.3	1,028.6	992.4	1,063.5	1,063.5
客運人數（千人）	134,213	140,032	130,737	131,606	137,123	149,260	157,294
貨運營業里程（公里）	996.6	1,003.7	1,087.4	1,078.2	1,042.7	1,105.1	1,105.1
貨運噸數（千公噸）	15,220	17,000	16,905	17,341	16,417	17,786	19,779
	1994年	1995年	1996年	1997年	1998年	1999年	2000年
客運營業里程（公里）	1,063.5	1063.5	1,063.5	1,063.5	1,0559.5	1,059.5	1,059.5
客運人數（千人）	160,329	159,981	159,438	165,231	171,867	182,180	191,477
貨運營業里程（公里）	1,105.1	1,105.1	1,105.1	1,105.1	1,101.1	1,101.1	1,101.1
貨運噸數（千公噸）	19,605	19,210	16,480	16,948	17,083	16,662	14,481

表16-2　台鐵客運和貨運的營業情形（續）

	2001年	2002年	2003年	2004年	2005年	2006年	2007年
客運營業里程（公里）	1,063.5	1063.5	1,063.5	1,063.5	1,053.6	1,052.2	1,052.2
客運人數（千人）	186,078	175,340	161,421	168,473	169,560	168,988	169,692
貨運營業里程（公里）	1,074.6	1,094.6	1,094.6	1,101.5	1,094.4	1,093.0	1,093.0
貨運噸數（千公噸）	12,371	13,147	11,198	11,842	13,044	12,866	11,431
	2008年	2009年	2010年	2011年	2012年	2013年	2014年
客運營業里程（公里）	1,052.2	1,046.9	1,046.9	1,053.9	1,053.9	1,053.9	1057.1
客運人數（千人）	178,660	179,369	189,762	205,829	220,296	227,287	232,826
貨運營業里程（公里）	1,090.6	1,085.3	1,085.3	1,078.1	1,058.9	1052.9	1,051.9
貨運噸數（千公噸）	11,106	9,577	10,426	10,661	10,873	10,658	11,012
	2015年	2016年	2017年	2018年	2019年	2020年	2021年
客運營業里程（公里）	1,057.1	1,057.6	1,057.6	1,057.6	1,057.6	1,057.6	1,057.6
客運人數（千人）	232,216	230,364	232,805	231,267	236,151	203,520	154,927
貨運營業里程（公里）	1,051.9	1,051.9	1,051.9	1,051.9	1,051.9	1,051.9	1,051.9
貨運噸數（千公噸）	10,909	9,215	7,763	7,719	7,313	7,255	6,608

資料來源：台鐵統計資訊。2022年2月17日檢索，取自https://www.railway.gov.tw/tra-tip-web/adr/about-public-info-3

　　值得注意的是，如檢視台鐵營收可知，1978年以前，台鐵因處於交通市場獨占地位，營運狀況良好。但自從喪失優勢以後，台鐵幾乎就處於長期虧損的狀態，尤其在1990年以後，情況更是嚴重。然對照表16-2發現，若將台鐵的財務困境完全歸咎於競爭者的出現，基本上是不合理也不恰當的。那麼，究竟是哪些因素導致台鐵經營變成如此？又是哪些原因阻礙台鐵改革的進行？這些都是本文所欲探討的。

二、台鐵的問題

　　台鐵為我國西部重要的交通動脈，歷史悠久，被喻為是百年老店，卻也因而累積許多歷史和制度性問題，以下分述之。

(一)制度性問題：經營缺乏自主性，政治力介入

　　鐵路屬於勞力密集的產業。精省以前，台鐵為省屬三級行政機構，決策容易受到中央和省政府的監督與政治性干涉，組織結構僵硬，經營缺乏自主性，形式上雖為一獨立事業，需自負盈虧，但實際上卻需要配合國家相關政策，如列車採購、鐵路地下化等，無法根據組織實際需求自行決定。而台鐵也因國營事業的體制導致於本身無論是花錢或賺錢，如票價費率調整、設站設點，都須經由立法院同意，也就是受制於民意代表和執政者的政治考量。再加上組織成員為公務員身分，多有安於現況的鐵飯碗心態，欠缺競爭意識與效率，難以迅速因應外在環境或需求改變，導致組織內部充滿官僚式組織文化。

(二)財務問題：政策性投資、票價無法反映成本

　　自從高速公路通車以來，台鐵四十多年來不曾獲利，目前流動負債已經超過1,400億元，每年的人事成本占年度支出的一半以上，超過150億元（鄭閔聲等，2021，頁63）。檢視造成台鐵沉重的財務負擔的原因包括過多冗員、沉重的退撫金、西部鐵路電氣化投資所帶來的利息負擔、因《勞動基準法》修正衍生出的加班費用支出，以及配合政策進行鐵路地下化的政策性投資而造成的虧損等（林淑馨，2003，頁147-148）。其中，退休金被視為是歷史財務包袱，每年都在40億元左右，2019年共支付40.9億元，2020年則是39.3億元，但台鐵的主要票務收入一年卻不會超過200億元。

　　另外，由於台鐵是國營事業，其票價的調整須經由立法院的同意，執政當局往往為討好選民，而出現台鐵二十七年沒有調漲票價的不合理情形。資料顯示，台鐵上一次調整票價已經是1995年5月，當時行政院主計總處公布的消費者物價指數是80.46，2021年2月為103.57，指數增幅28.7%，近三成。而1995年的基本工資為每月14,880元、時薪62元，2021年已經增加到24,000元、時薪168元（鄭閔聲等，2021，頁64），但台鐵票價卻從未調整，造成票價無法反映營運成本，這些都是造成台鐵長年經營虧損與服務品質無法提升的重要因素。

（三）人力結構問題：新進員工流動率高，中階員工嚴重不足

　　台鐵的人力結構長期以來一直為人所詬病。早期是因台鐵為國營事業，需負擔大陸撤退來臺退伍軍人和國民黨幹部就業問題等政策性責任，而造成冗員過多，用人費用占總收入的八、九成（林淑馨，2003，頁147）。1970年代台鐵員工有2萬3,000多人，自1980年代開始，為了減少財務虧損，台鐵不斷減少人力，2015年僅剩1萬3,000多人，2018年起慢慢增補，到了2020年有1萬5,867人（簡立欣，2022a）。資料顯示，在2012年以前，台鐵30歲以下的員工不到一成，50歲以上員工占47%，四成五以上員工超過50歲，顯示組織成員老化情況嚴重（林淑馨，2013，頁117），近期的「M型化」情形則更是嚴重。根據台鐵年報，2020年在1萬5,000多名的台鐵員工中，服務年資未滿五年者有34.66%，未滿十年者高達55%，十到二十年的年資比率僅是15%，但另一方面，二十五年以上的資深員工則是超過20%（鄭閔聲等，2021，頁63-64）。工會秘書長表示，由於台鐵基層技術的待遇比不上民營公司或台電，因此留不住專業人才。以電務維修人力而言，報到率更是低於三成，甚至鐵路特考土建人力因與高普考重榜，報到率皆為零（鄭閔聲等，2021，頁71），年資不到二、三年者即須帶領新人見習實作。由此看來，目前台鐵的人力結構呈現出新進員工流動率高，中階員工嚴重不足，但資深員工比率過多的不均與斷層問題，進而影響服務品質。

肆、台鐵改革的挑戰與因應

　　從過去的經驗可知，台鐵改革的阻力和問題重重。事實上，自從行政院經濟建設委員會於1978年委託西德顧問管理公司對台鐵進行問題研究與分析之後，至1994年為止陸續成立「台灣鐵路整理委員會」、「台灣鐵路監理委員會」與「台鐵業務改進方案專案審查小組」著手推動改革，提出包含精簡人力、費率調整、經營改革、成本控制、增加通勤列車等改善建言（可參閱林淑馨，2013，頁123-126）。只可惜在執政當局和台鐵缺乏危機意識，且未能充

分體會改革的重要與必要性的情況下無法被具體落實，錯失改革的最佳機會。

　　整體而言，英國、法國、德國和日本等幾個重要國家的鐵路改革都面臨相同的困境，也就是改革前虧損嚴重，累積債務龐大、冗員過多、組織僵化、政治性介入等問題，但是這些國家都早在1990年代完成鐵路改革。反觀我國，台鐵組織規模並不大，員工人數僅約1萬5,000人，相較於日本國鐵有40萬的員工，卻能在1987年完成民營化，而我國卻遲遲未見改革開始，令人不禁懷疑，究竟台鐵改革遇到哪些問題？筆者試分析如下：

一、混沌不明的改革方向：企業化或公司化？

　　如前所述，引發多數國家鐵路改革的原因大同小異，但最後英、法、德、日等國都完成民營化的改革。以日本為例，該國首相早於1980年即宣示三公社民營化政策，且將於1987年完成鐵路改革。過程中當然歷經鐵路員工為了捍衛工作權而引發的罷工、抗議等事件，但最終仍於既定時程內達成經營權移轉的公司化目標，並在日後陸續將東日本、西日本和東海等本州三社所有權釋出，完成民營化。

　　反觀台鐵，雖然提出改革的時間不比其他國家晚，但因改革方向不明，始終局限在行政機關的體制內改革，流於「頭痛醫頭，腳痛醫腳」的形式主義，員工鐵飯碗意識不變，成本觀念薄弱，加上國營事業的體制，即使虧損連連仍受限於主管機關無法立即調漲票價，反映成本，企業型組織文化難以建立。

　　回顧近二十年來台鐵的改革歷程發現，從1990年代後期提出的「車路分離」，到後來的「車路一體」，甚至到目前行政院主張的「公司化」，始終欠缺明確的改革方向，不僅內容與時程一變再變，對於政策的改變，主事者從未清楚說明。事實上，企業化是個模糊抽象的概念，主要是維持現有國營事業的組織型態，而將市場原則導入公部門的方式。以這次的公司化改革方向來說，是以台鐵繼續維持國營事業的經營型態為前提所設定的改革模式。然而，在交通工具多元化的時代，台鐵是否仍有必要繼續維持國營事業的經營型態是值得探討的課題。倘若真有其必要，又如何在國營公司的體制下進行企業化？台鐵採購能不依照《政府採購法》嗎？票價調整可以無需經由立法院嗎？是否能反映經營成本？針對這些細細節，行政院從頭到尾並未說明，顯然考量的僅是公

司化所帶來的衝擊最低，影響最小，同時可以給予社會大眾交代，安撫輿論對台鐵的不滿，卻不是真正想徹底解決台鐵的問題。

　　事實上，參考日本的改革經驗發現，公司化乃是民營化的一個過渡性階段，目的是希望藉此減緩改革所帶來的衝突。在公司化的階段，政府必須爭取時間，一方面清算公司債務，同時結算員工的年資，為民營化做準備；另一方面，還須訂定特殊法（如JR法）以達到保障事業公共性之目的。當上述工作皆告一段落之後，才著手進行民營化，逐步完成所有權移轉。若以此來檢視中華郵政的改革過程，勉強只能算是「不完全的公司化」，亦即截至目前為止，除了將組織名稱從以行政機構為名的「局」更改為企業名稱的「公司」之外，新進用的人員雖是採《勞動基準法》，但並未結算既有人員的公務年資，造成組織內「一國兩制」、「同工不同酬」的情形，嚴重影響組織士氣。此外，中華郵政在改制公司以後即停滯不前，絲毫沒有民營化的意圖。中華郵政的經營自主性仍低，效率不彰，在網際網路發達，郵務大量減少，且金融業競爭的情況下，僅能靠招牌的儲匯業務來苦撐，營造盈餘的假象。這次的台鐵改革又再度選擇公司化的做法，讓人不禁質疑，政府是否亟欲拿台鐵公司化來當政績，展示改革的決心以安撫民情，但卻完全感受不到政府對改革的用心與誠意。

　　有鑑於此，如欲達成改革目標，首先應拋棄保守的「制度內改革」的思維，才能解決國營事業經營缺乏效率、自主性，容易受政治力干預等的弊病，也就是唯有藉由民營化，才能終結國營事業的官僚主義，跳脫既有行政體制的框架，改變組織成員的公務員身分與心態、對組織的認知，從而提升事業的效率與競爭力，形塑企業型組織文化，達成完全改革的目標。

二、由誰處理債務問題：政府或台鐵？

　　台鐵改革過程中需面對的是債務處理問題。多數人可能會質疑，虧損如此嚴重的組織如何進行民營化？債務應如何處理，由誰承接？分析近三年來台鐵的營收發現，其稅後虧損分別是24.08億元（2018年）、32.82億元（2019年）、68.11億元（2020年）（鄭閔聲等，2021，頁57），累積虧損高達1,224億8,436萬元。造成虧損的原因很多，但終究仍脫離不了國營事業的特質所造成的營運無法反映成本，設備難以提升，最後由全體消費者共同承擔乘車的安

全風險。

　　由以上所述可知，若台鐵移轉民營，龐大的債務該如何處理，由誰承接恐怕是個難題。報導指出，目前台鐵的短期債務是1,371億，財政與主計機關僅同意吸收367億，其餘由改制後新的公司自行清償。對此，工會質疑，新成立的公司有盈餘必須先償債，恐會影響日後發展（簡立欣，2022b）。然而，如參考日本國鐵改革經驗發現，1986年內閣會議所做成的「國鐵長期債務處理方案」中，雖然在民營化後將國鐵37.1兆日圓的債務之60%由國鐵事業清算團（25.5兆日圓）來繼承，剩下的40%由JR各社（5.9兆日圓）和新幹線保有機構（5.7兆日圓）共同承擔，並計畫透過出售土地（7.7兆日圓）、JR股票（1.2兆日圓）收入以及國民負擔（13.8兆日圓）等方式，來達到償還債務之目的（林淑馨，2003，頁127；2012，頁14）。之所以如此，乃是希望新的事業體得以在毫無負擔的情況下重新出發，等於是為新事業體構築健全的經營基礎。暫且不論日後由於泡沫經濟使JR的股票上市未如預期，以及因政治力介入而導致土地出售的延遲等而影響債務的償還，但是對一個過去背負龐大債務的事業體而言，此種做法不外乎是給予另一種機會並能鼓舞組織成員的士氣。值得注意的是，JR所繼承的債務並非平均分給六家公司，而是根據過去歷年的營收來試算，由盈餘的本州三社（東日本、東海和西日本）來承擔，將來以營收比例來分期償還，至於虧損的三島三社（北海道、四國與九州）則不在此列。因之，若將這種處理方式援引到台鐵，新事業體在結算員工年資與結構性因素改變（經營自主性）後應有獲利的空間，故有必要承擔部分既有債務的責任，不過需繼承多少仍有討論的空間。

三、工會反對：安全性和債務的改革應優於組織

　　台鐵改革一再拖延，多數人會聯想到強勢工會的阻撓。報導指出，政府部門初期之所以會選擇使用「企業化經營」的模糊字眼，就是擔心一旦公司化，會進行財務整頓，首當其衝乃是人事精簡，如此一來必然引發工會的反對（鄭閔聲等，2021，頁72）。但台鐵工會卻表示，工會不反對公司化，只是改革重點有誤，安全改革和歷史負債應該先解決，而非最不相關的公司化（簡立欣，2022b）。

　　誠然，安全改革和歷史債務對台鐵改革而言是相當重要的一環。根據工會的主張，之所以安全會有疑慮，是因為長期以來人力不足、留不住人才所致。但若追根究柢，造成此種情況的主要原因，仍不外乎是前面所述的制度性結構因素。換言之，受到制度所限，台鐵的經營無法自主，政治力容易介入，除了造成長期的虧損與債務問題，連帶也影響人員的留任與經驗的傳承，從而直接反應在安全性。此外，欲從事安全性改革，首要之務是改變台鐵的「馬虎」的組織文化（侯良儒，2021，頁76），建立風險管理的安全意識。試問在鐵飯碗的身分保障下，要改變台鐵百年以來所累積的墨守成規官僚式組織文化，恐怕比登天還難。這也是為何國外在面對虧損連連的鐵路改革時，最終都採取民營化作為手段的原因。唯有透過制度改變身分，才能在自負盈虧的壓力下，促使組織成員認清自身努力與組織存續的關聯性，徹底瓦解並改變組織文化，重新形塑新的企業型組織文化。也只有這樣，才能改變台鐵的馬虎組織文化，重新正視安全性的重要。

伍、結語

　　總結前述可知，我國自1970年代末期就開始著手進行台鐵改革，在時程上並未落後於英、法、德、日等先進國家。但這些國家的鐵路改革早已於1990年代陸續完成，唯獨台鐵依然原地踏步，問題不僅沒有解決，反倒愈積愈多，最後終將影響交通事業最重要的安全性；而造成此差異的最大原因乃是執政者的改革決心。換言之，改革不是形式上的口號宣示，倘若執政者有心改革，就應明訂時程與方向，採漸進方式逐步推行，才能減少改革過程中所帶來的阻力。

　　在討論台鐵改革時應先檢視改革目的為何的問題？是為了提高效率或是增加政府財政收入？整體而言，台鐵的累積債務達4,000多億，因此，改革目的應是減輕政府財政負擔與提高經營的效率與自主性，也就是徹底解決制度的困境。事實上，目前台鐵員工有1萬5,000多人，組織規模在國營事業中都不算是最棘手的，若相較於日本國鐵改革前累積債務高達37兆日圓，有40萬員工，可以說是小巫見大巫。但日本卻能於1987年率先達成鐵路民營化的目標，重塑企

業型組織文化，民營化後的JR更因準點率高、服務品質優良、企業形象佳而成為社會新鮮人嚮往就業的民營企業。從歷史經驗來看，台鐵如欲脫胎換骨，現階段公司化的制度內改革是無法解決台鐵積習的問題，唯有朝向民營化，才能徹底擺脫國營事業的制度與結構性弊病，建構新的企業型組織文化。

參考文獻

一、中文部分

林淑馨（2003）。**鐵路 電信 郵政三事業民營化 國外經驗與台灣現況**。鼎茂。

林淑馨（2012）。再探鐵路事業民營化──日本經驗的現實與困境。**公共事務評論，13**（1），1-26。

林淑馨（2013）。**檢證 民營化、公私協力與**PFI。巨流。

侯良儒（2021）。一顆鬆螺絲造成斷橋、一輛違停車奪50命 工安SOP 怎麼敗給台灣馬虎文化？**商業周刊，1743**，76-77。

張晉芬（2001）。**台灣公營事業民營化：經濟迷思的批判**。中央研究院社會所。

詹中原（1993）。**民營化政策 公共行政理論與實務之分析**。五南圖書。

鄭閔聲、劉俞青、陳偉周（2021）。誰縱容出絕命列車。**今周刊，1268**，52-76。

鄭溫清（1999）。民營化員工權益與公股股權管理。載於周添城（主編），**台灣民營化的經驗**（37-110頁）。中華徵信所。

簡立欣（2022a）。**台鐵人力「嚴重斷層」**1/3員工年資不滿5年 工會嘆：安全問題每天都像在走鋼索。Yahoo新聞，2月21日。https://tw.news.yahoo.com/%E5%8F%B0%E9%90%B5%E4%BA%BA%E5%8A%9B-%E5%9A%B4%E9%87%8D%E6%96%B7%E5%B1%A4-1-3%E5%93%A1%E5%B7%A5%E5%B9%B4%E8%B3%87%E4%B8%8D%E6%BB%BF5%E5%B9%B4-%E5%B7%A5%E6%9C%83%E5%98%86-221500019.html

簡立欣（2022b）。**台鐵公司化說帖 工會逐項反駁**。Yahoo新聞，2月21日。https://tw.news.yahoo.com/%E5%8F%B0%E9%90%B5%E5%85%AC%E5%8F%B8%E5%8C%96%E8%AA%AA%E5%B8%96-%E5%B7%A5%E6%9C%83%E9%80%90%E9%A0%85%E5%8F%8D%E9%A7%81-201000027.html

二、外文部分

真鍋繁樹（1985）。**国鉄解体**。講談社。

遠山嘉博（1987）。**現代公企業総論**。東洋経濟新報社。

遠山嘉博（1995）。わが国における民営化の胎動・現実・評価。**追手門経済論集，30**
　　（1），1-19。

鎌倉孝夫（1986）。**「国鉄改革」を撃つ**。綠風出版社。

PART 4

公民參與和網絡治理

● 第 17 章　公民投票在臺灣：關鍵議題、挑戰與機會（劉嘉薇）

● 第 18 章　體制偏好、個人價值觀與政治文化研究之回顧與反思
　　　　　　（蔡奇霖）

● 第 19 章　地方治理之永續環境行動（陳思先）

● 第 20 章　網際網路治理之挑戰與規範（陳耀祥）

公民投票在臺灣：關鍵議題、挑戰與機會

劉嘉薇[1]

民主被理解為人民的權力（power of the people），有時被稱為「人民主權」（popular sovereignty），儘管「權力」和「主權」並不是同義詞。人民的權力並不意謂著只是「多數統治」（majority rule），而是指實際能夠「做事的能力」（capacity to do things）（Ober, 2008）。從這個角度來看，民主理論家的一項重要任務是瞭解如何制定這種特殊的權力（Chollet, 2018），因而公民投票這種展現人民權力或人民主權的機制，在民主政治中便具有重要的意義。

2003年12月31日《公民投票法》（簡稱《公投法》）公布施行後，人民可以用公投方式來決定法律、立法原則或重大政策，施行以來先後舉行五次計20案全國性公投，投票結果7案通過，13案不通過。2018年1月3日《公投法》修正條文公布施行，此次修正重點包括：全國性公投之主管機關改為中央選舉委員會，投票年齡降為18歲，廢除公投審議委員會，建置電子提案及連署系統，並大幅降低提案、連署及通過門檻，可望擴大民眾政治參與，真正還權於民，讓臺灣民主更為深化。2019年6月21日《公投法》部分條文再次修正公布施行，其修正要點包括：明定提案及連署不予受理之情事，提案及連署補提以一次為限，連署人名冊應一次提出，以及明定公投日定於8月第四個星期六，自2021年起，每二年舉行一次等（中央選舉委員會，2022）。

在「台灣選舉與民主化調查」（Taiwan's Election and Democratization Study, TEDS）2021年的調查中，問道：「如果國家的重要政治決策不是由民選政治人物來決定，而是由以下的人物或方式來決定，國家的運作會比較好。請問您是非常同意、同意、既不同意也不反對、不同意或是非常不同意。」其中關於「公民投票」一項，結果如表17-1。「同意」公投比民選政治人物來決

表17-1　民眾對公民投票的看法

	樣本數	百分比
非常同意	400	11.3%
同意	1,852	52.2%
既不同意也不反對	634	17.9%
不同意	414	11.7%
非常不同意	68	1.9%
無反應	179	5.0%
總和	3,547	100.0%

資料來源：筆者整理自陳陸輝（2021）。

註：1.「如果國家的重要政治決策不是由民選政治人物來決定，而是由以下的人物或方式來決定，國家的運作會比較好。請問您是非常同意、同意、既不同意也不反對、不同意或是非常不同意。」以上為「公民投票」的結果。

　　2.「無反應」包括：拒答、看情形、無意見、不知道。

定更好的比例為52.2%，「非常同意」也占了11.3%，可見民眾普遍認為公投比民選政治人物來決定更好。

　　然而，近期（2018年後）公投實施後引發了相關問題，本文以本書架構3P（promise、problems以及prospects）原則討論之，promise為學理上的多元觀點，problems為實務上的問題與挑戰，prospects為治理上的政策建議。本文環繞在公投的制度和民主進行討論，對於個別公投案通過與否與公投過程的討論，則非本文旨趣。

壹、學理上的多元觀點

　　公投是直接民主的實踐，2018年和2021年臺灣分別進行10案和4案全國性公投，展現全國民意。人民以投票的方式表達了「對法律之複決」、「立法原則之創制」以及「重大政策之創制或複決」的看法，公投對臺灣民主政治的意義在於填補當前代議民主的不足。透過直接民主與間接民主併行，融合普遍大

眾與政治菁英的意志，就此展現人民主權與專家政治各自的優勢，作為國政治理的方向。本文將以理論和實踐雙面向討論「公民投票在臺灣」此一議題。

　　公投向來不是只有優點，亦有缺點。公投的優點在於具有直接民主的精神，是民主國家作為補強代議民主、強化與鼓勵人民決策的機制，提供矯正代議失靈的補救機會（沈有忠，2021），在理念上維繫了民主政治之下「公民自決」的根本精神（蔡佳泓，2007），甚至具有建立民主的根本性功能（蔡英文，2010）。然而，公投也有若干缺點。Heywood（2021）便認為公投具有以下缺點：將政治交給缺乏教育與經驗且容易受媒體影響的民眾，傾向簡化政治議題，將複雜議題化約為是非題。公投的結果也只能說是針對某一議題提供的民意概況，且公投過程中，容許政治人物操弄政治議程，並免於承擔做決定的責任。由於公投具有上述優缺點，綜上，以下就一、公投議題的產生；二、公投選項多寡的效果；三、公投過程與民主素養；四、公投結果與執行四大面向提出相關文獻和理論。

一、公投議題的產生

　　不論民主或非民主國家，公投議題的產生常常是民眾對於民生經濟的不滿所致，O'Driscolla與Baserb（2019）透過伊拉克庫爾德斯坦地區（KRI）和2017年獨立公投的案例研究，探討了獨立公投、民族主義和政治權力之間的關係。他們認為，KRI舉行公投是因為內部政治競爭及民眾對糟糕的經濟表現和政治局勢的反抗日益增加，而不是因為獨立公投的時機成熟。民眾投票支持一個無法實現的結果，而公投本身成為內部政治競爭的工具。

　　再者，公投議題的提出，也不見得是公民意識，而是出於政黨動員。公投被廣泛認為是增強民主的一種方式，因為它們為公民提供了進一步影響公共政策結果的舞臺。然而，Nemčok與Spáč（2019）便提出，斯洛伐克公投的提出代表了一個與這種期望相矛盾的案例。斯洛伐克的公投從1993年開始實施，展示了政黨如何僅出於自己的目的使用該工具，政黨利用公投來動員自己的支持者參加即將舉行的公投或傷害他們的對手。因此，斯洛伐克的公投是擴大政黨權力的工具，而不是增加公民在民主制度中參與度的一種方式。

二、公投選項多寡的效果

公投經常被批評為將複雜的政策決定減少為兩個最反對的選擇。這減少了民眾表達的機會，並可能導致辯論兩極分化。首先，Barber（1984）是所謂「多選項公投」（multichoice referendums）的早期倡導者，在這種公投中，民眾可以對多種選擇所涵蓋的「是或否」表達有條件的變化（conditional variations）。其次，增加選項可能會限制個別選項投票的拒絕偏誤（rejective bias），透過修正來容納不滿：民眾可以透過投票支持替代方案（建設性投票）來表達不滿，從而減少保守地完全拒絕提案的心理偏見。再次，多選項公投結果向政策制定者提供了對多個替代立場的支持更詳細的描述。

對於某些公投主題，二個選項顯然就足夠了，例如左傾或右傾，或者在君主制和共和制之間進行選擇。然而，在許多情況下，幾種情況或政策變化是合理的，二個選項隱晦地隱藏了更大的選項集，二個選項的設計降低了民主共同創造的潛力（WRR, 2007；引自Wagenaar, 2019），並阻礙了修正案的整合，因為它們的邏輯是「贏者全拿」（Taillon, 2018）。如果不深入瞭解反對該項公投背後的原因，以及解決普遍反對意見的政策變更（alterations）、增補（additions）或排除（emissions），人民的聲音就會被簡化為廣泛表示不同意或同意的跡象（Wagenaar, 2019, 2020）。

公投通常在支持和拒絕擬議立法（proposed legislation）之間提供二元選擇。二元設計的優點是簡單並且保證產生多數結果，但也會引發投票偏誤和解釋選舉結果上的挑戰。具多種政策選擇的公投設計提供了一種不同的方法，可以緩解二元公投維持總體效益（whilst maintaining the aggregative benefits）的挑戰。Wagenaar（2019）的研究使用2018年荷蘭舉行的公投中蒐集的調查數據來比較二元選項和多元選項如何使民眾能夠表達自己的偏好，並提供更詳細和建設性的公投結果分析。提供幾種選項可以具有許多優勢，一方面增加選項的數量擴大了選擇的範圍，與具有兩個極端的情況相比，允許民眾將他們的真實偏好表達在更接近心中想法的一個選項。

三、公投過程與民主素養

　　公民審議（deliberation）整合到公投前階段，可以系統地提高投票品質、提升民主素養，以及改善民主結果，例如價值觀和投票之間的一致性，即：正確投票。該研究使用來自三個愛爾蘭公投的數據，檢驗了審議對知情（informed）的幫助（Saward, 2001; Parkinson, 2020）。在審議民主中，透過主持者延長討論問題的時間，產生民眾可在隨後的辯論中使用的材料，可以使民眾更理解公投問題。審議過程增加了民眾主觀和客觀知識，讓更大比例民眾的投票符合他們自己的基本價值觀（Suiter & Reidy, 2019）。

　　當然，公投結果的產生也出現一群公投贏家和一群公投輸家。在西方民主國家，許多民眾支持使用公投。然而，Brummel（2020）發現，由於公投為持有多數意見的民眾創造了令人滿意的結果，可能會產生對少數派的矛盾情緒。輸家的公投支持率都在下降，但贏家的公投支持率增加的證據非常有限。然而，結果清楚地顯示贏家與輸家之間的差距，這表明公投對贏家的正面影響比對輸家高。由於民主制度的合法性取決於輸家的同意，這些發現對公投的民主潛力具有重要意義。

　　再者，公投期間的民主素養與民眾的教育程度息息相關，2016年6月23日，英國的脫歐公投讓大多數觀察家感到意外，其投票人數超過了過去十年中任何一次英國大選。Zhang（2018）發現，民眾的教育程度對公投結果的影響比任何其他因素都強，蘇格蘭和北愛爾蘭受過大學教育的民眾更支持留歐。

四、公投結果與執行

　　公投不僅涉及重大公共政策，也可能涉及修憲。2019年4月埃及舉行的公投批准了該國憲法的14項修正案。積極分子、律師和憲法專家批評了這些修正案，稱它們是朝著威權主義邁進。公投結果帶來的核心變化之一是將總統任期從四年延長至六年。總統原訂於2022年下臺，但現在獲准再連任六年（允許他總共執政十六年）。此一修憲公投結果也確實執行，對埃及政治帶來巨大的變遷（Khaled, 2019）。

　　民眾發起的公投如何影響民選代表的決策？在沒有直接民主的情況下，不同意民眾偏好的民選官員可能會制定他們自己喜歡的政策，即使代價是降低

連任的可能性。直接民主減少了這種可能性，因為民眾可能會以公投推翻一些政策決定。因此，民選官員被誘導（are induced to）實施民眾偏好的政策，不僅在那些可能由民眾發起的公投上，而且包括那些不是民眾發起的公投上（Bihan, 2018）。

貳、實務上的問題與挑戰

延續著上述提及公投的缺點，公投在臺灣的實踐也衍生了相關問題，依照公投的流程分述如下：第一項與第二項與公投成案有關，第三項與公投過程有關，第四項則是與公投結果有關。

一、什麼種類的議題不適合公投？

在2018年的公投中，對於什麼種類的議題不適合公投，引發熱烈討論。論者主張同性婚姻（簡稱「同婚」）或反同婚公投涉及人權，不適合公投；亦即公投通過若導致其他族群受到傷害，如此一來，這個題目是否還適合納入公投？未來可能也會有類似的案例（自由時報，2016）。

二、如何解決公投過度簡化議題的問題？

公投傾向簡化政治議題，將複雜議題化約為是非題（Heywood, 2021）。在我國實際的情況亦如此，目前公投題目讓民眾在同意與不同意兩者之間二擇一，然公投討論的問題往往都相對複雜，僅用同意與否來決定政策未來的走向，不免有過度簡化議題之實，該如何減少這類的情形發生？

三、公投能展現民主素養嗎？

再者，Heywood（2021）認為，公投是將政治交給缺乏教育與經驗且容易受媒體影響的民眾。在2018年和2021年我國公投連署和成案後的動員過程，往往因為議題簡化且投票在即，如何展現民主素養？是一大考驗。加上公投門檻降低，公投是否可能淪為政黨操弄民意的工具？亦即Heywood（2021）所言，

公投容許政治人物操弄政治議程，並免於承擔做決定的責任。加上在2019年《公投法》修法後，公投確定不再綁大選，而是每兩年舉辦一次。2021年公投投票率僅有四成一，如此低的投票率又受到政黨動員的結果，能否展現全民的民主素養？

四、政府依照公投結果執行嗎？

依據《公投法》第30條第1項第3款公民投票結果的規定：「有關重大政策者，應由總統或權責機關為實現該公民投票案內容之必要處置。」其中「必要處置」意謂著政府不需要照單全收，公投結果政府應該完全付諸實踐嗎？公投是否可以真正帶給人民改變現狀的機會？如何要求政府依據公投結果執行？

參、治理上的政策建議

本文從一、公投議題的產生；二、公投選項多寡的效果；三、公投過程與民主素養；四、公投結果與執行四大面向討論它們的理論和問題，並提出四項建議，綜合歸納如表17-2，分點列述如下。

表17-2　公民投票3P表格

學理上的 多元觀點	實務上的 問題與挑戰	治理上的 政策建議	相關法律條文修正或 相關因應
公投議題的產生	什麼種類的議題不適合公投？	確保公投題目合憲	於《公投法》或相關法律增補
公投選項多寡的效果	如何解決公投過度簡化議題的問題？	允許多選項公投	《公投法》第21條
公投過程與民主素養	公投能展現民主素養嗎？	提升公投過程的民主素養	無相關法規修正，主要取決於公民教育和執政者做法
公投結果與執行	政府依照公投結果執行嗎？	確保政府依照公投結果執行	《公投法》第30條

資料來源：筆者整理。

一、確保公投題目合憲

　　伊拉克民眾曾經投票支持一個無法實現的結果，而公投本身成為內部政治競爭的工具（O'Driscolla & Baserb, 2019）。斯洛伐克的公投也被證實是擴大政黨權力的工具，而不是增加公民在民主制度中參與度的一種方式（Nemčok & Spáč, 2019）。因此公投題目的提出需具有可行性、正當性和合憲性。

　　現行《公投法》第2條第1、2項規定「本法所稱公民投票，包括全國性及地方性公民投票。（Ⅰ）全國性公民投票，依憲法規定外，其他適用事項如下：一、法律之複決。二、立法原則之創制。三、重大政策之創制或複決。（Ⅱ）」其中「依憲法規定外」亦表明公投題目需合憲，當然也包括合於人權。目前《公投法》皆無相關公投題目有無違憲的認定規定，應在法制上明確化。

二、允許多選項公投

　　現行《公投法》第21條第1項規定「公民投票應在公投票上刊印公民投票案編號、主文及同意、不同意等欄，由投票人以選舉委員會製備之工具圈定之。」僅有「同意」、「不同意」的選項，難以表達各種選項，例如：我們僅能投是否重啟核四，但不能投各種能源比例的配比。未來也可能有類似的案例。

　　公投通常在支持和拒絕立法提案之間提供二元選擇。二元設計的優點是簡單並且保證產生多數結果，但也會引發投票偏誤和解釋選舉結果上的挑戰（Wagenaar, 2019）。「多選項公投」使民眾可以對多種選擇所涵蓋的是或否表達有條件的變化，透過修正來容納不滿，多選項公投結果向政策制定者提供了對多個替代立場的支持更詳細的描述（Barber, 1984）。

　　承上，若是引進「多選項公投」的概念，將可以設計不同能源配比的選項（或未來有類似案例），進而將此一選項設計的原則納入其他公投題目，當然，若有公投領銜人仍採用「同意」和「不同意」兩選項，仍然是一種「多選項公投」。而三類以上選項的設計，將更考驗我國的公民素養和以下第三點提出的民主素養。

三、提升公投過程的民主素養

公民審議可以系統地改善民主結果，增加價值觀和投票之間的一致性，讓選民正確投票（Suiter & Reidy, 2019）。當然，公投結果的產生也讓公投贏家對公投較容易持正面看法；反之，公投輸家對公投較易持負面看法，由於民主制度的合法性取決於輸家的同意，這些發現對公投的民主潛力具有重要意義（Brummel, 2020）。未來的公民教育若能深化公投在民主的意義，特別是補充代議民主的不足，不論公投贏家或輸家，對公投的信心應不至於有太大的落差。當然，也取決於執政者對公投輸家（少數派）的彌補和溝通說服。

四、確保政府依照公投結果執行

現行《公投法》第30條第1項第3款「有關重大政策者，應由總統或權責機關為實現該公民投票案內容之必要處置。」其中，「必要處置」的解釋空間相當大。如前所述，埃及舉行的公投批准總統任期從四年延長至六年，此一修憲公投結果也確實執行，對埃及政治帶來巨大的變遷（Khaled, 2019）。若是在執政者主導、動員下的公投，有可能招致執政權力擴張的問題，當然這在威權國家更容易發生，民主國家也有可能發生。當公投成為執政者的工具，此時，「必要處置」自然是順著執政者的心意，不見得與民意相同。

再者，若是如前所言，因為民眾可能會以公投推翻一些政策決定。因此，民選官員將被誘導實施民眾偏好的政策（Bihan, 2018）。此時執政者進行的「必要處置」將可能迎合民眾，若有執政者不依照公投結果執行，將招致人民的不滿，甚至在未來選舉時將對執政者施以懲罰。執政者不依照公投結果執行的動機若是綜合考量國家大計和民意，最後仍未執行公投結果，可能情有可原。但若是因為政黨因素或政治利益未執行公投結果，則此「必要處置」則可能成為漏洞，基於國外亦有公投成為政黨工具的問題（Nemčok & Spáč, 2019），《公投法》第30條可朝「確保政府依照公投結果執行」的方向修改。

最後，公民投票在臺灣可以補充代議民主的不足，然而，它花費許多政治和社會資源，也不一定是萬靈丹，因此公投與代議民主的交互運用補充，對臺灣民主政治的體質提升才是一帖良藥。除了上述四點治理上的政策建議，最後

必須深思是，公投結果的代表性有多大？公投結果會改變社會觀念和個人觀點嗎？直接民主與民粹主義常常在一線之隔，我們如何避免這些問題？這些都有待後續研究。

參考文獻

一、中文部分

中央選舉委員會（2022）。**公民投票簡介**。2022年2月6日檢索，取自https://web.cec.gov. tw/referendum/cms/p_intro

自由時報（2016）。**反同喊話要公投 尤美女：我們無權決定別人的人權**。12月26。2022年2月6日檢索，取自https://news.ltn.com.tw/news/politics/breakingnews/1928372

沈有忠（2021）。選舉制度與公民投票。載於王業立（主編），**政治學與臺灣政治**（二版，379-402頁）。雙葉。

陳陸輝（2021）。**2020年至2024年「台灣選舉與民主化調查」四年期研究規劃**(1/4)：**大規模基點調查面訪案**（TEDS2021）（編號：MOST 109-2740-H-004-004-SS4）。科技部專題研究計畫。

蔡佳泓（2007）。民主深化或政黨競爭？初探台灣2004年公民投票參與。**台灣政治學刊，11**（1），109-145。

蔡英文（2010）。人民主權與民主：卡爾施密特對議會式民主的批判。**人文與社會科學集刊，22**（2），139-173。

二、外文部分

Barber, B. R. (1984). *Strong Democracy: Participatory Politics for a New Age*. University of California Press.

Bihan, P. L. (2018). Popular Referendum and Electoral Accountability. *Political Science Research and Methods*, 6(4), 715-731.

Brummel, L. (2020). 'You Can't Always Get What You Want': The Effects of Winning and Losing in a Referendum on Citizens' Referendum Support. *Electoral Studies*, 65, 1-11.

Chollet, A. (2018). Referendums Are True Democratic Devices. *Swiss Political Science Review*,

24(3), 342-347.

Heywood, A. (2021). *Politics* (5th ed.). Bloomsbury Academic.

Khaled, F. (2019). Egyptian Referendum Expands Presidential and Military Powers. *Washington Report on Middle East Affairs*, *38*(4), 46-47.

Nemčok, M. & Spáč, P. (2019). Referendum as a Party Tool: The Case of Slovakia. *East European Politics and Societies*, *33*(3), 755-777.

O'Driscolla, D. & Baserb, B. (2019). Independence Referendums and Nationalist Rhetoric: the Kurdistan Region of Iraq. *Third World Quarterly*, *40*(11), 2016-2034.

Ober, J. (2008). The Original Meaning of 'Democracy': Capacity to Do Things, not Majority Rule. *Constellations*, *15*(1), 3-9.

Parkinson, J. (2020). The Roles of Referendums in Deliberative Systems. *Representation*, *56*(4), 485-500.

Saward, M. (2001). Making Democratic Connections: Political Equality, Deliberation and Direct Democracy. *Acta Politica*, *36*(4), 361-379.

Suiter, J. & Reidy, T. (2019). Does Deliberation Help Deliver Informed Electorates: Evidence from Irish Referendum Votes. *Representation*, *56*(4), 539-557.

Taillon, P. (2018). The Democratic Potential of Referendums. In Laurence Morel & Matt Qvortrup (Eds.), *The Routledge Handbook to Referendums and Direct Democracy*. Routledge.

Wagenaar, C. C. L. (2019). Beyond for or against? Multi-option Alternatives to a Corrective Referendum. *Electoral Studies*, *62*, 1-11.

Wagenaar, C. C. L. (2020). Lessons from International Multi-option Referendums. *Political Quarterly*, *91*(1), 192-202.

Zhang, A. (2018). New Findings on Key Factors Influencing the UK's Referendum on Leaving the EU. *World Development*, *102*, 304-314.

第18章
體制偏好、個人價值觀與政治文化研究之回顧與反思

蔡奇霖

壹、前言

　　政治體制是國政治理的架構，它界定了治理過程中之各方關係與互動方式。治理在體制中進行，而體制的運作需要人民的支持，故觀察人民對體制類型的偏好，以及該偏好與國家體制的契合度是國政治理的重要環節。

　　人們的偏好受其個人價值觀及所屬群體文化所影響。所謂的文化係指某範圍內人們普遍接受的信念、價值、態度、意見等個體心理產物所共同形塑而成的一套生活方式（a way of life）；它體現於傳統、風俗、習慣、常規等群體表徵上（Thompson et al., 1990, p. 1; Welzel & Inglehart, 2020, p. 298）。換言之，文化雖是總體層次的概念，但與個體心理取向（orientation）密切相關，相互影響，並且共同成為社會科學在研究政治、經濟、社會等各種現象時的一個切入點。本文便是由此角度切入，嘗試從個人價值觀及相關的文化層面來探討為何臺灣民眾對政治體制的偏好有逐漸偏離現行民主制度的現象。

　　基此，本文章節安排如下：首先，文化價值與政治體制的互動向來是政治文化（political culture）研究領域的焦點，故本文將概略回顧政治文化研究之沿革，作為後續實證分析之基礎。其次，本文運用世界價值調查（World Value Survey, WVS）分析臺灣民眾的體制偏好及其偏離當前體制的可能原因。接著根據實證結果提出國政治理之參考建議。最後則是結語。

貳、學理觀點

　　Almond與Verba（1963）的《公民文化》（*Civic Cultures*）是政治文化研究中最為人熟知的一本著作。它帶起了這個領域的研究浪潮，可是也窄化了研究的範疇。該書之後，政治文化一詞經常只被視為是民眾對政治系統的幾項態度，政治文化的研究也多被框限在這些態度上（da Silva et al., 2015, p. 2）。為了不過度陷入《公民文化》的框架中，本節不只回顧該書所開創的研究途徑，也將回顧範圍擴及該書出版之前與之後，從三個不同時期來看政治文化研究之沿革。

一、《公民文化》之前

　　自古以來不少經典著作都曾強調個人心理取向及其所形成之群體文化對政治運作的影響。如古希臘哲學家亞里斯多德便認為國政治理（politikē）並非一味地擘劃理想中的最優制度，也要顧慮國家文化等自然人文限制，設想具有可行性的「次優」（second-best）制度（Miller, 2007）。後來Montesquieu（1748/1777, chap. 19）更斷然否認有所謂的最優制度，因為他認為律法制度與風俗習慣（manners, customs）息息相關，所以制度並無絕對優劣，關鍵是要適合國家的文化特質。同理，Machiavelli（1532/2021, chap. 2, 3）也指出統治的原則之一是不要輕易逾越傳統習俗（customs of ancestors），也因此他認為世襲國家比被征服或新建立的國家更容易統治，因為世襲統治者與人民擁有相同的文化，而外來統治者則有文化衝突的問題。Weber（1922/1978, pp. 31-33）也認為單靠法律規範並不足以構成有效且穩定的統治，而是要以被統治者的習俗為基礎（customary basis），讓統治方式在人們心中形成一股正當性信念（legitimacy belief），從文化面尋求統治正當性。

　　意識型態的左右兩派也都重視文化在政治中的角色。保守主義（conservatism）認為傳統文化是歷經時間考驗的智慧結晶，故相較於追求平等、人權等抽象理念，政治更應依循傳統（Heywood, 2021, pp. 52-53）。保守主義的奠基者Burke（1796/1999）以空氣比喻傳統禮俗（manners）對人們潛

移默化的影響，並強烈批判顛覆傳統的法國大革命。同樣地，左派也關注文化的政治效果。馬克思主義（Marxism）認為文化是統治階級迷幻從屬階級，使其甘受支配的工具；義大利馬克思主義者Gramsci稱此為文化霸權（cultural hegemony），並認為勞工階級應發展自身文化，取代資產階級的霸權才能推翻其統治正當性（Heywood, 2019, pp. 354-356）。

上述各家學說雖然都論及文化與政治的關係，但20世紀之前，從文化價值層面觀察政治運作的典籍當以Tocqueville（1835, 1840）的《民主在美國》（*De la démocratie en Amerique*）為代表。該書認為北美殖民地的風俗民情（moeurs）是維持美國民主體制的主要力量，也是歐美兩地政治差異的根源。Tocqueville（1840, chap. 12）特別注意到當時美國人民自由結社（free association）參與公共事務的社會風氣。這後來在1990年代重獲重視，形成一股新托克維爾式（Neo-Tocquevillean）的政治文化研究。

二、《公民文化》時期

政治文化研究在20世紀的兩個背景下迎來了新浪潮：一是以量化方法分析個人信念、價值、態度、意見等行為背後動機的行為主義（behaviouralism）當道，二是殖民地解放與二戰後非典型國家激增所引發的研究需求；前者關注的個體心理取向透過文化這個概念集合成群體特徵後被用於解釋各國政治差異，而這恰好能填補後者的研究需求（Pye, 1991, pp. 491-494）。在此背景下，一群以Almond為首的政治學者開創了一套新的政治文化研究途徑，而《公民文化》正是這時期的代表作。

此途徑同樣認為文化是由個體心理取向所形塑而成，故群體文化研究離不開個體心理分析，但不同的是，它聚焦於和政治直接相關的心理取向，如國家認同感、公民責任感、政治練達度等。Almond（1956, p. 396）最早是將政治文化定義為「對於政治行動的一種心理取向模式」（a particular pattern of orientations to political action）。Almond與Verba（1963, pp. 11-16）將此進一步分為認知（cognition）、情感（affect）、評價（evaluation），對象則分為政治系統（system）、系統的輸入（input）與輸出（output）、公民角色（self）。Almond與Powell（1966, pp. 52-63）將四個對象整併為政治系統、過

程（process）、政策（policy）三個層次；後續著作則逐漸淡化認知、情感、評價的區別，一律統稱為「公眾態度」（public attitudes）（e.g., Almond et al., 2000, p. 49）。然而無論定義如何演變，內涵始終只限於直接與政治相關的態度。

其次，這個時期的研究仍承襲過去的觀點，強調制度與文化相符（congruent）是政治穩定的關鍵，不同的是此時的研究目的多集中在有利民主存續的政治文化，如Eckstein（1961）的一致性理論（congruence theory）及接續該理論的《公民文化》一書皆是如此，而所謂的「公民文化」正是當時研究認為有助於維繫民主體制的政治文化，它融合了積極參政、消極臣屬與政治無感等三種文化性質，具有不慍不火且忠於體制（allegiance）的特色（Almond & Verba, 1963, pp. 1, 31-32）。

最後在方法論上，Almond一派的政治文化研究採用民意調查測量個人層次的態度，再以態度在群體中的分布模式代表文化這個總體層次的概念。儘管這個方法常被垢病有個體謬誤（individualistic fallacy）的風險，但它的確為政治文化的大規模實證研究開啟了一種可能性，也啟發了後續許多相關主題的民意調查計畫，例如目前已在數十個國家執行的WVS便是其中之一。

三、《公民文化》之後

政治文化的研究雖在1970年代因理性選擇途徑（rational-choice approach）逐漸盛行而退潮，但1980年代中葉後的世界局勢發展，包括東亞國家現代化成功、蘇聯解體後東歐原共產國家的民主化問題、歐美民主國家自身的困境、伊斯蘭基本教義派與儒家文化圈等勢力日增等都突顯文化這個因素的重要性，促使政治文化研究再興（Inglehart, 1988; Fuchs, 2007, pp. 163-164）。不過這波新浪潮並不只是《公民文化》的老調重彈。此時的研究重心從民主的存續（persistence）轉移至探討能健全民主運作（functioning）的文化條件（Fuchs, 2007, p. 171）。所謂的文化條件也不再只限於和政治直接相關的公眾態度，而是擴及社會與個人生活層面，從更廣泛的角度看待政治文化並據以理解政治運作。

在這個趨勢下，政治文化研究朝多元化發展。當代新托克維爾主義者重新

強調公民社會（civic society）和社會資本（social capital）對於民主與治理的重要性（Putnam et al., 1993; Putnam, 1995）。也有融合人類學觀點的政治學研究以格群文化理論（grid-group cultural theory）所劃分的群我關係重新界定政治文化並視之為理性的框限、效益的基準，藉此彌補理性選擇途徑之懸虛，共同解釋政治偏好與政策之形成（Thompson et al., 1990; Wildavsky, 1987）。此外，新政治文化論（new political culture theory）則從社會、經濟等外在環境轉變所引發的價值觀變遷來看新型態政治文化的產生與影響（Inglehart, 1971; Clark & Inglehart, 1998）。

　　總之，現今的政治文化研究雖然在方法上仍具《公民文化》時期的實證色彩，但研究範疇已回歸《公民文化》之前的廣義取向，著眼於文化與政治的互動關係，而不再過度強調何謂或何非「政治」文化。畢竟政治與非政治的界線本身就是文化的產物，強加劃分將使研究囿於淺狹（Thompson et al., 1990, pp. 216-217）。不過無論廣義或狹義，如今很多國家的政治文化及個人價值觀都已迥異於過去兩個時期。這些新文化價值正是我們理解當今新政治現象的重要依據。

參、實務挑戰

　　綜上可知，政治文化研究雖幾經演變，但從古至今始終強調政治體制的運作需要文化支撐。文化的重要性在於它框限了人們的偏好範圍（Elkins & Simeon, 1979, p. 131; Laitin, 1988; Thompson et al., 1990, p. 59）。一國人民對體制的偏好也不例外，它相當程度上是該國文化及人民價值觀的反映，而符合人民偏好的體制自然也較能穩定運作。為此，本節運用WVS從文化價值的層面來分析臺灣民眾的體制偏好[1]。

---

[1]　WVS是新政治文化論學者Inglehart於1981年奠立的跨國調查計畫。臺灣在1995年、2006年、2012年、2019年分別由中央研究院調查研究專題中心和政治大學選舉研究中心，以各調查年度裡18歲至85歲設籍臺灣之民眾為母群，執行了四波隨機抽樣面訪調查，分別完成了780份、1,227份、1,238份、1,223份訪問。感謝上述機構提供資料（https://www.

一、體制偏好之趨勢

　　臺灣自解嚴後已舉行過多屆國會與總統選舉，期間歷經三次政黨輪替，在多項國際評比中也都穩居民主國家之列[2]。臺灣的政治體制無疑是民主的，但人民的偏好呢？圖18-1顯示，1995年至2019年之間四次WVS，平均有超過九成的臺灣民眾表示偏好民主，但同時也愈來愈多民眾偏好在體制上安排一位不受選舉和國會干擾、強而有力的領導者，比例從1995年的39.1%驟升為2006年的58.7%，2006年至2019年仍持續上升了7.7個百分點（p<0.001）。

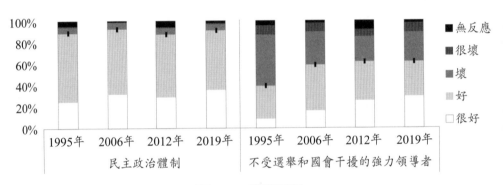

圖18-1　體制偏好

資料來源：筆者分析WVS後繪製。

註：WVS問項為「以下有幾種政治體制，如果臺灣使用這些體制，請問您認為是很好、好、壞，還是很壞？」圖中直線為「好」與「很好」合計比例之95%信賴區間。

　　這些數據顯示臺灣民眾偏好民主但卻排斥能讓人民作主的制度（選舉與國會）；身處民主體制卻又「期待接受聖人統治」（葉高華，2014）。臺灣的現行民主體制與人民偏好之間顯然有所歧異。以下試從廣義政治文化的角度對此現象做一初探。

worldvaluessurvey.org），惟本文內容概由筆者負責。本文分析均以資料內之樣本代表性權值加權。

[2]　如The V-Dem Dataset（https://www.v-dem.net/vdemds.html）、INSCR Data（https://www.systemicpeace.org/inscrdata.html）。

二、體制偏好之初探

　　一如前述，文化價值對體制的重要性源於它框限了人們的偏好，包括對體制的偏好。此觀點隱含在古今各家政治文化學說中，其中屬於新政治文化論之一的解放價值理論（emancipative values theory, EVT）不僅論述具體且有相應的WVS資料可操作化，故本節援以為實證分析之依據。

　　EVT主張人們的需求層級隨生活條件而提升，不同的需求帶來不同的價值觀並形塑出不同的文化。此過程可分為兩個階段：首先是工業化降低了農牧時代看天吃飯的生命不確定性，人們得以減少依賴宗教與國族等準神聖性權威來源（quasi-divine sources of authority），轉而崇尚科技與科層制等理性力量，由此發展出所謂的世俗價值觀（secular values），但此時只是權威的基礎世俗化了，人們仍未從外部威權中解放；一直要到後工業化時代往知識經濟發展後，人們的生活水準持續提高，知識技能與社會資源也都普遍增加，因此需求層級再次上升，從而萌生了強調自我表達、自我實現、自我作主的解放價值文化（Inglehart & Welzel, 2005, pp. 25-31; Welzel, 2013, pp. 58-67）。這樣的文化價值變遷也帶動了狹義面政治文化的改變，過去《公民文化》在英、美所見且十分推崇的忠誠型文化模式（allegiant model）已逐漸被挑戰型文化（assertive model）取代——人們尊崇民主原則但常對民主實踐感到不滿；力求與權威保持距離並向政治菁英發起挑戰（Dalton & Welzel, 2014）。

　　進一步而言，世俗價值觀推崇理性權威，它不只讓民主政治變得可能，現代的威權與極權體制也同樣受惠；反之，重視自主性的解放價值觀才會真正讓人理解民主的核心是人民自身的力量（people power），使人追求自由主義式民主（liberal notion of democracy），並且不再過度依賴外部權威（Inglehart & Welzel, 2005, pp. 1-2; Welzel, 2013, pp. 249-277）。由此觀點出發，本文構築出文化價值影響體制偏好的四種可能路徑（圖18-2），以此分析臺灣民眾偏好民主卻希望領導者不受選舉和國會干擾的現象：

（一）文化價值左右人們對什麼是民主的認知，從而影響體制偏好（A→B）[3]。

---

[3]　王奕婷（2014）也認為是不同的民主認知造成不同的體制偏好。本文與其差別在於先嘗試

（二）當民主認知因文化價值而改變，評價民主現況的標準也可能不同；標準影響結果，進而影響人們對理想體制的想像（A→C→D）。

（三）文化價值本身也可能是民主評價的標準，也會由此左右人們對理想體制的想像（E→D）。

（四）文化價值也可能直接框限人們對體制的偏好（F）。

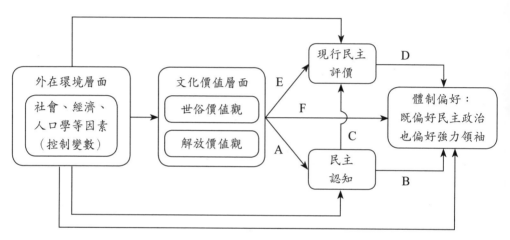

圖18-2　分析架構

資料來源：筆者繪製。

　　本文合併WVS 2006、2012、2019三筆資料共同檢驗這些路徑（WVS 1995無民主認知與評價的資料，故不納入分析）。首先分析臺灣民眾的體制偏好：既偏好民主也偏好不受選舉和國會干擾的強力領導者編碼1，偏好民主但不偏好強力領導者為0。圖18-3顯示，愈是從自由主義的角度認知民主的族群，以及解放價值愈強的族群，都愈傾向只偏好民主而不偏好強力領導者（p<0.001）。現行民主評價與世俗價值觀對體制偏好的影響力則都未達統計顯著水準（p>0.139）[4]。

<hr />

從文化價值的層面理解民主認知的差異，再分析這條路徑對於體制偏好的影響。

[4] 民主評價的問項是「您認爲台灣現在民主程度如何？」民主認知是由測量自由主義式認知與非此型認知的變數各三個所構成。世俗價值定義爲對宗教、社會、政府、國族等四種外部權威保持距離，解放價值則是強調自主、抉擇、平等、表意等四種個人自由；這

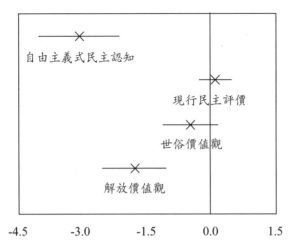

圖18-3　體制偏好模型之係數（logistic regression）

資料來源：筆者分析WVS後繪製。

註：圖中橫線為95%信賴區間。模型包含控制變數但未呈現於此；詳見附錄。

　　上述分析排除了路徑A→C→D與E→D（因為民主評價對體制偏好的影響力不顯著），但部分確認了路徑F（解放價值對體制偏好有顯著的直接影響力，世俗價值則無），也確認了路徑A→B的B部分（民主認知影響體制偏好）。圖18-4進一步確認A部分，亦即文化價值影響民主認知：解放價值觀愈強的族群，愈傾向從自由主義的角度認知民主；反之，世俗價值觀則使人偏離自由主義式認知。兩者的影響均達統計顯著水準（p<0.001）[5]。

八個面向各由二至四個變數測量後再分別結合成兩大價值觀變數。上數變數操作化後都是[0,1]之間的正向編碼連續變數，例如民主認知的編碼愈接近1表示愈偏向自由主義式認知。更多說明請至筆者個人學術網頁下載本文之線上附件，參見其中第壹節。

[5]　民主認知為[0,1]連續變數，故採fractional regression (logit-link)以反映此性質。方法介紹請見Papke與Wooldridge（1996）。

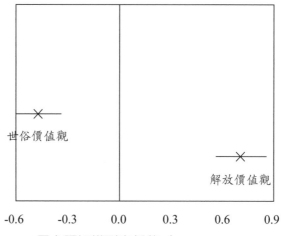

圖18-4　民主認知模型之係數（fractional regression）

資料來源：筆者分析WVS後繪製。

註：圖中橫線為95%信賴區間。模型包含控制變數但未呈現於此；詳見附錄。

　　圖18-5呈現解放價值觀每提高0.2個單位（橫軸），體制偏好的機率變化（縱軸）。其他條件不變，當人們的解放價值觀從最低（0）提升到最高（1）時，偏好民主也偏好強力領導者的機率平均而言會降低46.3個百分點，其中10.4是因為解放價值促使人們更加從自由主義的角度認知民主，間接影響體制偏好（A→B），35.9則是解放價值對體制偏好的直接影響（F）；這些效果都達統計顯著水準（p<0.001）。同理圖18-6顯示，其他條件不變，當人們的世俗價值觀從0提升到1時，民主認知將隨之更遠離自由主義的觀點，偏好民主也偏好強力領導者的機率也將因此提高平均約7個百分點。不過世俗價值觀僅此間接效果達顯著水準（p<0.001），直接效果與總效果均不顯著（p>0.139）。

　　綜述之，本文分析顯示，臺灣民眾既偏好民主也期待強力領導者的現象比較容易出現在解放價值較低的族群中。這大部分是價值觀本身對體制偏好的影響，但也有一部分是價值觀影響民主認知而間接影響體制偏好所致。世俗價值觀亦有此類間接影響，但效果相反且影響有限。

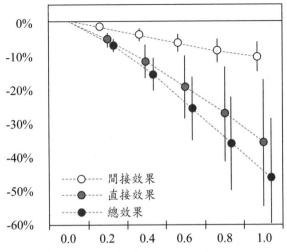

圖18-5　解放價值對體制偏好之影響

資料來源：筆者分析WVS後繪製。

註：圖中直線為99%信賴區間。所有效果均採兩階段估計，最終估計值之標準誤能只反映第二階段的抽樣誤差，故本圖以更嚴格的信賴水準建構區間，稍加彌補此不足。詳見線上附錄第貳節。

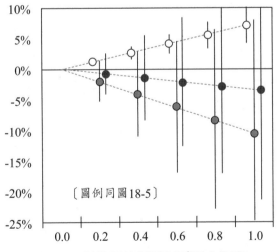

圖18-6　世俗價值對體制偏好之影響

資料來源：筆者分析WVS後繪製。

註：圖例同圖18-5。圖中直線為99%信賴區間。所有效果均採兩階段估計，最終估計值之標準誤能只反映第二階段的抽樣誤差，故本圖以更嚴格的信賴水準建構區間，稍加彌補此不足。詳見線上附錄第貳節。

肆、治理建議

臺灣有超過半數的民眾希望體制上能有一位不受選舉和國會干擾、強而有力的領導者。這顯示國家的現行體制與人民的偏好有所分歧，而欲消弭此分歧，一種做法是將體制朝民眾的偏好修改，另一種則是讓民眾的偏好更貼近當前的體制。首先，若所謂的「領導人不受選舉和國會干擾」是指「不受監督」，那麼朝此方向修改體制自然不是可取之道。但若所謂「干擾」是指不當或惡意阻礙領導者施政，那麼提升選舉和國會品質便是當務之急。不過上節分析顯示民眾並非不滿意臺灣的民主程度才會期待強力領導者。事實上，臺灣民眾對現行民主的評價不僅正面且持續上升中；雖然民眾對臺灣政治體制（不特指民主時）的滿意度以及對選舉和國會的信賴度都偏低，但這些因素對於偏好強力領導者的現象都無顯著解釋力[6]。由此可見，即便選舉和國會的品質有待提升，但這都不是能讓體制符合民眾偏好的關鍵。

比起體制，更關鍵的是文化價值。上節分析顯示解放價值愈低的族群愈偏好強力領導者。根據EVT，解放價值觀推崇個人自主性，故缺乏此價值者常有放棄自主權的傾向；表現在民主認知上便是強調「民享」重於「民治」，忽視自治精神（self-governance）只期待政府服務（Welzel, 2013, pp. 307-331; 黃信豪，2016）。由此觀點視之，臺灣民眾既要民主也要強力領導人的現象便不難理解，而要使民眾偏好更貼近當前的民主體制，方法之一便是普遍提升人們的自治精神。

何謂自治精神？Tocqueville（1835, chap. 12）對19世紀美國的觀察頗為具象：

> 美國人民自幼便被教導要靠自己克服生活困難；要對社會權威抱持不信任的眼光，非不得已不求助於它。孩子們在校園裡就已習慣要遵守自己訂定的遊戲規則並在違規時接受處罰。這種精神遍及社會

---

6 請見線上附件第肆節補充分析。

生活各層面。當道路發生障礙時，人們最先想到的不是要求政府主管
單位來處理，而是自發性地組織起來，共同商議，設法自行排除障
礙……。

對比現今臺灣人民期待一位不受選舉和國會干擾的強力領導者，自治精
神的落差不言可喻。當然，這種交出自主權，期待被領導的心態並非臺灣人
獨有。美國也已大幅喪失過去那種自願結社參與公共事務的風氣，因而引發
政治文化研究中新托克維爾主義者的關注，試圖重新喚起公民社會的自治精神
（Putnam, 1995）。

民主體制保障人民的權利，但人民亦須對體制負責——負起運作民主的
責任——而非身處民主國度卻期待聖人統治。自治精神之養成有賴社會化的
作用，而教育是社會化管道之一，能系統性地影響整個世代[7]。縱觀教育部
（2018）頒布的十二年國民基本教育國中小暨普通型高中社會領域課程綱要，
有關公民權利的學習內容十分完整且具體，但對公民責任之著墨似乎相對較
輕[8]。然而權利意識與責任意識都是自治精神的基礎，因此兩者之均衡發展是
未來我國公民教育政策可再加以關注之處。

此建議看似仍仰賴政府政策，違反自治精神，實則不然。民主國家的政
策是政府與人民共同的產物。本文對責任意識、自治精神，乃至於解放價值觀

---

[7] 雖然EVT認為是解放價值觀促成政治民主化，而不是民主化後人們才萌生解放價值
（Welzel, 2013, p. 38），但這並不表示已民主化國家無法透過教育等方式再提升人民的解放
價值，以利民主深化。

[8] 先簡單從關鍵字來看，與公民有關的學習內容中，「權利」與「人權」各出現27與16次，
「責任」與「義務」僅17與四次，而且不乏是談政府的責任而非公民的責任（教育部，
2018，頁13-17、26-36、42-46）。再從內容安排來看，例如主題A「公民身分認同及社
群」之項目b「權力、權利與責任」，高中階段的四個條目及其說明似乎都比較著重公民
權利之介紹，對於責任意識（亦即人民負有實踐這些權利的責任）著墨較輕且分散，或
是安排在「延伸探究」中而非主軸（教育部，2018，頁126-127）。誠然，教育內容本就
有輕重緩急之分：若當前的政策方針是優先培養人民的權利意識，那上述安排也無可厚
非。只是民主之深化需要全民之參與，故待人民充分具有權利意識之後，公民教育政策
便可轉向權利與責任意識並重的方向發展。以上對課綱之省思尚淺，更全面與深入的分
析有待未來研究補充。

的討論若能引起部分民眾的共鳴（如WVS裡偏好民主但不偏好強力領導人的民眾），那麼家庭、職場等各種社會化機制便可能開始運作，逐漸影響教育政策。換言之，不是政策啟動這個社會化過程，而是這個過程讓教育逐漸更強調自治精神，最後才透過政策完成社會化的最後一里路，形成一種全民普遍重視自治也實踐自治的文化。

最後要強調的是，培養人民的自治精神並不是要減少政府的職責；喚起人民的責任意識也不是要貶損人民的權利。反之，當多數民眾不願負起自主治理的責任而只依賴政府領導時（例如期待不受選舉和國會干擾的強力領導人），這種將自主權拱手讓人的做法才是對人民權利最大的貶損。因此本文認為，人民必須擁有足夠的責任意識才會去充分實踐權利，也才算真正擁有權利。

伍、結語

臺灣在民主化後，人民受制度保障，擁有自主治理的權利。然而身處民主體制，手握自治權利的臺灣民眾，卻愈來愈希望領導者能夠強而有力，不受選舉和國會這兩項民主機制的干擾。人民的體制偏好與現行制度安排似乎漸行漸遠。本文研究發現，這樣的現象背後有其文化價值的脈絡可尋。偏好強力領導者的民眾明顯較缺乏當代新政治文化論所談的「解放價值觀」，簡單來說就是個人自主性偏低，故在政治上表現出期待聖人領導的心態。為此，提升人民自主性，尤其是政治自治的精神，是國政治理的要務之一。這一方面是指要幫助人民更加瞭解自己擁有的自治權利，但也需要民眾有所自覺，負起實踐這些權利的責任。公民教育是建立這種文化價值的社會化管道。未來我國的教育政策應可嘗試更均衡地發展公民的權利意識與責任意識。然而政策的形成需由下而上。自覺臺灣社會自治精神不足的個人，先從能力所及之處做起，揚棄對外部威權不切實際的期待，把握各種自治機會，進而影響周遭人們的自治精神。先從點連成線，最後再透過政策擴及社會各層面，提升臺灣的自治文化。這正是本文拋磚引玉所期待的效果。

參考文獻

一、中文部分

王奕婷（2014）。**難以對話的兩種民主觀？秩序、政府效能vs自由、人權保障**。巷仔口社會學，4月14日。https://twstreetcorner.org/2014/04/14/wangyiting

教育部（2018）。**十二年國民基本教育課程綱要：國民中小學暨普通型高級中等學校社會領域**。國家教育研究院，2022年7月15日檢索，取自https://www.naer.edu.tw/PageSyllabus?fid=52

黃信豪（2016）。大眾民主認知與政治學習：不同政治體制的比較分析。**臺灣民主季刊，13**（3），1-44。

葉高華（2014）。**搖搖欲墜的臺灣民主？從民主態度調查談起**。巷仔口社會學，4月1日。https://twstreetcorner.org/2014/04/01/yapkohua-2

二、外文部分

Almond, G. A. (1956). Comparative Political Systems. *Journal of Politics, 18*(3), 391-340.

Almond, G. A. & Verba, S. (1963). *The Civic Culture: Political Attitudes and Democracy in Five Nations*. Princeton University Press.

Almond, G. A. & Powell, Jr., G. B. (1966). *Comparative Politics: A Developmental Approach*. Little, Brown & Company.

Almond, G. A., Powell, Jr., G. B., Strøm, K., & Dalton, R. J. (2000). *Comparative Politics Today: A World View* (7th ed.). Longman.

Burke, E. (1796/1999). *Select Works of Edmund Burke, Vol. 3: Letters on a Regicide Peace*. Liberty Fund. Retrieved July 15, 2022, from https://oll.libertyfund.org/title/canavan-selectworks-of-edmund-burke-vol-3

Clark, T. N. & Inglehart, R. (1998). The New Political Culture: Changing Dynamics of Support. In Terry N. Clark & Vincent Hoffmann-Martinot (Eds.), *The New Political Culture: An Analytical Framework to Interpret What Has Changed, Where, and Why*. Westview Press.

da Silva, F. C., Clark, T. N., & Vieira, M. B. (2015). Political Culture. In Gianpietro Mazzoleni (Ed.), *The International Encyclopedia of Political Communication*. Wiley-Blackwell.

https://doi.org/10.1002/9781118541555.wbiepc161

Dalton, R. J. & Welzel, C. (2014). Political Culture and Value Change. In Russell J. Dalton & Christian Welzel (Eds.), *The Civic Culture Transformed: From Allegiant to Assertive Citizens*. Cambridge University Press.

Eckstein, H. (1961). *A Theory of Stable Democracy*. Princeton University.

Elkins, D. J. & Simeon, R. E. B. (1979). A Cause in Search of Its Effect, or What Does Political Culture Explain? *Comparative Politics*, *11*(2), 127-145.

Fuchs, D. (2007). The Political Culture Paradigm. In Russell J. Dalton & Hans Dieter Klingemann (Eds.), *The Oxford Handbook of Political Behavior*. Oxford University Press. https://www.oxfordhandbooks.com/view/10.1093/oxfordhb/9780199270125.001.0001/oxfordhb-9780199270125-e-009

Heywood, A. (2019). *Politics* (5th ed.). Palgrave Macmillan.

Heywood, A. (2021). *Political Ideologies: An Introduction* (7th ed.). Red Globe Press.

Inglehart, R. (1971). The Silent Revolution in Europe: Intergenerational Change in Post-Industrial Societies. *American Political Science Review*, *65*(4), 991-1017.

Inglehart, R. (1988). The Renaissance of Political Culture. *American Political Science Review*, *82*(4), 1203-1230.

Inglehart, R. & Welzel, C. (2005). *Modernization, Cultural Change, and Democracy: The Human Development Sequence*. Cambridge University Press.

Laitin, D. D. (1988). Political Culture and Political Preferences. *American Political Science Review*, *82*(2), 589-597.

Machiavelli, N. (1532/2021). *The Prince* (Translated by William K. Marriott). https://www.gutenberg.org/files/1232/1232-h/1232-h.htm

Miller, Jr., F. D. (2007). Aristotelian Statecraft and Modern Politics. In Lenn E. Goodman & Robert B. Talisse (Eds.), *Aristotle's Politics Today*. State University of New York Press.

Montesquieu, Charles de Secondat, baron de (1748/1777). *The Spirit of Laws*. T. Evans and W. Davis. https://oll.libertyfund.org/title/montesquieu-complete-works-4-vols-1777

Papke, L. E. & Wooldridge, J. M. (1996). Econometric Methods for Fractional Response Variables with an Application to 401(k) Plan Participation Rates. *Journal of Applied*

Econometrics, *11*(6), 619-632.

Putnam, R. D. (1995). Bowling Alone: America's Declining Social Capital. *Journal of Democracy*, *6*(1), 65-78.

Putnam, R. D., Leonardi, R., & Nanetti, R. Y. (1993). *Making Democracy Work: Civic Traditions in Modern Italy*. Princeton University Press.

Pye, L. W. (1991). Political Culture Revisited. *Political Psychology*, *12*(3): 487-508.

Thompson, M., Ellis, R., & Wildavsky, A. (1990). *Cultural Theory*. Routledge.

Tocqueville, Alexis de (1835). *Democracy in America, Vol. 1* (Translated by Henry Reeve). https://www.gutenberg.org/ebooks/815

Tocqueville, Alexis de (1840). *Democracy in America, Vol. 2* (Translated by Henry Reeve). https://www.gutenberg.org/ebooks/816

Weber, M. (1922/1978). *Economy and Society: An Outline of Interpretive Sociology* (Translated by Ephraim Fischoff, Hans Gerth, A. M. Henderson, Ferdinand Kolegar, C. Wright Mills, Talcott Parsons, Max Rheinstein, Guenther Roth, Edward Shils, & Claus Wittich). University of Califomia Press.

Welzel, C. (2013). *Freedom Rising: Human Empowerment and the Quest for Emancipation*. Cambridge University Press.

Welzel, C. & Inglehart, R. (2020). Political Culture. In Daniele Caramani (Ed.), *Comparative Politics* (5th ed.). Oxford University Press.

Wildavsky, A. (1987). Choosing Preferences by Constructing Institutions: A Cultural Theory of Preference Formation. *American Political Science Review*, *81*(1), 3-22.

附錄

	連續變數值域		變數 平均值	政體偏好 迴歸模型		民主認知 迴歸模型	
	理論	樣本		β	(se)	β	(se)
自由主義式民主認知	[0,1]	(0.36,0.95]	0.702	-3.064	(0.485) ***		
現行民主評價	[0,1]	[0,1]	0.681	0.078	(0.187)		
世俗價值觀	[0,1]	(0.27,0.89]	0.473	-0.478	(0.323)	-0.487	(0.064) ***
解放價值觀	[0,1]	(0.27,0.97]	0.448	-1.780	(0.381) ***	0.715	(0.076) ***
性別 女（base）			0.485				
男			0.515	-0.370	(0.093) ***	0.067	(0.019) **
年齡	[18,85]	[18,85]	43.02	-0.013	(0.005) *	0.002	(0.001) *
祖籍 台灣閩南（base）			0.800				
台灣客家			0.102	-0.115	(0.152)	0.023	(0.032)
大陸各省			0.063	0.043	(0.185)	-0.042	(0.038)
其他			0.035	-0.423	(0.268)	0.053	(0.051)
學歷 國中以下（base）			0.122				
高中職			0.431	0.142	(0.174)	0.048	(0.034)
大專以上			0.447	-0.084	(0.196)	0.218	(0.038) ***
職業 兼職或失業（base）			0.106				
非勞動力或其他			0.276	-0.147	(0.172)	0.051	(0.025) *
全職或自僱			0.618	-0.026	(0.160)	-0.006	(0.011)
婚姻 單身或鰥寡（base）			0.398				
已婚或同居			0.602	-0.114	(0.118)	0.051	(0.025)
小孩數	[0,∞)	[0,8]	1.566	0.050	(0.052)	-0.006	(0.011)
父母 未同住（base）			0.581				
同住			0.419	-0.088	(0.111)	-0.059	(0.024) *
家用 語言 國語 (base)			0.428				
台語			0.500	0.125	(0.117)	-0.043	(0.025)
其他			0.072	0.145	(0.189)	-0.038	(0.038)
家戶收入層級	[1,10]	[1,10]	4.612	-0.004	(0.033)	0.001	(0.007)
主觀 社會 階級 下 (base)			0.051				
勞工			0.345	0.212	(0.214)	0.084	(0.048)
中下			0.345	0.190	(0.223)	0.107	(0.050) *
上與中上			0.259	0.259	(0.244)	0.106	(0.054)
戶籍 所在 區域 北（base）			0.454				
中			0.182	-0.206	(0.131)	0.082	(0.027) **
南			0.319	-0.277	(0.114) *	-0.017	(0.024)
東			0.045	-0.074	(0.180)	0.001	(0.040)

	連續變數值域		變數平均值	政體偏好 迴歸模型		民主認知 迴歸模型	
	理論	樣本		β	(se)	β	(se)
戶籍城鎮規模（百萬人）	(0,∞)	[0.0075,0.55]	0.236	-1.352	(0.306) ***	-0.026	(0.060)
訪問年度　WVS 2006 (base)			0.350				
WVS 2012			0.300	0.393	(0.117) **	-0.013	(0.024)
WVS 2019			0.350	0.426	(0.129) **	-0.041	(0.026)
常數項			1.000	4.520	(0.535) ***	0.478	(0.092) ***
Log-pseudo-likelihood				-1920.936		-1895.797	

資料來源：筆者分析WVS後整理。

註：分析樣本數均為3,129.334。兩個模型分別估計。非連續變數者均為虛擬變數。模型一
　　依變數「政體偏好」為虛擬變數，平均值為0.648。***p<0.001; **p<0.01; *p<0.05。

第19章

地方治理之永續環境行動

陳思先

壹、理論基礎

一、永續環境行動的理論：公共財的悲劇、外部性、溢滿

　　永續環境行動在本質上涉及保護公共財的概念，自然資源例如土壤、空氣、水、草原是屬於「公共財」（common good），與經濟學財貨定義的「私有財」（private good）是相對的，沒有所有權（property right）認定的問題，亦不涉及使用權上的排他性，但這些看似無限制的特質，卻不代表著自然資源可以被無限制使用，雖然一個人呼吸空氣不會減少空氣對其他人的可使用性，但若無限制地排放廢氣、造成空氣污染，則會使得最終大家都沒有清淨的空氣來呼吸，公共財的悲劇（tragedy of the commons）由此而生。如圖19-1所示。

　　外部性（externality）與溢滿（spillover）意指非由自身所造成而是由他人行為結果所造成對自身的影響，也就是說，別人的行為有了溢滿的後果，而這個後果影響了我的權益。外部性及溢滿可被區分為正向及負向效應，假設某地新建了迪士尼樂園，所帶來的人潮及觀光便利，為區域經濟及收入所得增添了不少紅利，在鄰近區域的經濟發展上可帶來正向外部性效益，然而，擁擠人潮所隨之而來的垃圾問題、交通壅塞、污水問題等，則可能帶來負向外部性效果。

圖19-1　公共財的悲劇：空氣污染

資料來源：陳豐偉（2016）。

　　永續環境行動，本質上不可避免牽涉到公共財的悲劇、正向或負向外部性溢滿效應。舉例來說，污染成因、後果及防護措施並非具有固定疆界而獨立於某個特定範圍（isolated）。因此，環境資源的保護行動及永續發展並非僅僅單一、獨立個體努力就可以達成，需要有集體行動（collective actions）的共識（consensus）方有可能達成環境永續的集體利益（collective interests），也就是說，需要大家一起努力，擴大行動者節點（nodes）及行動樣態（patterns），才能達到最大效益，簡單地說就是一起行動才會成功。

二、地方治理的永續環境行動：機構集體行動與自願性合作關係

　　機構集體行動（institutional collective actions, ICA）源自上述集體行動的概念，只是行動的主體由個人轉變為機構或組織。在本文的範疇，則是討論地方政府的治理行為。ICA具體實踐於地方政府之間的集體行動樣態，包括有地

方政府之間的合作關係（《地方制度法》第21條[1]及第24條[2]所示）、地方政府的合併（例如台灣在2010年及2014年的縣市合併升格）等，其中，地方政府間合作的途徑可以採用成立區域合作組織、訂定協議、行政契約等方式（詳見《地方制度法》第24條之1[3]）。

　　地方治理的永續環境行動，採用ICA的方式，可以減輕外部性溢滿問題及公共財的悲劇（Ostrom, 1990, 2005; Steinacker, 2004; Feiock & Scholz, 2010; Chen, 2013; 陳思先，2019），例如，大都會區域內（例如大臺北都會區）城市之間的自願性合作關係（voluntary cooperation），可以降低合作行為中耗費時間精力在相互監督的交易成本（transaction costs）、談判成本（negotiation costs）及減輕投機主義（opportunism）之背叛風險，自願性合作關係建立在追逐集體利益的共識前提之下，夥伴關係（partnerships）的形成與多數決（majority）的集體決策方式，尊重集體行動參與成員的主體性，是夥伴而非權威的成員關係，更有利於保留意見表達之權及未來修訂集體決議的彈性（flexibility）。

　　美國的區域經濟發展夥伴組織（regional economic development partnerships, REDPs）即屬於此類的合作關係，舉例來說，聖瑪麗亞山谷區域經濟發展協會（Santa Maria Valley Economic Development Association, EDA）及西南喬治亞區域發展中心（Southwest Georgia Regional Development Center），以成立非營利組織的方式，建立區域內地方政府的自願性夥伴關係，集結不同

---

[1]　《地方制度法》第21條：「地方自治事項涉及跨直轄市、縣（市）、鄉（鎮、市）區域時，由各該地方自治團體協商辦理；必要時，由共同上級業務主管機關協調各相關地方自治團體共同辦理或指定其中一地方自治團體限期辦理。」

[2]　《地方制度法》第24條：「直轄市、縣（市）、鄉（鎮、市）與其他直轄市、縣（市）、鄉（鎮、市）合辦之事業，經有關直轄市議會、縣（市）議會、鄉（鎮、市）民代表會通過後，得設組織經營之。（Ⅰ）前項合辦事業涉及直轄市議會、縣（市）議會、鄉（鎮、市）民代表會職權事項者，得由有關直轄市議會、縣（市）議會、鄉（鎮、市）民代表會約定之議會或代表會決定之。（Ⅱ）」

[3]　《地方制度法》第24條之1第1項：「直轄市、縣（市）、鄉（鎮、市）為處理跨區域自治事務、促進區域資源之利用或增進區域居民之福祉，得與其他直轄市、縣（市）、鄉（鎮、市）成立區域合作組織、訂定協議、行政契約或以其他方式合作，並報共同上級業務主管機關備查。」

地方政府的投入，共同致力於區域內提升就業機會、促進商業資訊流通、整合融資資訊等在經濟發展面向的行動（Chen, 2016, pp. 2013-2014）。除此之外，Chen等人（2016）研究結果指出，REDPs的存在確實能減緩ICA中地方政府權責分裂（Feiock, 2007, 2009; Chen, 2013）的問題，區域自願性合作夥伴關係的出現，減緩了地方政府各自努力及惡性競爭後果，並有助於提升集體利益在區域經濟發展的成果。

　　更進一步以永續環境行動觀之，當地方政府以集體行動的方式，在有共識的情況下，共同建立減碳目標、採用同一標準落實公有建築物節能措施、採用節能標章制度、致力於污染防治工作等，就可以擴大永續環境行動的效益（集體利益），因為可能影響範圍的行動者，都已經被納入在合作成員網絡之中了，公共財悲劇的情況可以經由集體投入轉變為公共財的共同獲益，外部性及溢滿效果也可經由集體行動而提升正向效益、舒緩負向污染的外溢問題，簡言之，大家一起努力便可以共同分擔成本、分享集體利益成果。

　　地方政府採行前述ICA，實踐上或許得以國內區域治理合作平台作為討論標的，雖然該等平台的成立主要動機是在於中央補助的激勵，惟本文仍以為合作平台成立是屬於自願性的決策，而非權威式地強加以合作義務，國內區域合作平台包括：北臺區域發展推動委員會（2005年成立）、中臺區域合作發展平台（2010年成立）、雲嘉南區域永續發展推動委員會（2010年成立）、高屏區域合作平台（2009年成立）及離島區域合作平台（2012年成立）（柯志昌，2016，頁10），如表19-1所示。其中，大型城市（直轄市）與鄰近縣市進行合作行為的協調機制，主要是以會議的方式為之，形式包括有首長會議、副首長會議、幕僚會議、論壇、研討會、檢討會議、工作小組會議等，而所處理的議題有涉及環境永續面向者，則有環境資源合作議題與環境發展議題等。

表19-1　國內ICA的樣態：區域治理合作平台

平台／組織	成立年度	合作縣市
北臺區域發展推動委員會	2005年	宜蘭縣、基隆市、臺北市、新北市、桃園市、新竹市、新竹縣、苗栗縣
中臺區域合作發展平台	2010年	臺中市、彰化縣、南投縣

表19-1　國內ICA的樣態：區域治理合作平台（續）

平台／組織	成立年度	合作縣市
雲嘉南區域永續發展推動委員會	2010年	雲林縣、嘉義縣、嘉義市、臺南市
高屏區域合作平台	2009年	高雄市、屏東縣
離島區域合作平台	2012年	金門縣、連江縣、澎湖縣

資料來源：摘錄自柯志昌（2016，頁10）。

貳、當前所面臨的問題：合作行動及個別行動

　　本文試圖以實證資料作為現況困境描述的基礎，採用實務報告及行政院環境保護署低碳永續家園資訊網（https://lcss.epa.gov.tw/default.aspx）所公開供查詢之統計資料，進行客觀事實的現況討論。另外，亦斟酌呈現實證研究之調查數據，陳思先（2019）以地方政府為問卷調查的對象，以公文發送方式，函請地方政府相關人員填答跨域合作及節能減碳政策執行之相關問題，此等資料或許可以反映地方治理在永續環境行動之實務現況。

　　以下，針對現況的分析可概分為合作行動與個別行動兩類。首先，以實證調查資料描述地方政府在永續環境行動的跨域合作與個別行動現況；再者，闡述我國區域合作平台運作現況的可能觀察點；第三，試陳述由中央主導的地方性個別行動，採低碳永續家園評等機制，目的在於實踐個別行動同型化的理想，實務上是否有可能困境浮現（emerge）？

一、地方政府的永續環境行動現況：區域合作與個別行動

　　根據陳思先（2019，頁18）對地方政府所進行的調查研究，地方政府與相鄰（或其他地方政府）在永續環境行動面向的合作程度，通常都只有自評為中／低等級，其中，「污染防治政策合作」五等量表中，平均得分只有2.09，而「節能減碳政策合作」平均得分為2.08，「綠色產業政策合作」平均得分為

表19-2　地方政府在永續環境行動的跨域合作

跨域合作在永續環境面向的實踐	得分平均值（五等量表）	標準差
污染防治政策合作	2.09	1.19
節能減碳政策合作	2.08	1.17
綠色產業政策合作	2.00	1.11

資料來源：摘錄自陳思先（2019，頁18）。

2.00，這些問卷測量所得到的標準差落在1.11至1.19之間，如表19-2所示，顯示我國地方政府間在永續環境政策面向的合作行動，具備一致性地、普遍皆少，故仍有極大的進步空間。

　　但如果說我們的地方政府不偏好環境永續行動，卻又言過其實。實際上，個別地方政府在部分環境永續措施的採行，相較於跨域合作行動的得分而言，則表現有稍微踴躍一些，在「減碳通勤行動」（鼓勵搭公車、走路、騎腳踏車、共乘汽車上下班），以及「降低碳足跡誘因」（低碳生活誘因、低碳採購誘因及公民環境教育誘因）措施採行的調查中，平均得分則達到中／高的等級（五等量表中，平均得分介於2.52至2.75之間），如表19-3所示，在近年來熱門討論聯合國永續發展目標（Sustainable Development Goals, SDGs）氛圍之下，地方政策執行具有永續發展的觀念。

表19-3　地方政府在永續環境行動的個別行動：中／高得分的措施

地方治理在永續環境面向的實踐	得分平均值（五等量表）	標準差
減碳通勤行動：鼓勵搭公車	2.52	1.20
減碳通勤行動：鼓勵走路	2.63	1.24
減碳通勤行動：鼓勵騎腳踏車	2.75	1.27
減碳通勤行動：鼓勵共乘汽車上下班	2.60	1.21
降低碳足跡誘因：低碳生活誘因	2.60	1.16
降低碳足跡誘因：低碳採購誘因	2.55	1.12
降低碳足跡誘因：公民環境教育誘因	2.68	1.11

資料來源：摘錄自陳思先（2019，頁19）。

二、區域合作平台的現況與觀察點

　　國內的區域合作平台之合作議題中，顯見有處理環境議題者，有北臺區域發展推動委員會（合作縣市有：宜蘭縣、基隆市、臺北市、新北市、桃園市、新竹市、新竹縣及苗栗縣）及中臺區域合作發展平台（合作縣市有：臺中市、彰化縣及南投縣）（柯志昌，2016，頁10；陳思先，2019，頁8），前者針對環境資源議題每年舉辦工作會議，並由地方政府成員輪值會議主持，後者則有見擴張的趨勢，視議題及個案做法時而擴大至七縣市的合作討論，其中包括有空氣污染及環保議題。

　　在地方政府永續環境治理行為中，採用ICA之自願性合作關係途徑的可能困境，其一，因為該等區域合作平台成立的年資尚淺，平均年資不到十年，是否有常態性、專責性運作機制？值得繼續觀察。而是否有專屬組織章程建立正式化（formalization）型態？或是由任務型導向的委員會辦理？抑或是以合作備忘錄簽署的方式作為符號性（symbolic）合作宣示？其運作成果是否有資訊公開供民眾查閱？這些問題都值得檢視。

　　其二，區域合作平台中的成員，是否存在有搭便車（free ride）者？新北市政府內部研究報告指出，各縣市對區域合作事項有的積極、有的消極，或許因著本位主義的關係，加上平台窗口及負責團隊成員更動（turnover）問題，對於集體行動決議的認知及熟悉度有差異（新北市政府城鄉發展局，2016），這些差異都可能會造成區域合作運作的阻礙。

　　其三，本文以為此點是關鍵的困境，基於中央補助激勵所成立的區域合作平台，雖然性質上仍屬於自願性的合作關係，惟應是屬於「由上而下」所指導的合作行為，這樣的合作樣態，一旦面臨與中央補助方向、補助時程認知有差異，則更容易淪為形式上的合作，而非實質合作。舉例而言，協調會議的召開，對於合作事項協調後達成的集體決議，是否有落實執行？或是有追蹤審視機制？倘若違背集體決議，是否有處罰機制？這些實質上的作為，都值得觀察，用以判定是否為實質合作行為，而非僅是形式行為而已。

三、個別行動的同型化理想：低碳永續家園評等機制

永續環境治理行為在ICA的展現，究竟是由上而下好？還是由下而上好？強制大家都要採行同一標準，沒有選擇的空間，是否就會比較容易進行合作或統一行動？與其讓地方政府各自去採行不同標準的減碳措施，是否由中央來採行統一認定標準，這樣地方政府就會遵照辦理，沒有猶豫的空間？

行政院環境保護署推行低碳永續家園評等制度已之有年。該評等制度聚焦於生態綠化、綠能節電、綠色運輸、資源循環、低碳生活及永續經營六大項目之運作機能，以可執行的行動項目作為評估標的，執行單位可以是直轄市／縣市、鄉／鎮／市／區、村／里，各單位執行行動項目後，上傳成果文件，申請評等審核。本文實際操作該資訊公開系統，得到以下直轄市／縣市執行現況。

表19-4　直轄市／縣市低碳永續家園評等現況

參與單位	縣市	目前等級	評等完成時間
縣市	連江縣	銅級	2020.10.23
縣市	金門縣	銀級	2019.02.18
縣市	新北市	銀級	2018.07.30
縣市	宜蘭縣	銀級	2019.11.04
縣市	桃園市	銀級	2020.08.25
縣市	新竹縣	銀級	2018.07.30
縣市	苗栗縣	銀級	2021.11.26
縣市	彰化縣	銀級	2020.11.13
縣市	南投縣	銅級	2018.11.12
縣市	雲林縣	銀級	2020.10.22
縣市	嘉義縣	銅級	2019.12.31
縣市	屏東縣	銀級	2019.11.18
縣市	臺東縣	銅級	2017.11.30
縣市	花蓮縣	銀級	2019.11.05
縣市	澎湖縣	銅級	2019.12.31

表19-4　直轄市／縣市低碳永續家園評等現況（續）

參與單位	縣市	目前等級	評等完成時間
縣市	基隆市	銅級	2018.09.10
縣市	新竹市	銀級	2021.05.14
縣市	臺中市	銀級	2020.10.22
縣市	嘉義市	銀級	2020.11.27
縣市	臺南市	銀級	2020.04.30
縣市	臺北市	銀級	2020.10.23
縣市	高雄市	銀級	2018.09.10

資料來源：下載整理自行政院環境保護署低碳永續家園資訊網。2022年3月17日檢索，取自https://lcss.epa.gov.tw/default.aspx

　　從上述資料現況觀之，似乎我們的地方政府在此全國一致性、中央主導的低碳永續家園衡量標準下，具有高度的政策順服（policy compliance），並且有政策擴散（policy diffusion）的現象，各直轄市／縣／市陸陸續續投入行動，並在該評等獎項上有一定程度的執行成果——得到銀級或銅級的結果。

　　低碳永續家園，顧名思義，是以「家」為出發點的永續環境作為，故應以最基層的行動狀況，作為對此中央一致性標準所推行政策方案的評價。平心而論，以直轄市／縣／市的組織規模而言，選定行動項目後上傳成果資料以獲得評等成功，應不會太困難，但若考量到較為基層的組織規模來執行，則需要有人力及資源的支持甚或是專業廠商的輔導，方有達成的可能性。

　　本文進一步查詢在鄉／鎮／市／區及村／里等級參與評等的現況（如表19-5所示），則不難發現，銀級的評等成功比例，隨著愈接近基層則有明顯下降的趨勢，表19-5銀級比例的計算方式，採用有參與此制度的總計數量作為分母，考量的理由在於僅納入有意願參與此評等機制者作為比例計算的基礎，若無意願參與者，則不納入計算。

表19-5　不同等級參與單位的評等現況

參與單位	銀級數量（A）	銅級數量（B）	銀級比例 A/(A+B)×100%
縣市	16	6	72.73%
鄉鎮市區	19	120	13.67%
村里	97	1021	8.68%

資料來源：原始資料下載自行政院環境保護署低碳永續家園資訊網。2022年3月18日檢索，取自https://lcss.epa.gov.tw/default.aspx

註：銀級比例為本文自行計算。

　　從表19-5可以觀察到，由上而下、中央主導一致性標準在低碳永續家園評等機制所展現的成果，愈接近基層則表現愈不好，似乎僅有「志在參加」的意味，尤其在村／里層級，銀級比例不到10%，絕大多數都是止於銅級的表現而已。然而，以上公開數據所能查詢到的僅是呈現現況困境的冰山一角，在筆者實際接觸過程中，發現：

（一）實地觀察及訪談示範里里長：在示範里得獎的那一年，相關設施或許到位，惟年久失修，公園內的運動發電腳踏車在儲電設備遭竊之後便無人問津，而廢棄的殘骸還留在原地。太陽能電板需要維護費用，在損壞之後若沒有後續經費投入，便也只能成為占用空間的廢品而已。

（二）訪談專業廠商：坊間確實有不少專門輔導村／里獲得銅級評等的廠商，由地方政府委託進行專業協助，主要工作便是上傳所需成果文件及照片，專業的協助提升了村／里獲得評等成功的績效，惟若只是短期的協助而非長期協助，是否有助於實質上的低碳永續發展，則不得而知。

（三）訪談基層里幹事：基層公務員應是最為瞭解實際現況的一環，受訪者表示若僅是為了因應低碳永續家園評等制度，而製作虛應故事的文件資料，是否有浪費人力資源之嫌？若是這些成果只是一時之品，沒有持續進行低碳行動，便使得評等制度淪為枉然。

　　綜上所述，本文歸結地方治理在永續環境行動的實踐，現況可稱是普遍具備永續發展意識，各地方政府或多或少採行減碳鼓勵措施。在ICA面向的觀察，包括區域內（例如北臺、中臺、南臺）、跨域的合作行為上，或是跨越地

方政府管轄權範圍共同採行統一的減碳標準或行為準則，則仍偏向由上而下、中央指導式的進行方式。

　　本文以為，中央統一標準並沒有不好，以補助誘因引導地方政府成立合作平台亦有立竿見影之效，地方政府為了追尋評等績效而委託專業廠商協助，也是基於成本效益的理性考量，以能達到評等成功數量上的目標來說，確實是明智的選擇。只是，對於長程執行永續政策的期待與願景，或許缺乏長期穩定承諾的資源投入，也缺乏能長期委託專業廠商提供諮詢及輔導的經費，如果淪為暫時的作為，或是只是志在參加而非長期耕耘，則較無意義了。

參、前瞻性建議

　　永續環境行動基於公共財的悲劇、外部性及溢滿效益的原理，絕非閉門造車就能達到明顯的效果，地方政府之間，倘以ICA的方式，在有共識的情況下共同投入永續環境行動，例如共同投資再生能源發電設施、共同承諾減碳目標的履行（例如US Mayors' Climate Protection Agreement）、共同投入綠色產業與相關研究量能之發展等，論及行動項目之投入與產出或許能藉集體之力達規模經濟之效果，並基於同一標的之付出，避免搭便車的問題發生。

一、合作行動的前瞻性

　　地方治理在永續環境行動的實踐，貴在營造在地性及跨越行政管轄權疆界之區域性特色，並增強區域的競爭力，為了區域發展願景而投入長期耕耘。以國內運作現況而言，中央引導性強於地方自發性，究其原因，應是在於資源依賴（resource dependency）與路徑依賴（path dependency）傾向，區域合作平台的成立與正式化機制，雖似乎具有自發性行動的合作樣態，但仍著眼於對中央補助的依賴性及期待，此觀任務型導向之暫時性組織型態及輪值的運作方式可以得知。所幸，區域合作平台已陸續投入專責辦公室的設立，若隨著時間運作能逐漸建立常態式合作事項清單，包括污染防治政策合作事項能降低公共財悲劇發生，節能減碳政策合作能以集體行動方式降低碳足跡，綠色產業政策合

作能利用規模經濟方式建立產業鏈，待時間累積或能收實質成果之效，這部分當然也需要將運作成果資訊（performance information）做定期性的公開，以利於課責制度之採行。

二、個別行動的前瞻性

中央所採取全國一致性的低碳永續家園評等制度，以制度設計的初衷來說，確實是一個有益於提升個別行動一致性的策略，因為不同層級的機構（縣市、鄉鎮市區、村里）都在中央指導式規劃下，採取同型性（isomorphism）環境永續行動，尤其展現在成果照片的同型化，理論上，低碳永續家園行動之落實，可將節能減碳行動擴大達規模經濟之效，在課責面向，也因為評等成果的資訊公開透明，做得好的可以當作績效來宣傳，做得不好的則可能會擔心跟別人不一樣而加緊努力，此在銅級評等成功的數量上可以看得出來，有些地方政府近年來亦多有投入資源協助村里完成評等。惟，本文以為，基層組織（村里）服膺低碳永續家園評等制度所採取的行動，若缺乏長期性專業諮詢，則較易淪為暫時性、形式性之做，目前看來專業廠商的協助可使得村里較快完成評等，若要確保此評等制度長期運行，無論是在委外專業廠商協助或由地方政府人力協助提供相應專業資源，長期投入資源應有其必要性。

參考文獻

一、中文部分

柯志昌（2016）。**學界與政府之合作與協力——區域治理與府際關係**〔論文發表〕。2016年臺灣公共行政與公共事務系所聯合會年會暨國際學術研討會，5月27-28日），新北。

陳思先（2019）。集體行動觀點下的跨域合作、行動支持度感知及行動成果——以地方政府節能減碳政策為例。**公共行政學報**，**56**，1-39。

陳豐偉（2016）。讓人感到無力的PM2.5空氣汙染。**聯合報**，10月23日。http://health.udn.com/health/story/7404/2041366

新北市政府城鄉發展局（2016）。**北臺灣區域治理機制與合作平台運作機制之研究**。新北市政府105年度自行研究報告。2022年3月17日檢索，取自https://www.planning.

ntpc.gov.tw/userfiles/1090800/files/%E5%8C%97%E8%87%BA%E7%81%A3%E5%8D
%80%E5%9F%9F%E6%B2%BB%E7%90%86%E6%A9%9F%E5%88%B6%E8%88%8
7%E5%90%88%E4%BD%9C%E5%B9%B3%E5%8F%B0%E4%B9%8B%E7%A0%94
%E7%A9%B6.pdf

二、外文部分

Chen, S.-H. (2013). U.S. Interlocal Energy Collaboration on Energy Efficiency, Sustainability and Climate Protection. *EurAmerica: A Journal of European and American Studies*, *43*(3), 455-536.

Chen, S.-H. (2016). Local Government: Regional Partnerships. In Melvin J. Dubnick & Domonic Bearfield (Eds.), *Encyclopedia of Public Administration and Public Policy* (3rd ed., pp. 2012-2016). Taylor & Francis.

Chen, S.-H., Feiock, R. C., & Hsieh, J.-Y. (2016). Regional Partnerships and Metropolitan Economic Development. *Journal of Urban Affairs*, *38*(2), 196-213.

Feiock, R. C. & Scholz, J. T. (2010). Self-organizing Governance of Institutional Collective Action Dilemmas. In R. C. Feiock & J. T. Scholz (Eds.), *Self-organizing Federalism: Collaborative Mechanisms to Mitigate Institutional Collective Action Dilemmas* (pp. 3-32). Cambridge University Press.

Feiock, R. C. (2007). Rational Choice and Regional Governance. *Journal of Urban Affairs*, *29*(1), 47-63.

Feiock, R. C. (2009). Metropolitan Governance and Institutional Collective Action. *Urban Affairs Review*, *44*(3), 356-377.

Ostrom, E. (1990). *Governing the Commons: The Evolution of Institutions for Collective Action*. Cambridge University Press.

Ostrom, E. (2005). *Understanding Institutional Diversity*. Princeton University Press.

Steinacker, A. (2004). Game-theoretic Models of Metropolitan Cooperation. In R. C. Feiock (Ed.), *Metropolitan Governance: Conflict, Competition, and Cooperation* (pp. 46-66). Georgetown University Press.

第20章
網際網路治理之挑戰與規範*

陳耀祥

壹、網路治理的意義及模式

一、網路治理的意義

　　網際網路科技的創新發展不僅徹底改變人類的生活，也衝擊各國的統治及管制模式，面對各類快速創新的數位技術，固有的管制思維逐漸失靈。各國就網際網路該如何監管爭議不斷，為解決此項全球議題，聯合國於2003年在瑞士日內瓦召開「資訊社會世界高峰會議」（World Summit on the Information Society Forum, WSIS），會中提出「網路治理」（internet governance）的概念，為因應網際網路所衍生的各種挑戰找出新方向。而2005年的「網路治理工作小組」（Working Group on Internet Governance）更將網際網路治理定義為：「是一項透過政府、私部門、公民社會共同發展和應用的過程，在他們各自所代表的角色裡，分享著原則、規範、規則及決策過程以及計畫，形塑網路的演進與使用。[1]」

　　這項概念逐漸滲入各領域，在公共行政的理論框架中，「網路治理」業已成為當代政府與社會互動的新模式，連結政府、私部門、組織、團體，甚至於國際間的合作關係（蔡允棟，2006，頁179）。改變傳統政府由上而下的垂直統治模式，轉變為較扁平式的多方利害關係人共同參與的治理方式。

---

* 感謝張光耀先生協助蒐集及整理資料，讓本文得以順利完成。

1　(2005). *Working Group on Internet Governance Report*. Retrieved May 9, 2022, from http://www.wgig.org/docs/WGIGREPORT.pdf

二、網路治理的模式

網路治理在本質上是「多元」及「開放」，因此不同立場之參與者對於如何治理及開放程度也有不同認知。本文參考各種文獻資料，將其分為以下三種主要模式。

（一）多方利害關係人治理模式

自WSIS提出明確的網路治理定義後，聯合國於2006年成立「網路治理論壇」（Internet Governance Forum, IGF），目的在於廣納多方利害關係人參與討論網路治理的公共政策議題，強化全球網路的永續發展[2]。2014年各國也發表《網路世界多方利害關係人聲明》（*NETmundial Multistakeholder Statement*），強調「網路治理應該建立在民主、多方利害關係人的進程上」[3]。

此種多方利害關係人模式又可區分為兩種模式：「諮詢式」（consultative）及「合作式」（collaborative）。前者由政府主導，利害關係人的角色定位僅在於表達意見；後者則是由下而上，各方利害關係人皆可積極參與的治理模式（Kleinwächter, 2018）。目前談論多方利害關係人治理模式時，通常係指由下而上、共同參與的「合作式」多方模式。

以網址及網域的分配管理為例，此項業務早在1980年代由美國聯邦政府管理，「網路號碼指派機構」（Internet Assigned Numbers Authority, IANA）負責管理域名系統（domain name system, DNS）及網路資源的協調，並委託民間企業Network Solution Inc.協助。但在網址及網域申請的需求日益增多，各方利益團體不斷遊說角力之下，於1998年將域名管理私有化，成立「網際網路名稱與號碼指配機構」（Internet Corporation for Assigned Names and Numbers, ICANN），以多方利害關係人共同參與方式進行全球跨境的的網域及網址分

---

[2] *About the Internet Governance Forum*. Retrieved May 9, 2022, from http://www.intgovforum.org/multilingual/tags/about

[3] *NETmundial Multistakeholder Statement*. Retrieved May 9, 2022, from https://netmundial.br/netmundial-multistakeholder-statement/

配（左正東，2005，頁113-115）。2016年ICANN更自美國聯邦政府手中承接IANA的監管權，社群內部持續修訂ICANN組織章程，強化ICANN多方利害關係人治理模式的特色。

(二)歐洲模式

　　然而，針對上述多方利害關係人模式，也陸續出現諸多不同意見，主要理由是認為，該模式對網路治理議題無法通盤思考（Kleinwächter et al., 2018b）。因為，一方面是利害關係人意見經常各自為政，另一方面則是討論的議題零碎化，缺乏議題間的連結性。而且，面對具體威脅時，該模式無法提出及時解決方案，而諸多新興的討論平臺及論壇，也未取得具體成效。

　　因此，部分學者建議應參考歐洲經驗，提供一種「法治」精神的模式，並以多邊國際組織的力量，使治理產生效力（Kleinwächter et al., 2018a）。例如，歐洲聯盟（簡稱「歐盟」）在1995年以資料隱私（data privacy）為規範綱領，制定《數據保護法》（*Date Protection Act*）與《資料保護指令》（*Data Protection Directive*, Directive 95/46/EC）。嗣後，又於2012年提出《一般資料保護規則》（*General Data Protection Regulation*, GDPR），以規則形式一體適用於歐盟全境，保留原有指令的架構與原則，更強化資料保護的範圍與深度，並於2018年正式施行（劉靜怡，2019，頁5-6）。GDPR透過法治精神及歐洲的市場力量，將歐盟資料保護的要求影響力擴及全球，被稱為是史上最嚴格的資料保護規範，此種模式即為歐洲模式。

(三)網路主權模式

　　除前述兩種治理模式之外，也有部分國家則以主權概念出發，嘗試將網際網路空間視為國家主權的延伸。中國於2010年發表《中國互聯網狀況》白皮書，其指出「中國的互聯網主權應受到尊重和維護」（中國國務院新聞辦公室，2010）。隨後，中國國家主席習近平於2015年也提出網際網路空間需和實體空間一樣，有自由的同時也要保持秩序的論調（列爾，2015）。此種模式強調各國應尊重主權國家對於網路的建設發展、管理模式、網路公共政策及參與國際網路治理的權利（達斯古普塔，2017）。但是，將網路納為國家主權的一

環，明顯背離網際網路所具有的開放、自由與多元的本質，網路主權論似乎容易成為數位極權的變相說法。

此種疑慮並非空穴來風，依據美國人權組織「自由之家」（Freedom House）所提出的《2021年網路自由度報告》指出[4]：「中國政府對線上持不同意見者、獨立報導和者，甚至是許多日常通訊，皆施加了嚴屬的管制。並且，中國政府目前仍然以最嚴格的方式審查與COVID-19相關的議題。目前，中國宣稱境內許多科技巨頭違反公平競爭及數據保護相關法令，看似營造更友善的網路使用環境，但在削弱科技巨頭的影響力之後卻將權力回收在政府手中。」

此類評價並非無據，中國已經連續第七年被評選為網際網路自由度最差的國家（許寧，2021），中國從網路基礎設施、資訊傳輸，到終端消費者之使用，皆全面性地監控與主導輿論，並妨礙跨國數位市場競爭，對外則持續輸出網路主權論（黃錦昇，2018），以及透過一路一帶等其他手段，將相關供應鏈帶入其他國家（張凱銘，2019）。網路主權模式，因為中國積極輸出紅色供應鏈及網路主權論，已經引起許多爭論和制裁攻防（BBC中文網，2020）。

貳、網路治理的挑戰議題

網路治理涵蓋諸多範圍且議題日益紛雜，2015年聯合國「科學及技術促進發展委員會」（Commission on Science and Technology for Development, CSTD）對網路治理分類架構，區分了七大領域，共40項議題，包括基礎建設與標準、安全、人權、法律、經濟、發展，及社會文化等[5]。而網路治理的議題也隨著時代環境的變遷有所改變，本文參照Kleinwächter的整理，主要將說明的焦點放在網路安全、數位經濟、隱私權保護及技術創新等四大議題：

---

[4] *Freedom on the Net 2021: The Global Drive to Control Big Tech. Freedom House*. Retrieved May 10, 2022, from https://freedomhouse.org/report/freedom-net

[5] (2015). Commission on Science and Technology for Development, Eighteenth Session. Retrieved May 9, 2022, from http://unctad.org/meetings/en/SessionalDocuments/ecn162015crp2_en.pdf

一、網路安全

　　網路安全近來已成為各國最重視的議題。網際網路開放的特性，導致其容易成為犯罪的溫床，在通訊傳播、金融、醫療、交通運輸及能源等公私部門設施幾乎全面網路化的情況下，網路安全議題成為重要且相當棘手的難題[6]。網路安全問題多半與網路犯罪有關，或是傳統犯罪的網路化，例如，詐欺、恐嚇、數位性暴力等，或是植基於網際網路的新形態犯罪，譬如，阻斷服務攻擊（Denial of Service (DoS) Attack）[7]、惡意軟體或深偽技術（deep fake）等，該類型犯罪與傳統犯罪相仿，但因為網路特性使其更難以防範及追查，受影響的人民更為廣泛。以惡意軟體為例，電腦設備若被植入惡意軟體，除個人資料、營業祕密或財產遭受損失之外，更可能成為散播的節點，導致損害擴大。例如：烏克蘭2015年電網遭受攻擊，造成約一個月的大停電（Collins, 2016）。

　　對於臺灣，網路安全的迫切議題為資安攻擊及不實訊息。根據資料統計，臺灣2021年平均每週遭受的網路攻擊次數為2,688次，比亞太地區的整體平均數高，並且這樣的攻擊每年仍增加38%（顧展瓏，2022）。瑞典哥德堡大學發布的2021年V-Dem（varieties of democracy）報告，研究顯示，臺灣是受到境外假訊息侵擾最頻繁的國家，並且已經連續九年蟬聯冠軍（陳政嘉，2022）。我國政府依照《資通安全管理法》，由數位發展部主政跨部會合作，針對八大關鍵基礎設施（critical infrastructure, CI），包含能源、水資源、通訊傳播、交通、銀行與金融、緊急救援與醫院、中央與地方政府機關及高科技園區，建立資通安全管理制度，以及資安監控中心預警及通告等機制。[8]同時加強資安防護管理聯防監控機制，並與國際組織合作，分享資安情報，以公私協力方式提升我國資安能量[9]。面對網路不實訊息則由行政院召開協作平臺，各部會依權責參與共

6　可參考Joao Luis Silva Damas等人所著的《新世代的網路治理》。

7　DoS攻擊，是一種網路攻擊手法，其目的在於使目標電腦的網路或系統資源耗盡，使服務暫時中斷或停止。

8　（2022）。國家資通安全會報。2023年4月18日檢索，取自https://moda.gov.tw/ACS/nicst/background/658

9　（2023）。國家資通安全會報。2023年4月18日檢索，取自https://moda.gov.tw/ACS/nicst/establishment/660

同打擊[10]。

對於此類犯罪，除進行嚴密的資安管理之外，更必須針對網路安全建構良好政策及法制環境。因為網際網路的跨境性與開放性，又涉及網路技術及法律專業的跨學科困境，所以各民主國家較常採取利害關係人共同參與的方式，制定共同加密、防護標準，及溝通合作提出相關對策（陳文生譯，2017，頁92-97）。例如，聯合國開放性工作小組（Open-ended Working Group, OEWG）持續對網路安全議題進行研析（Kleinwächter, 2022），國際電信聯盟（International Telecommunication Union, ITU）也鼓勵多邊合作，並協助各國部署網路安全策略，包含法律、技術及組織等。另外，透過國際交流合作，共同提出各項網路治理的倡議，例如，網路治理論壇（Internet Governance Forum, IGF）、全球網路空間會議（Global Conference on Cyber Space, GCCS）等國際會議，都是各國交流相關議題的重要場域。法國於2018年IGF提出《巴黎籲請信任與安全的網路空間》倡議（何明誼等，2017，頁23-26），被稱作網路安全的《日內瓦公約》，其內容呼籲各國及其他共同利害關係人在各自角色上承擔義務，改善網路的安全及穩定，也重申打擊網路犯罪的決心，目前已有81個國家、706間企業簽署加入[11]。

二、數位經濟

除網路安全之外，網際網路的應用創新及數位經濟的蓬勃發展，也產生各項不公平競爭的議題，有待立法者審慎面對。以電子商務（electronic commerce）為例，所謂電子商務泛指以網路或數位方式進行交易活動和相關服務，是傳統商業活動的數位化，其類型有企業對消費者（B2C），例如，消費者向數位平臺業者Amazon、PChome等訂購商品，也有企業對企業（B2B）或消費者對消費者（C2C）等，例如，eBay拍賣。此類型的商業活動範圍廣泛，也是現代最便捷的消費模式。各國除針對電子商務的消費爭議處理、販

---

[10] （2019）。2019防制假訊息政策簡介。2022年5月10日檢索，取自https://www.ey.gov.tw/Page/5B2FC62D288F4DB7/58fc25c7-125f-4631-8314-73b82c8c62b7

[11] 統計至2022年8月26日，《巴黎籲請信任與安全的網路空間》全文及簽署狀況可參見https://pariscall.international/en/（檢索日期：2022年8月26日）。

售物品及服務的市場秩序進行規管之外，就跨國交易部分，則透過WTO或區域性的協議，例如，亞太經濟合作會議（Asia-Pacific Economic Cooperation, APEC）等國際經貿組織制定共通的規範與爭端解決機制，以推動消費者保護及避免違法交易等問題。

　　另外，網路接取經濟（internet access economic）中的公平對待也是數位經濟中常見的爭議。網際網路服務供應商（internet service provider, ISP）包含固網早期的撥號連線、ADSL、光纖或是行動網路等，主要業務為提供網際網路接取服務予客戶。ISP業者基於「網路中立性」應該平等對待每位客戶及其所傳輸的內容，此概念源自於美國，該國也在2010年首次將網路中立性納入法規，其主要三大理念為「透明化義務」（transparency）、「禁止封鎖」（no blocking）及「禁止不合理之歧視性待遇」（no unreasonable discrimination）[12]。

　　網路中立性概念其實爭議不小，但美國在2015年，進一步強化透明化義務，並將針對網路流量做更細部的規定，禁止ISP業者基於網路的流量或目的之差別予以降速，也不能透過付費優先的方式使某些特定流量得到傳輸速度的提升（鄭雅文，2017）。可是，面對ISP業者不斷反彈，相關的爭論持續數年，美國最後於2017年川普政府時期廢除網路中立相關措施，希望能朝網路更自由化的方向前進。不過，近年來網路價格持續上漲，使得恢復網路中立原則聲浪又再度出現（Brodkin, 2021）。

　　除美國之外，2011年歐盟也提出《歐洲開放網路和網路中立》（The Open Internet and Net Neutrality in Europe）報告，其原則與美國類似。而歐盟各會員國，如荷蘭、斯洛維尼亞、法國等國也定有網路中立性法規（程立民，2016，頁76-81）。在亞洲部分，韓國則因為近年來Netflix熱門影集產生大量流量，韓國電信業者並向Netflix提告，請該公司對於額外網路流量及維護成本提供賠償（中央通訊社，2021）。

---

[12] (2015). *Open Internet Order*. Retrieved May 10, 2022, from https://apps.fcc.gov/edocs_public/attachmatch/FCC-15-24A1.pdf

三、隱私權保護

數位經濟的發展不僅可能造成產業不公平競爭，也可能侵犯消費者的人權，特別是個人隱私。數位經濟是以「資料」（data）為基礎的經濟型態，但是，不斷蒐集、處理及利用資料以獲取經濟價值，通常也可能造成資料的濫用。近年來相當著名的案例便是「劍橋分析」（Cambridge analytica）事件。劍橋分析是一家2013年創立於英國的數據公司，曾在Facebook上推出一款免費心理測驗App，卻被發現在未經用戶同意的情況下，盜用Facebook共5,000萬用戶個資，並疑似用於操縱2016年的美國總統大選[13]，引起各界抨擊。

隱私權的概念源自美國，其保護規範可以追溯到1974年美國《隱私權法案》（*US Privacy Act of 1974*）所揭櫫的公平資訊實務準則（fair information practice principles, FIPPs）[14]，以及經濟合作暨發展組織（Organisation for Economic Cooperation and Development, OECD）於1980年根據該等FIPPs精神所訂定的「隱私保護暨個資跨境流通指引」（OECD Guidelines on the Protection of Privacy and Transborder Flows of Personal Data）[15]，而歐盟也於1995年制定《資料保護指令》集其大成[16]。

然而，前述隱私保護法規主要是植基於實體世界，無法有效規範數位時代的大型數位平臺，例如，缺乏監理Meta運用演算法自動蒐集並分析使用者偏好等自動化機制，以及資料跨國傳輸安全的有效法令（李沛宸，2019，頁129-132）。針對此類問題，各國也進行各項有關個人隱私的法制改革，例如：2015年日本修正《個人資料保護法》，明確將電腦設備與商業使用可視別個人的個人識別符號納入規範，並成立專責機關「個人資料保護委員會」，

---

[13] *Cambridge Analytica.* Retrieved May 29, 2022, from https://cambridgeanalytica.org/

[14] *Privacy Act of 1974.* Retrieved May 29, 2022, from https://www.justice.gov/opcl/privacy-act-1974

[15] *OECD Guidelines on the Protection of Privacy and Transborder Flows of Personal Data.* Retrieved April 18, 2023, from https://www.oecd-ilibrary.org/docserver/9789264196391-en.pdf?expires=1681809690&id=id&accname=ocid56028141&checksum=1960E9D12B573FE9B579280E9B13A088

[16] *Data Protection Directive 95/46/EC.* Retrieved May 29, 2022, from https://eur-lex.europa.eu/legal-content/EN/TXT/PDF/?uri=CELEX:31995L0046&rid=5

統一過往分散的個資保護業務[17]。另外，在原本對個資保護管制採市場機制的美國（翁清坤，2016，頁157），隨著資料管控者權力愈來愈大，美國內部亦有許多倡議與因應之立法，除了聯邦層級針對不同領域訂立相關個資保護法令外，美國各州亦對資料保護有所規範，最著名的即是2020年施行、被稱作全美最為嚴格複雜的《加州消費者隱私法》（*California Consumer Privacy Act*, CCPA），亦即針對網際網路消費，讓消費者有權選擇是否同意業者蒐集及使用客戶資料[18]。而最近影響各國的就是歐盟GDPR的立法。

　　GDPR重要原則主要包括：擴增個人資料保護範圍與深化相關概念、增加資料管控者之責任與義務，以及認定資料跨境傳輸之限制與第三方適足性。依照此等原則，資料主體的「同意」必須是自主（free given）、具體（specific）、知情（informed）及明確（unambiguous）。而且，明確規定資料主體之更正權、被遺忘權、可攜權等，強化資料主體的自主性。另外，因應數位時代網路科技的發展，在個人資料的範圍中納入「自動剖繪」（profiling），包含任何對個人資料的處理方式（張陳弘，2020，頁179-180）。除強化保護資料主體之外，也增加資料管控者之責任與義務，譬如，強化告知規定，規範告知內容應以簡明（concise）、透明（transparent）、易懂（intelligible）、且方便取得的格式（easily accessible form），以及為確保資料安全性，資料管控者有資料保護義務、記錄義務。資料管控者也必須建立資料保護長（data protection officer）制度。至於國際傳輸規定，任何擬處理或傳輸至第三國、組織的資料，皆須確保資料主體的保護程度不受損，而上述的審查需經過歐盟執委會（European Commission）的適足性認定（adequacy decision）。

---

[17] *Personal Information Protection Commission Janpan*. Retrieved May 29, 2022, from https://www.ppc.go.jp/en/legal/

[18] *The California Privacy Rights and Enforcement Act of 2020*. Retrieved May 29, 2022, from https://oag.ca.gov/system/files/initiatives/pdfs/19-0019%20%28Consumer%20Privacy%20-%20Version%202%29.pdf

四、技術創新

　　除隱私權及資料保護的問題之外，網路治理的挑戰也來自於技術的不斷創新，尤其行動通訊邁入5G時代之後，大數據（big data）、人工智慧（artificial intelligence, AI）及物聯網（internet of things, IoT）的運用所蒐集資大量數位資料，不僅帶動全球經濟發展，也改變國際戰略局勢。以美中關係為例，美國從2002年核准中國公司可於美國境內提供電信服務以來，因為中國國家安全環境發生巨大變化，中國電信的母公司、子公司等必須聽從中國政府的命令，將使得中國政府更便於從事相關間諜活動或其他活動，進而降低美國國家安全及執法風險（黃彥棻，2021a）。2020年，美國國務院在4月公布「5G乾淨網路計畫」[19]，公布一份全球5G乾淨網路名單，確保關鍵的電信網路、雲端、數據分析、行動應用、物聯網和5G相關技術，都不會使用到「不受信任」的設備商的產品。臺灣五家電信業者皆被選入乾淨電信公司清單中，並於同年8月臺美簽署《5G安全共同宣言》，提前排除具有資安疑慮的中國軟體、設備與服務[20]。

　　所謂物聯網是網際網路服務的延伸，讓物件（things）配有網路功能，並且與其他物件或系統連結，組成範圍大小不一的物聯網。一般來說，物聯網的連線以無線通訊網路為主，應用層面在智慧監測、智慧交通、智慧工廠、智慧家庭、智慧農業等，目前已是相當普遍的應用。而大數據，又稱巨量資料，是來自各種來源的大量非結構化或結構化數據。因資料儲存與處理的技術提升，許多基礎資料已數位化，例如，健保資料、交通氣象圖資或環境評估資料等，透過原始資料的再應用，可以讓新興科技的發展更為快速。另外，AI是能模仿人類智慧的系統或機器，會依據給定的資料不斷調整，AI這樣的特性也與物聯網、雲端基礎設施相關，藉由大數據不斷進行深度學習並自動做出決策。AI帶來的機會和風險時常被人們討論，若在某環節產生錯誤，則可能發生無法預期

---

[19] *The Clean Network*. Retrieved May 29, 2022, from https://2017-2021.state.gov/the-clean-network/index.html

[20] （2020）。科技新報。2023年4月18日檢索，取自https://technews.tw/2020/07/29/5g-clean-networks-taiwan-telecommunication/

的重大損害，更可能造成倫理、法律與社會嚴重的影響。

目前影響網路使用者最深的便是跨國的大型數位科技業者，如Facebook、Google、Apple、Microsoft等，坐擁數據資料及使用者數量的龐大資源，已具有不可替代也無法撼動的地位。這些服務提供者雖未向使用者收取費用，但會不斷蒐集與使用者相關的數據、資料及足跡，如消費或瀏覽，這些大型科技業者也透過AI解析這些成千上億的數據，並提供予廣告主做行銷的精準投放。而這也成為現代最興盛的產業之一，根據資料統計[21]，2021年全世界約有46.2億社群網站用戶，而數位廣告2021年便有4,420億美元的收益，而其中有一半都被投放在Alphabet（Google與YouTube母公司）及Meta（Facebook與IG母公司）兩家公司上（Lin, 2022）。

對於此種現象，各國政府陸續採取立法行動，以兼顧數位科技創新、產業發展及消費者權益保護，例如：美國眾議院司法委員會通過六項反壟斷法提案，限制Facebook、Google、Amazon、Apple等大型科技業者壟斷市場（魏國金，2021）。日本也推動《促進數位平臺透明度與公平性》（*Improving Transparency and Fairness of Digital Platform*）法案，並對Google及Apple進行反托拉斯調查（林妍溱，2021）。而在歐盟則提出《數位市場法》（*Digital Market Act*）[22]，確保歐盟作為單一市場擁有公平且開放的數位市場秩序。

參、網際網路治理之立法規範

一、各國的立法先例

如前所述，數位科技創新及產業發展之迅速，導致既有規範框架經常出現

---

[21] *Sandvine GIPR January 2022*. Retrieved May 20, 2022, from https://www.sandvine.com/hubfs/Sandvine_Redesign_2019/Downloads/2022/Phenomena%20Reports/GIPR%202022/Sandvine%20GIPR%20January%202022.pdf

[22] *Digital Markets Act*. Retrieved May 29, 2022, from https://commission.europa.eu/strategy-and-policy/priorities-2019-2024/europe-fit-digital-age/digital-markets-act-ensuring-fair-and-open-digital-markets_en

無法因應之困境。然而，數位服務已與民眾生活密切關聯，大型數位科技業者的影響力甚至已經超過政府。為具體解決此類危機，對於網路規範已從由上而下的介入，轉型成以多方利害關係人，包括政府、企業及公民社會共同參與的網路治理模式，所以各種技術規格、網路標準及跨國政策共識形成皆由開放式的多方參與討論程序所產生。

除治理規範模式之外，因應數位時代的挑戰時，政府也必須進行組織整備工作。臺灣更在2022年成立的數位發展部，將整合資訊、資安、電信、傳播和網路五大領域業務功能，並於轄下設資通安全署及數位產業署，目標為確保國家資通安全，促進數位經濟發展並加速國家數位轉型（黃彥棻，2021b）。

至於相關網路治理的法制規範，國際間已有諸多先例，以處理不實訊息議題為例，英國提出《線上安全法》（*Online Safety Bill*）草案[23]，分級訂定處理危害內容之義務；美國則開始調適《通訊端正法》（*Communications Decency Act*）第230條[24]，思考社群媒體是否應為使用者言論負責。在數位大型平臺疑似壟斷市場的爭議裡，澳洲推動《新聞媒體與數位平臺強制議價法》（*News Media Bargaining Code*），嘗試解決媒體與平臺議價能力不對等的問題；在韓國[25]與日本（黃敏瑜編譯，2020）也各自立法增強數位平臺的透明度。而歐盟的經驗更是我國參考的重要對象。歐盟於2007年即發布《電子商務指令》（*e-Commerce Directive*），試圖解決會員國間的電子商務交流障礙。但隨著科技及產業不斷創新發展，該指令無法因應新型態的網際網路商務行為（林文宏，2021），歐盟執委會於2020年提出《數位服務法》（DSA）及《數位市場法》（DMA）草案，以保護歐盟境內使用者的權益（國際瞭望，2021）。

根據歐盟之研析及經驗，網路中介者之社會影響力與技術實力已日益強化，對於網路中充斥的各類違法與有害內容，應對公共利益負擔一定的社會責

[23] *Online Safety Bill.* Retrieved May 29, 2022, from https://bills.parliament.uk/bills/3137

[24] 《通訊端正法》第230條可參見https://www.law.cornell.edu/uscode/text/47/230（檢索日期：2022年5月29日）。

[25] （2020）。韓國公平交易委員會公布《線上平臺法》草案。國際通傳產業動態觀測，10月5日。https://intlfocus.ncc.gov.tw/xcdoc/cont?xsmsid=0J210565885111070723&sid=0K337611452088560024&sq=

任，故DSA沿襲自《電子商務指令》，規範整個網路資訊社會服務當中的「網路中介服務」，包含連線服務、快速存取服務與資訊儲存服務，並且採取累加義務模式，依不同服務類型疊加進一步的義務，讓不同類型的網路中介服務有不同的治理強度，一般來說，各業者都有「配合主管機關命令處理違法內容、指定聯絡窗口與法律代表、公告服務使用條款、提出透明度報告」的一般性義務。立法過程中，立法者不斷與各方利害關係人溝通、辯論，各方都在促進網路安全、網路服務品質的某程度共識下打擊違法內容，確保網路環境之安全（European Commission, 2020）。

二、我國的立法挑戰

我國國家通訊傳播委員會（NCC）也參照英國的《線上安全法》及歐盟的DSA，研訂「數位通訊傳播服務法」，強調網路秩序之維護由產業自律先行，鼓勵訂定自律行為守則或相關規定，並藉由提升平臺運作透明性，促進他律監督與社會公評，再透過法律途徑遏止涉及公共利益危害之違法內容。NCC於2021年12月底公布草案架構（國家通訊傳播委員會，2021），強調維護網路言論自由、促進資訊自由流通，並參考馬尼拉中介者責任原則（Manila principles）及聖塔克拉拉原則（Santa Clara principles），對網路服務提供者課予相關責任及義務，以保障數位環境之安全。其後該法於2022年6月29日更名為「數位中介服務法」（簡稱「中介法」），並對外進行草案預告，徵詢意見。

根據中介法草案，在規範主體方面，以數位通訊傳播中介服務提供者為規範對象，依所提供的服務類型可分為連線服務、快速存取服務及資訊儲存服務，其中資訊儲存服務包含線上平臺服務及指定線上平臺。在處理違法內容方面，中介法將網路視為實體社會之延伸，由政府各部門依其權責及主管法令規範處理，該草案介接各部門依其權責及主管法令規範處理，如網路出現違法內容，各該法規主管機關得依其具有移除下架法律效果之規定逕行處分，如無則循中介法草案規劃之法院程序限制該違法內容。另外，為避免政府直接介入網路內容，依照利害關係人共同參與模式，預計設置專責機構，由政府、企業及公民社會的代表共同組成，以納入多方利害關係人觀點及參與，促進並協助業

者落實自律機制，推廣資訊素養教育，強化產業與政府機關、民間社會溝通交流，共同打造一個自由、安全的網路環境。

此種治理模式類似於我國目前處理網際網路兒少事務的方式。依照《兒童及少年福利與權益保障法》第46條規定，由國家通訊傳播委員會邀請各目的事業主管機關，如衛生福利部、教育部、文化部、內政部警政署、經濟部工業局以及經濟部商業司等共同籌設「網路內容防護機構」（Institute of Watch Internet Network, iWin）[26]，作為處理網路上兒少保護事務的機制。但是，iWin並非組織，僅是委託民間團體執行的政府計畫，亦未具公權力，無法作為處理一般網路治理事務的專責機構。因此，中介法草案中所預計成立具有多方利害關係人參與精神的專責機構，將可迎向開放、跨國、去中心化的網路生態，由社會、業者、政府及網路治理中相關關係人共同參與，訂定爭議處理程序及各項自律行為準則，以公私協力方式面對網路世代的挑戰。

然而，因為社會各界對於中介法草案的規範內容、執行方式及權利救濟機制尚有諸多質疑，尤其是可能涉及言論自由的限制，因此NCC目前停止繼續推動立法，等待社會有更高的共識。

肆、結語

網際網路的科技創新與產業發展必須基於其自由、開放與多元之基礎，然而此項特色也改變政府與企業及公民社會的溝通模式，衝擊原來的管制架構。如何因應網路環境變化快速，具跨域與即時傳播等特性所衍生的各種違法侵權問題，是世界各國，尤其自由民主國家共同面臨的挑戰。各國政府不乏透過傳統監理或共同治理的方式加以應對。但是，既有的監理思維與手段，往往緩不濟急，或是無法有效執行，本文認為，面對數位時代，政府針對網路治理應採取幾項措施：

---

[26] iWIN網站可參見https://i.win.org.tw/about.php

一、建構多方利害關係人的治理政策與規範

　　面對數位時代的各類挑戰，政府應積極調整相關政策及規範，解決相關網路爭議問題。在此方面，歐盟的因應方式值得借鏡。為兼顧網路的開放自由及維護網路環境的合理秩序，歐盟透過GDPR、DSA及DMA三項重要立法，從資料保護、平臺責任及數位市場競爭三個面向提出治理政策與規範。其中，多方利害關係人的治理模式，符合網路多元、開放、跨境及去中心化的特性，避免傳統「統治」高權管制模式，較能有效解決跨境網路違法或不當內容的問題。

二、強化數位平臺責任

　　此外，為有效處理網際網路違法亂象，需要明確的、實體上的法律授權，並更快速有效地處理違法或不當內容，方能保護數位時代人民的各項基本權利，尤其是隱私權。「數位中介服務法草案」中有關的資訊限制令，即是本於如此的考量。雖然，因為社會各界尚有爭論因此立法進程停止，但是，對於平臺業者的課責及相關程序的立法並未停歇。最近，立法院增修的《兒童及少年性剝削防制條例》、《刑法》、《犯罪被害人權益保障法》及《性侵害犯罪防治法》等四部重要法律，其增修重點之一在於強化有關處理網路犯罪之程序規定，以保障兒童及少年免受數位及網路性暴力犯罪，或避免數位科技對於民眾之隱私權與人身安全造成實害。且透過課予網際網路業者限制瀏覽、移除、比對、下架不法性影像及保留犯罪網頁、嫌疑人個資及網路使用紀錄至少一百八十日之義務，希望能有效嚇阻兒童及少年性剝削或性侵害犯罪加害人運用數位科技之犯罪行為。此種分散立法，個別課予平臺業者義務的模式，能降低過度限制網路自由的疑慮，避免平臺業者的反彈，應是逐一解決網路上各種違法行為的有效方式。

參考文獻

一、中文部分

BBC中文網（2020）。**華為：美國最嚴禁令生效，中國電訊業巨頭「斷芯」後能否繼續生存**。9月15日。2022年5月10日檢索，取自https://www.bbc.com/zhongwen/trad/

business-54151243

Damas, J. L. S.、Homburg, P.、Houser, R.、Huston, G.、Kaeo, M.、Kopp, D.、Livadariu, I.、McFillin, A.、Nottingham, M.、Onarlioglu, K.、Patnekar, S.、Phuntsho, T.、Sanjaya、Tikk, E.、Tilanus, W.、杜貞儀、林方傑、陶振超、曾淑芬、黃勝雄、陳文生、陳延昇、陳映竹、蔡志宏、國際瞭望專案團隊〔王曉晴、梁理旋、許嘉雯、陳文生、陳曼茹、戴匡、鍾欣紘〕（2021）。**新世代的網路治理**。財團法人台灣網路資訊中心。

Lin, Dindo（2022）。2021年全球數位廣告投放金額破紀錄，Facebook與Google真的走下坡了嗎？。**科技新報**，2月27日。https://technews.tw/2022/02/27/the-cost-of-digital-ad-has-new-record-in-2021-does-it-matter-to-facebook-and-google-or-meta-and-alphabet/

中央通訊社（2021）。**魷魚遊戲爆紅致流量驟增 韓寬頻公司怒告**Netflix。10月2日。https://www.cna.com.tw/news/amov/202110020223.aspx

中國國務院新聞辦公室（2010）。**《中國互聯網狀況》白皮書（全文）**。2022年5月10日檢索，取自http://www.scio.gov.cn/tt/Document/1011194/1011194.htm

左正東（2005）。全球網路治理中的知識與權力。**問題與研究，44**（5），103-142。

列爾（2015）。**世界互聯網大會：習近平籲尊重「網絡主權」**。BBC中文網，12月16日。https://www.bbc.com/zhongwen/trad/world/2015/12/151216_world_internet_conference

何明誼、杜貞儀、林方傑、林宜隆、張宏義、張凱棊、陳文生、陳延昇、陳映竹、陳懷恩、劉建宗、蔡一郎、鄭進興、蘇暉凱、國際瞭望專案團隊（2017）。**網路治理與資訊安全**。財團法人台灣網路資訊中心。

李沛宸（2019）。實施歐盟個人資料保護規章對人工智慧發展之影響。**財金法學研究，2**（1），125-156。

林文宏（2021）。歐盟執委會提出「數位服務法」及「數位市場法」草案。**公平交易委員會電子報，166**，1-3。

林妍溱（2021）。**日本公平會對蘋果、**Google**啟動新的反托拉斯調查**。iThome，10月11日。https://www.ithome.com.tw/news/147205

約萬・庫爾巴利亞（Kurbalija, J.）（2017）。**網路治理概論**（陳文生譯）。臺灣網路治理論壇。

翁清坤（2016）。網路上隱私權政策之效力：以美國法為中心。**臺大法學論叢，45**（1），151-248。

國家通訊傳播委員會（2021）。【新聞稿】NCC公布「數位通訊傳播服務法」草案架構，盼公私協力共同建構安全、可信賴之網路環境。12月29日。https://www.ncc.gov.tw/chinese/news_detail.aspx?site_content_sn=8&cate=0&keyword=%e6%95%b8%e4%bd%8d%e9%80%9a%e8%a8%8a%e5%82%b3%e6%92%ad%e6%9c%8d%e5%8b%99%e6%b3%95&is_history=0&pages=0&sn_f=46983

國際瞭望（2021）。**歐盟的平臺管制野心：數位服務法與數位市場法（上篇）**。財團法人台灣網路資訊中心，1月29日。https://blog.twnic.tw/2021/01/29/16751/

張陳弘（2020）。**個人隱私保護與數據經濟之調和與透明管理**〔論文發表〕。「5G時代下資通訊監理法制之實然與應然」學術研討會，9月25日，臺北。

張凱銘（2019）。走向一帶一路的網路強國 中國―東盟信息港之規劃與戰略意涵。**歐亞研究，8**，55-69。

許寧（2021）。互聯網自由度排名中國連續七年墊底 台灣全球第五。美國之音，9月21日。https://www.voacantonese.com/a/freedom-of-the-net-report-20210921/6237103.html

陳政嘉（2022）。**這個全球第1……境外假訊息攻擊 台灣最頻繁、連續9年蟬聯冠軍**。新頭殼，3月20日。https://newtalk.tw/news/view/2022-03-20/726430

陳素玲（2022）。**數位經濟白皮書 初稿出爐**。聯合新聞網。2022年5月10日檢索，取自 https://udn.com/news/story/7240/6136054

程立民（2016）。從網路中立性論「網路業者管理之公平競爭與消費者間之權益平衡」。**國會月刊，44**（12），74-100。

黃彥棻（2021a）。**美國乾淨網路政策新進度！美政府下令，中國電信必須在年底前終止在美國一切業務**。iThome，10月27日。https://www.ithome.com.tw/news/147498

黃彥棻（2021b）。**數位發展部組織法三讀過關，外界期待2022年520前能掛牌，新成立「資通安全署」與「數位產業署」**。iThome，12月28日。https://www.ithome.com.tw/news/148620

黃敏瑜編譯（2020）。**日本閣議通過《特定數位平台之透明性及公正性提升法案》，以改善電商交易環境**。資訊工業策進會科技法律研究所，7月。https://stli.iii.org.tw/article-detail.aspx?no=64&tp=1&d=8482

黃錦昇（2018）。中國大陸倡議「網絡主權」意涵與影響。**展望與探索，16**（10），
　　102-109。

達斯古普塔（2017）。**中國試圖將國家控制互聯網寫成國際法**。美國之音，3月10日。
　　https://www.voacantonese.com/a/china-cyber-20170310/3759848.html

劉靜怡（2019）。淺談GDPR的國際衝擊及可能因應之道。**月旦法學雜誌，286**，5-31。

蔡允棟（2006）。民主行政與網路治理：「新治理」的理論探討及類型分析。**台灣政治
　　學刊，10**（1），163-209。

鄭雅文（2017）。美國網路中立性政策之發展與借鑑：兼評我國數位通訊傳播法草案。
　　National Communications Commission news，**11**（6），1-5。

魏國金（2021）。**劍指數位巨頭 美眾院司委會通過6反壟斷法案**。自由財經，6月26
　　日。https://ec.ltn.com.tw/article/paper/1457074

顧展瓏（2022）。**中共網軍大肆進犯？報告：台灣遭網路攻擊年增38%**。美國之音，1
　　月27日。https://www.voachinese.com/a/China-s-cyber-attacks-toward-Taiwan-rose-38-
　　year-onyear-20220127/6413251.html

二、外文部分

Brodkin, J. (2021). *Biden Urges FCC to Undo Pai's Legacy—But It Can't until He Picks a Third
　　Democrat.* Ars Technica, July 10. https://arstechnica.com/tech-policy/2021/07/biden-urges-
　　fcc-to-undo-pais-legacy-but-it-cant-until-he-picks-a-third-democrat/

Collins, K. (2016). *Ukraine Blackout Is a Cyberattack Milestone.* CNET, January 5. from https://
　　www.cnet.com/news/privacy/cyberattack-causes-widespread-power-blackout-in-ukraine

European Commission (2020). *Proposal for a Regulation of the European ParliamEnt and of the
　　Council on a Single Market for Digital Services and Amending Directive 2000/31/EC.*
　　Retrieved May 29, 2022, from https://eur-lex.europa.eu/legal-content/EN/TXT/PDF/?uri=C
　　ELEX:52020PC0825&from=en

Kleinwächter, W. (2018). *Internet Governance Outlook 2018: Preparing for Cyberwar or
　　Promoting Cyber Détente?* CircleID, January 7. from https://circleid.com/posts/20180106_
　　internet_governance_outlook_2018_preparing_for_cyberwar_or

Kleinwächter, W. (2022). *Internet Governance Outlook 2022: A Global Digital Compact or a*

Bifurcated Cyberspace? CircleID, January 10. from https://circleid.com/posts/20220110-internet-governance-outlook-2022-a-global-digital-compact-or-a-bifurcated-cyberspace

Kleinwächter, W., Ketteman M. C., & Senges, M. (2018a). The Time Is Right for Europe to Take the Lead in Global Internet Governance. In *Normative Orders Working Paper* (pp. 1-23).

Kleinwächter,W., Ketteman, M. C., & Senges, M. (2018b). *IGF 13 & Paris Peace Forum: Europe Should Take Lead in Shaping a "New Deal" on Internet Governance.* CircleID, November 9. from https://circleid.com/posts/20181109_igf_13_paris_peace_forum_europe_should_take_lead

第21章

結論：朝向善治之國政治理

胡龍騰、劉嘉薇

　　國政之治理，經緯萬端，所涉及之層面複雜且多元，諸如：國家體制、政治文化、經濟發展、管制監理、社會安全、行政運作等，不一而足。Vigoda-Gadot（2009, p. 2）曾言，一個國家通往強盛或衰敗的道路，取決於該國是否具備有效的可治理性（governability）機制。聯合國也曾指出，一個國家若欲達到「善治」（good governance），須具備八項條件，包括：參與（participation）、法治（rule of law）、透明（transparency）、回應性（responsiveness）、共識取向（consensus oriented）、公平與包容（equity and inclusiveness）、效能與效率（effectiveness and efficiency）、課責（accountability）（ESCAP, 2009）。由此可知，一國政府治理能力之高低，不僅攸關國家能否永續發展，其所影響層面更將深及社會穩定性與人民對於國家之認同。

　　本書之各章旨在嘗試從制度、價值與倫理、治理資源與分配、體制運作與效能，以及公民參與和網絡治理等四大層面，來檢視我國是否達到、以及如何達到善治的目標？我們嘗試回答以下的研究問題：已歷經三次政黨輪替，進入民主深化階段的臺灣，就作為支撐國政治理基石之憲政制度而言，在我國的實踐上，是否符合體制規範？在重大國政方向上，是否較過往更能獲致治理共識並展現民主價值？又，國家之資源，無論在人才或財務層面，資源效能是否有所發揮、足以支持國家之發展？是否符合資源配置之公平原則？而政府體系之運作，受到全球思潮引領之下，是否能臻於理想、符合民眾期待？最後，在講求以網絡（networks）與網路（internet）形塑治理連結的現在，國政之治理有無可能從線上到線下、由實體到虛擬，開展出更適合政府和政府、政府與民間共同協力的治理模式？是否能透過有效的機制促成公民參與，使政府的政策和民眾的需求獲得對接？以及能否形塑更健全的政治文化，俾有助於我國民主制度及未來數位民主的長遠穩健開展？為回答這多層次之研究問題，本書集合國

立臺北大學公共行政暨政策學系19位教授之力，由各自的學術專業來針對不同國政治理層面提出提供剖析和建言。

首先，一個民主國家之治理若是缺乏了憲政主義精神和深厚的政治文化底蘊，恐怕也將成為曇花一現的花火。我國之憲政體制，多數人認知屬雙首長制（或半總統制），不過，周育仁教授（第二章）依據Shugart與Carey之「總統國會制」與「總理總統制」分類，認為依據1997年當時之修憲意旨，我國之政府體制，無論總統與立法院多數黨是否由同一政黨掌握，皆應屬「總理總統制」，方符合《憲法》規範，且執政黨之界定應在於立法委員選舉，而非總統選舉，且最高行政首長──行政院院長之任命，應尊重國會多數黨，並由其組閣；惟我國在九七修憲後，多以政黨政治模式操作政府體制，而使我國自該次修憲至今，惜皆未能落實憲政體制的規範。正也因為多年來我國政府體制皆以政黨政治模式進行操作，造成政黨競爭日益劇烈，所得結果便是，近年來臺灣在藍綠對立的極化政治發展下，政府的公共政策經常演變成爭議性議題，那麼要如何在多元價值的衝突中，找出大家都能接受的公共政策呢？劉佳昊教授（第三章）認為，比拳頭、比人頭、比聲量可能都不是最佳方式，或許立基於你我需「共同生活在一起」的認知，強化政府對不同價值的回應性，以及接受決策修正的容錯機制，才是務實的思維。除了政策層面的價值衝突外，在公務職場上遇到來自不同主客觀責任、角色、利益、價值間的倫理衝突（顧慕晴，第四章），以及當前公部門過度推崇績效管理的功效，或是對民營化解方過於樂觀期待的現象，都已為公務倫理帶來危害以及非預期的負面衝擊（詹靜芬，第五章），可能更是多數公務人員的共同經驗。面對這些倫理困境時，除必須仰賴倫理決策知能加以判斷進行取捨外，治本之道，仍是公務人員必須具備樂觀、勇氣、具仁慈之公正等德性，從而展現對倫理行為的傾向和承諾（顧慕晴，第四章）。

其次，善用國家的人才和財政資源，帶動國家整體發展，絕對是良善國政治理之必要條件。當中，中央或地方政府財政資源之分配與管理，絕對攸關一國之發展前景，本書有三章聚焦此一主題。就我國各級政府財政狀況而言，係中央政府優於直轄市政府、直轄市政府優於一般縣市政府；造成此一現象一方面與我國稅制分配有關，另方面則是因我國主要透過《中央統籌分配稅款分配

辦法》及《財政收支劃分法》來進行財政資源的分配，致使地方政府必須、甚至過度仰賴中央政府的財源撥補。在上述制度性因素之外，中央政府喜於開立政策支票，卻須由地方政府籌措財源執行的「中央請客，地方買單」情況層出不窮（張育哲，第七章），地方首長和議員為滿足地方民意需求，興建各式公共建設卻又可能淪為公共閒置空間（郭昱瑩，第八章）等諸多因素，更形惡化地方財政狀況。可見民主化後的政治發展對於我國政府財政資源分配與支用，產生了不少負面影響，儘管已通過《財政紀律法》，但是在各類資源使用和分配上未必產生明顯導正效果。為改善前述現象，除提高各地方政府自籌財源比例、修正《財政收支劃分法》、擴大中央統籌分配款，多為具共識的政策方向（張育哲，第七章；郭昱瑩，第八章），提高各類補助款分配的透明度，同時強化所得重分配制度的落實效率（羅清俊，第六章），方能緩解中央與地方財政失衡及落實資源分配正義。

　　另就政府的人力資源發展與管理而言，由於我國公務人員可依其偏好在公務體系之內部勞動市場中進行跨機關、跨職系的轉職和流動，但行政機關卻欠缺策略性主導能力，而使國家公務人力的發展和運用喪失策略性動能；針對此一現象，林俞君教授（第九章）認為各機關應對前來申請商調者的動機、自身職涯規劃、過往能力累積等面向有所評價，發揮策略性人力進用的態度，從而使得公務人員跨機關或跨職系的流動成為一種動態能力的累積，並進而由此個別累積轉而為國家整體人才發展帶來質變。在公務人力之外，另一項國家重要人才即各大學院校之教師及研究人員，在我國科研成果商業化的政策鼓勵下，仍面臨學術界與產業間目標和制度運作邏輯的差異、大學技轉中心資源不足和可能產生角色衝突等問題，究其根本，多仍與高教制度設計與資源配置、學界和社會風氣、制度彈性程度有關（黃婉玲，第十章）；因此，如何從國家制度面、社會文化面、各大學資源配置面，同步引導大眾肯認學界從事實務應用研發的價值，從根本釋放國家創新量能，無疑仍是核心問題。

　　吾人之所以重視政府憲政制度運作、社會價值偏好與取捨，以及倫理觀建立等基礎問題，同時希冀國家資源能受妥善運用，背後之目的，毋庸置疑，絕對是希望能打造一個強健之國家與政府。不過，在受到COVID-19侵襲後，全球各公私部門無不重視與強調數位轉型之重要性的現在，你我每天所接收到的

資訊或所做的生活決策，可能都受到大數據、人工智慧、演算法等之宰制，遠距視訊會議和公共參與可能已成日常，KOL（社群媒體關鍵意見領袖）的影響力已然高過於學者專家或傳統媒體，甚至還有可能會收到假訊息的騷擾，整體社會是變得更為民主？還是反民主？很遺憾地，我們似乎看到在數位政黨和鍵盤公民所驅導的「新民主社會常態」，科技和網路只是提供了既有的政治參與者、菁英或科技優勢者一個更便利的參與或動員管道，但仍無法激起公共事務冷漠者的興趣；更糟糕的結果是，我們的投票行為可能在不知不覺中受到假訊息引導，或是早已被政黨運用演算法餵養特定資訊而不自知（李仲彬，第十一章），這樣的情況對於政府日常運作來說似乎不是一個值得樂觀的現象。

若將觀察視角從政府外部的資訊投入，移至政府內部運作層面來看，包含我國在內之世界各國，於近四十年來，都受到新公共管理思潮的影響，藉由向企業經驗學習、或是導入企業做法，從而打造企業型政府；不過，若以新公共管理對公部門所產生影響最為具體的表徵之一──績效管理──作為視角的話，可以發現，由於「看似有做績效管理，卻無法獲致實際效果」的績效悖理現象，普遍存在於各國與各層級政府部門之中，而且不同的悖理現象各有其成因，難以全面克服，而使政府績效管理成為一種「在現實中追逐虛幻的藝術」（胡龍騰，第十三章）；就我國實際經驗而言，中央政府施政計畫之管理不僅面臨了多頭馬車的鬆散機制，及主政者欠缺政治上的高權地位之先天不足挑戰，同時也有現行績效管理中「機關施政績效管理」和「個案計畫管理」雙軌制度失衡，以及欠缺績效與預算整合機制之後天失調的問題（張四明，第十二章），就此而言，績效管理在我國推動經驗上仍有可精進的空間，協同審計機關強化政府施政計畫績效或是朝向其他衡平性的制度設計（張四明，第十二章；胡龍騰，第十三章），或許可以納入思考。

在中央政府績效體制運作的挑戰之外，呂育誠教授（第十四章）也觀察到，國內各地方政府間的合作與協力，多仍受到基於憲政體制而產生的中央與地方垂直隸屬關係，以及地方法定地位、權責、資源、合作目標、效益與成本等體制和實務運作上的諸多因素而有所限制，不如想像中的具有彈性。另一方面，近年屢受國內民眾高度重視、期待能有所改革的台鐵，在其工會並不反對公司化的情況下，卻因為歷任執政者缺乏危機意識、忽略台鐵改革之重要性和

必要性，錯失朝向民營化改革契機（林淑馨，第十六章）。

　　然而，體制的運作與效能良窳，仍繫於人員之觀念和行為。而公務人員行為是否端正，不僅有賴於其自身之公務倫理精神與操守，對於違法失職之公務人員亦應有適當的抑制機制。不過，在我國文官制度上，對公務人員的違法失職行為，長久以來存有司法懲戒與行政懲處雙軌競合的爭議現象；雖然憲法法庭於2022年做出兩項判決，但似乎仍未能使前述爭議予以廓清。是以，劉如慧教授（第十五章）以其曾任公務人員保障暨培訓委員會專任委員之經驗，認為行政機關若是基於對公務同仁之績效考評所做出包含免職在內之行政懲處應屬行政權之固有權限，而當其標的涉及違法失職行為時，則應採司法懲戒，據以作為前開兩項制度之劃分標準，以維公務人員權益，並解長久以來之制度爭議。

　　不可否認，過去四十年來，全球各國公部門管理和運作模式深受公共管理思維所影響，而已然邁進後新公共管理（post-NPM）時期的現在，吾人有無可能針對過去數十年過於強調管理主義、效率的觀點加以沈澱和反省；畢竟管理手法之應用雖有其效果，但亦有其極限；是以，如何將「社會（力）」帶回政府治理的核心（bringing the society back in），重新思考一套得以兼顧公平正義、效率和治理效果的政府運作邏輯，應是值得努力的方向。不過如前所述，儘管我們可以在政府日常公共政策決策中，盡力找尋多元衝突價值間的共識基礎，但仍會有部分重大政治或政策議題，難以透過政府單方面決策來化解爭議，此時，藉由公民投票探詢人民的多數傾向，便是一可思策略。不過，我國《公民投票法》自2003年施行以來，也歷經修正，但仍面臨部分議題是否不適合採行公投？公投題目設定是否使議題過度簡化？公投之舉辦能否提升國人之民主素養？以及公投之結果政府是否依照執行？……等諸多挑戰（劉嘉薇，第十七章），回到推動公投之根本目的而言，能否建立人民對於公投機制的信任，避免流為政治動員之工具，才有可能讓民眾相信公投是獲致全民共識的好方法，亦才能從而提出更好的題目與投票選項設計，以及由逐次公投中提升全民民主素養。但有趣的是，臺灣民眾似乎有其特殊的政治文化和體制偏好，亦即「人民偏好民主體制，但卻期待選出一位能夠不受國會和選舉政治干擾的強力領導者」的弔詭現象，而這現象背後也突顯了我國民眾的自主和自治意識不

足的問題（蔡奇霖，第十八章）。

　　而為增加一國之可治理性，藉由擴大參與、贏得共識的網絡治理模式，儼然已成當代主要治理範式。然而，促成多元行動者之間的志願性合作，是否容易？以推動地方永續環境治理為例，陳思先教授（第十九章）發現儘管我國各地方政府普遍具有永續發展意識，但由相鄰地方政府發動的合作行動，普遍性不高；相反地，由中央行政院環保署所推動的低碳永續家園評等，卻能在中央政府提供誘因下呈現較好的成效，換言之，仍是以「由上而下」的方式推展區域永續發展。如果說實體世界的線下網絡合作可能面臨諸多限制和行動者之自身考量，那麼線上的虛擬世界是否較易治理呢？前已述及，在現今網路資訊爆炸與充斥的情況下，假訊息早已出現在你我生活周遭，除強化國人的媒體識讀能力外，絕對需要透過有效的網路治理來改善；然而，在多元和開放的基本原則下，如何以多方利害關係人的治理模式，顧及網路的自由開放價值，防堵網路違法侵權行為，保障人民數位人權（陳耀祥，第二十章），無疑是世界各國政府面對下一階段民主治理的重要課題。

　　綜合本書19章的多重面向剖析和闡述，皆能呼應「善治」原則的不同條件，且尤以課責、參與、效能與效率等三面向最多篇章觸及；一方面以由下而上的方式檢證了善治原則的合適性，另方面亦也彰顯了我們當可遵循善治原則之指引，在國政的不同層面上，持續努力。儘管本書各章作者提出了不少當前我國治理上所面臨的問題與挑戰，同時也提出了諸多精闢的見解和建議，應可提供為政者及社會各界參考，而與讀者共同期待我國國政之治理，愈趨良善、止於至善。

參考文獻

Economic and Social Commission for Asia and the Pacific, United Nations (ESCAP). (2009). *What Is Good Governance?* Retrieved December 11, 2022, from https://www.unescap.org/resources/what-good-governance

Vigoda-Gadot, E. (2009). *Building Strong Nations: Improving Governability and Public Management*. Ashgate.

國家圖書館出版品預行編目資料

國政治理：關鍵議題、挑戰與機會／胡龍騰，
　劉嘉薇主編. ——初版.——臺北市：五南
　圖書出版股份有限公司, 2023.06
　面；　公分
　ISBN 978-626-366-124-0（平裝）

1.CST: 公共行政　2.CST: 公共政策

572.9　　　　　　　　　　　112007798

1PTT

國政治理：
關鍵議題、挑戰與機會

主　　　編 ―	胡龍騰（171.3）、劉嘉薇
作　　　者 ―	呂育誠、李仲彬、周育仁、林俞君、林淑馨
	胡龍騰、張四明、張育哲、郭昱瑩、陳思先
	陳耀祥、黃婉玲、詹靜芬、劉如慧、劉佳昊
	劉嘉薇、蔡奇霖、羅清俊、顧慕晴
發 行 人 ―	楊榮川
總 經 理 ―	楊士清
總 編 輯 ―	楊秀麗
副總編輯 ―	劉靜芬
責任編輯 ―	黃郁婷
封面設計 ―	陳亭瑋
出 版 者 ―	五南圖書出版股份有限公司
地　　　址：	106台北市大安區和平東路二段339號4樓
電　　　話：	(02)2705-5066　　傳　　真：(02)2706-6100
網　　　址：	https://www.wunan.com.tw
電子郵件：	wunan@wunan.com.tw
劃撥帳號：	01068953
戶　　　名：	五南圖書出版股份有限公司
法律顧問	林勝安律師
出版日期	2023年6月初版一刷
定　　　價	新臺幣480元

經典永恆・名著常在

五十週年的獻禮 ── 經典名著文庫

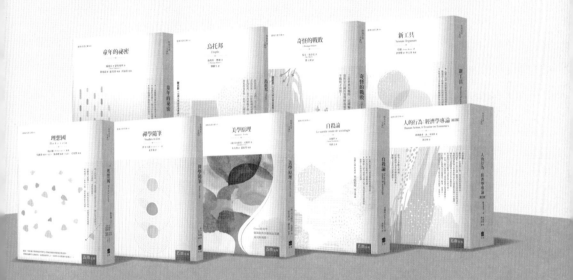

五南,五十年了,半個世紀,人生旅程的一大半,走過來了。

思索著,邁向百年的未來歷程,能為知識界、文化學術界作些什麼?

在速食文化的生態下,有什麼值得讓人雋永品味的?

歷代經典・當今名著,經過時間的洗禮,千錘百鍊,流傳至今,光芒耀人;

不僅使我們能領悟前人的智慧,同時也增深加廣我們思考的深度與視野。

我們決心投入巨資,有計畫的系統梳選,成立「經典名著文庫」,

希望收入古今中外思想性的、充滿睿智與獨見的經典、名著。

這是一項理想性的、永續性的巨大出版工程。

不在意讀者的眾寡,只考慮它的學術價值,力求完整展現先哲思想的軌跡;

為知識界開啟一片智慧之窗,營造一座百花綻放的世界文明公園,

任君遨遊、取菁吸蜜、嘉惠學子!